COUPONS
D'UN ATELIER LYONNAIS

CLAIR TISSEUR

COUPONS

D'UN

ATELIER LYONNAIS

PAR

NIZIER DU PUITSPELU

PRÉFACE DE CLAUDIUS PROST

LYON

A. STORCK & Cie, IMPRIMEURS-ÉDITEURS

78, rue de l'Hôtel-de-Ville

1898

CLAIR TISSEUR

CLAIR TISSEUR

Quiconque a vécu dans l'intimité d'un esprit supérieur éprouve, à un certain moment, le besoin de recueillir ses souvenirs. C'est comme un témoignage de reconnaissance adressé à celui qui n'est plus, une sorte de piété filiale qu'on excuse toujours à défaut du talent. Ce ne sont pas les qualités seules du biographe qui rendent si attrayantes les pages consacrées par Tronchai à la mémoire de Le Nain de Tillemont.

On ne s'étonnera donc pas de voir cette étude sur Clair Tisseur accompagner la publication de son dernier volume. L'artiste et l'écrivain dont elle rappelle l'œuvre et la vie restera l'une des personnifications les plus complètes de notre esprit lyonnais. Son existence, toute de travail énergique et d'honnêteté modeste, fut celle d'un sage. Un petit nombre d'amis qui l'estimaient à sa juste valeur, une réputation littéraire restreinte mais de bon aloi suffirent à sa gloire.

*
* *

Clair Tisseur est né le 27 janvier 1827, en rue Grenette n° 34, maison démolie depuis pour le percement de la rue de l'Impératrice, aujourd'hui rue de l'Hôtel-de-Ville. Il était fils de Jean-Marie-Louis Tisseur, marchand rouennier en rue Basse-Grenette et de Françoise Durafor. Le plus ancien Tisseur (1) dont il soit fait mention dans les notes conservées par notre écrivain, Barthélemy, vivait dans le premier quart du xviiie siècle. Il était paysan, habitait la commune de Pollionnay, et avait épousé Benoîte Poizat.

Barthélemy Tisseur eut deux enfants : Benoît, passementier en rue de l'hôpital à Lyon, et Jean-Claude, qui fut la souche des Mathevon, fabricants et des Seux, marchands de soie. Benoît Tisseur épousa à Lyon une demoiselle Pélisson, d'honorable famille. Il en eut treize enfants, parmi lesquels Vincent, Dodon et Michelle. Clair Tisseur a parlé de ces types d'originaux dans la *Chanson de ma cousine Mariette* (2). Au nombre de ces

---

(1) Ce nom de Tisseur était évidemment, à l'origine, le sobriquet d'un homme qui tissait. Quoique le nom donné, au moyen âge, à celui qui tissait le chanvre fût *tissier*, on trouve cependant le nom de *tisseur* dans ce sens, mais il est plus vraisemblable que l'ancêtre des Tisseur tissait la laine. On retrouve encore, au xviiie siècle, le nom de *tisseur* pour l'ouvrier qui tisse la laine. (*Note de Clair Tisseur.*)

(2) *Les Oisivetés du sieur du Puitspelu, Lyonnais.*

enfants se trouvait Barthélemy II, qui fut l'aïeul des quatre Tisseur.

« *Ce Barthélemy*, dit Clair Tisseur dans ses
« notes inédites (1), *malgré l'humble condition du*
« *père, avait reçu assez d'instruction pour pouvoir*
« *entrer commis chez M. Terrasse, caissier prin-*
« *cipal de la compagnie du Pont-Morand. Là il*
« *devint amoureux de Pierrette Guinand, femme*
« *de chambre de M*^{me} *Terrasse. C'était une fort*
« *honnête fille, d'une honorable famille de cultiva-*
« *teurs à Mornant. Il épousa Pierrette et succéda*
« *à M. Terrasse comme caissier principal. Il joi-*
« *gnit à ses fonctions un commerce de rouennerie.*
« *Je ne sais trop comment, avec ses opinions, il put*
« *passer la période de la Révolution sans être*
« *inquiété. C'était un homme d'une inépuisable*
« *bonne humeur et doué d'un fonds comique*
« *qu'il a peut-être transmis à certains de ses*
« *descendants. Très affectueux, très dévoué à ses*
« *amis, inséparable du cousin Mathevon. Il avait*
« *installé à l'entresol du pavillon où étaient ses*
« *bureaux, au bout du pont Morand, du côté des*
« *Brotteaux, un billard. Sur le coup de quatre*
« *heures, Mathevon et des amis arrivaient prendre*
« *le vin blanc. C'est là que Barthélemy fut frappé*

(1) *Académie du Gourguillon*— Dossier de notre sieur Nizier du Puitspelu

« *d'une attaque dont il mourut au bout de trois*
« *jours. Il fut enterré le 6 août 1817. De Pierrette*
« *Guinand, il eut deux enfants : Fanchette et*
« *Jean-Marie-Louis, le père des quatre Tisseur.*

« *Jean-Marie-Louis Tisseur paraît avoir eu*
« *dans sa jeunesse un caractère assez aventureux.*
« *A seize ans il part pour Paris à pied, afin d'y*
« *retrouver une famille de voisins dont la jeune fille*
« *lui avait fait une vive impression. J'ignore par*
« *suite de quelles circonstances il fut ensuite à*
« *Bordeaux, toujours à pied, et s'y plaça commis.*
« *On le voit ensuite aller de Bordeaux à Rouen, par*
« *le même genre de voiture. Il était parti de Bor-*
« *deaux avec un énorme chien, qu'il aimait beau-*
« *coup. Au bout de trois ou quatre jours, le chien*
« *avait les pieds en compote. Jean-Marie-Louis,*
« *compatissant, le chargea sur ses épaules et con-*
« *tinua sa route. Mais enfin, n'en pouvant plus, et*
« *parvenu dans je ne sais plus quelle ville, il se*
« *décida à vendre son chien à un gendarme, qui*
« *le paya six francs.*

« *J'ignore également quelles circonstances le*
« *ramenèrent à Bordeaux, d'où il fut occuper une*
« *place dans les Landes. Il y prit les fièvres et dut*
« *entrer à l'hôpital de Bordeaux, où les malades*
« *couchaient encore deux dans le même lit.*

« *Il séjourna encore à Bordeaux. Enfin, lassé de*

« *pérégrinations où il n'avait pas trouvé la fortune,*
« *la santé ruinée par les fièvres, il se décida à ren-*
« *trer au logis paternel. Il y prit part au commerce*
« *de son père, et se maria le 12 novembre 1811 avec*
« *Françoise Durafor. De ce mariage naquirent six*
« *enfants mâles et point de filles. Ce furent Bar-*
« *thélemy, Jean, Clément, Alexandre, Clair et*
« *Antoine. Clément et Antoine moururent en bas*
« *âge.* » (1).

⁎

Il y a un charme tout particulier à pénétrer dans
ces anciennes familles lyonnaises, où la règle du
devoir était absolue, mais où la sévérité morale
était tempérée par un fond de bonté qui devient de
plus en plus rare. En grandissant dans une boutique du quartier Saint-Nizier, au milieu de vieux
Lyonnais dont quelques-uns avaient traversé la
période orageuse de la Révolution, Clair Tisseur a
dû recueillir bien des faits dont il s'est servi plus
tard pour écrire l'histoire des mœurs et du langage

(1) Nous ne dirons rien ici de la famille Durafor. Clair Tisseur en a parlé
longuement dans son article : *Une émancipation sous l'ancien régime.* On
peut consulter sur Barthélemy, Jean et Alexandre Tisseur, le volume de
M. Édouard Aynard : *Les quatre Tisseur.* Lyon, Storck 1896 — les biogra-
phies de Barthélemy et de Jean, placées en tête de leurs *Poésies.* Lyon,
Pitrat, 1885, 2 vol. in-12 — ainsi que la notice de M. l'abbé Flandrin sur
Alexandre Tisseur. (*Revue du Siècle,* année 1891, p. 749.)

de notre ville. Il avait d'ailleurs un véritable talent d'observation dont on peut voir la preuve dans son autobiographie d'enfant, publiée plus tard sous ce titre: *les Impressions d'un petit gone* (1). Sa mère lui apprit à lire, son père l'écriture et les quatre règles, un de ses aînés les déclinaisons. Il n'avait pas encore cinq ans.

Ses meilleurs souvenirs sont rattachés à la maison de campagne que ses parents possédaient à Sainte-Foy. Il ne se rappelait pas sans émotion l'émeute de 1834, à Lyon, qui obligea sa famille de fuir à la campagne, dans la crainte des représailles de l'armée. Mais, la tourmente passée, ce séjour lui fut des plus agréables. Il dévorait les livres de la bibliothèque paternelle : récits de voyages ou écrits ascétiques et moraux du xviiie siè-cle, qui ne lui laissaient d'impression bien profonde que lorsque l'auteur avait su mettre un peu de poésie dans son œuvre. Puis c'était la vie au grand air avec les parties de boules et les rêveries sous les grands arbres. Mais cette enfance heureuse ne devait pas se prolonger bien longtemps.

En 1836, il entra aux Minimes. Encore que la direction de ce collège fût assez paternelle, Clair Tisseur ne laissait pas de regretter la bonne maison

---

(1) *Les Oisivetés du sieur du Puitspelu lyonnais.*

de Sainte-Foy, où il revenait avec joie passer les vacances. D'un tempérament délicat, il s'accoutumait peu de l'ordinaire de l'établissement et souffrait avec peine les contradictions de ses condisciples. Il tomba malade, fut ramené à la campagne, puis en ville, où on lui donna des maîtres à la maison.

Quand il eut atteint l'âge de treize ans, son père, le destinant à une carrière professionnelle, le mit en apprentissage. Les goûts de l'enfant n'étant pas encore bien fixés, il apprit le métier de « canut » et avec la pratique, la théorie, c'est-à-dire l'art d'organiser les métiers et de décomposer les étoffes. Son passage dans les ateliers et plus tard dans un magasin de soieries ne fut pas non plus sans influence sur le style et le caractère personnels de ses livres lyonnais.

*
* *

C'est à partir de 1841 qu'il devina sa véritable vocation, celle d'artiste. Une visite qu'il fit cette année-là à l'exposition de la Société des Amis des Arts lui donna une idée très nette de ce qu'il avait au fond de l'âme. En même temps que sa vocation d'artiste, s'éveillaient ses goûts littéraires. Il a

raconté lui-même avec infiniment d'humour (1)
comment il songea, au sortir de cette visite, à
écrire un feuilleton, qu'il jeta dans la boîte du
Réparateur, journal légitimiste dont les bureaux
étaient situés dans le voisinage de l'archevêché.
Le feuilleton parut. L'auteur avait quatorze ans.

En 1844, il entra chez l'architecte Bossan et
l'année suivante à l'école des Beaux-Arts. Il y eut
pour maître Antoine Chenavard, dont il ne parlait
jamais qu'avec une espèce de vénération. Ses
principaux condisciples furent MM. Hirsch et
Charvet, bien connus par leurs travaux. Parmi les
jeunes gens avec qui il se lia le plus étroitement,
on peut citer Joseph Pagnon et Tony Musson, dont
le souvenir nous a été conservé par une intéressante étude de Clair Tisseur, publiée une vingtaine
d'années plus tard.

Grâce à un labeur acharné, Clair Tisseur prit
rang parmi les meilleurs élèves de l'école. Mais
les études artistiques ne le guérissaient pas de
l'envie d'écrire, ce « vice secret » comme il l'appelle
lui-même dans l'introduction des *Lettres de Valère*.
En 1845 et en 1846, il donna deux articles à la
Revue du Lyonnais, l'un sur la restauration de
l'église de Saint-Jean, l'autre sur l'*Art monu-*

-----

(1) *Lettres de Valère*. Introduction, p. VI et VII.

mental de Batissier. Il était né écrivain comme il était né artiste ; il commença et finit par la littérature. Mais si, à ce moment, il avait trouvé sa voie, il n'avait pas encore développé ces facultés originales qui le placent au premier rang des écrivains lyonnais.

*
* *

Lacordaire étant venu prêcher à Lyon en 1845, Clair Tisseur et ses amis, épris d'idéal et d'art, ne manquèrent pas de suivre assidûment ses sermons. La réputation du dominicain, certainement surfaite, puisque quelques-uns ne craignaient pas de l'égaler à Bossuet, attirait autour de sa chaire l'élite de la société lyonnaise. Le petit cercle dont Joseph Pagnon était l'âme, enflammé d'un désir de perfection, résolut de rétablir le tiers-ordre de Saint-Dominique, une de ces associations religieuses du moyen âge depuis longtemps disparues. Cette société, absolument laïque, comprenait neuf membres, liés par une sincère amitié et par l'amour du bien. Ils avaient pris un nom qui répondait admirablement à leurs convictions républicaines : ils s'appelaient *la Fraternité*. A l'unanimité, Pagnon fut élu prieur. Au bout de trois années l'institution disparut, les membres défunts ou éloignés ne se remplaçant pas.

Il y a deux choses à remarquer dans cette organisation. On pouvait alors, sans paraître ridicule, allier des convictions profondément religieuses à des opinions républicaines. D'autre part le sentiment de la charité, si vivace dans l'esprit de ces jeunes gens, n'était pas seulement une des formes de leur ascétisme, c'était une tradition lyonnaise développée par leur éducation. On a retrouvé dans les papiers de Clair Tisseur, qui fut toute sa vie la bonté même, une lettre écrite vers cette époque à son ami Musson. Cette lettre est un document précieux, parce qu'elle nous fait connaître l'esprit de l'œuvre entreprise par ces jeunes gens.

Mon ami,

Je vous écris ces deux mots, voyant que je suis pour longtemps encore dans l'impossibilité de descendre. Je ne sais si vous avez vu Pagnon. En tout cas s'il a renvoyé son voyage à samedi prochain à cause de moi, je le regrette, car je vois maintenant que de quinze jours je ne pourrai guère descendre. Si vous le revoyez, dites-lui qu'il parte sur-le-champ, car son docteur lui a ordonné de suivre son traitement à la campagne. Recommandez-lui aussi de m'écrire dès son arrivée.

Je présume que vous avez eu la complaisance de me prendre les trois bons de pain et deux de viande dont je vous avais parlé. Les pauvres familles que je visite ont

bien besoin de ces secours et je n'ai pu les visiter de toute
cette semaine. Je sais que vous avez vous-même un grand
nombre de familles et que vous êtes accablé d'occupations;
néanmoins je vous envoie avec cette lettre tous les bons
que j'ai à ma disposition, six de pain et un de viande. Si vous
pouviez faire un saut jusque chez la famille H... qui n'est
pas loin de chez vous, vous me rendriez un grand service.
C'est cette famille chez laquelle nous sommes allés une
fois ensemble... J'abuse de votre complaisance, mais c'est
pour le bien des pauvres. Vous remettriez à cette famille
trois de pain et un de viande. Également si, en visitant
votre famille du Chemin-Neuf, vous pouviez entrer chez
R... et lui remettre trois de pain et un de viande... Je ne
vous propose pas de voir la famille D..., ce serait trop
d'abus. Si vous pouviez voir Ducreux, je crois qu'il s'en
chargerait. Je voudrais qu'il visitât cette famille très
promptement, car elle est tout à fait dans le besoin... Il
lui remettrait trois de pain et un de viande. Il y a quinze
jours que ces familles n'ont pas été visitées. Si je vous
cause tant d'embarras, c'est que je ne voudrais pas qu'on
attendît la prochaine conférence qui n'aura lieu que dans
huit jours. Alors on pourra choisir d'autres membres pour
me remplacer. Je voudrais que ceux qui me remplaceront
fussent très assidus à visiter ces familles.

Voilà bien de la peine pour vous, mon ami, qui en avez
déjà tant : j'ai compté sur un dévouement dont j'ai eu des
preuves fréquentes et chères... Mille choses à Ducreux de
ma part et à Pagnon si vous le voyez ; qu'il m'écrive
surtout.

Adieu, mon ami, ménagez votre santé puisqu'il n'y a plus
que vous de véritablement homme parmi nous et que nous
sommes tous éclopés ; en vous remerciant par avance,
croyez-moi toujours votre ami du fond du cœur.

TISSEUR.

Cependant les préoccupations religieuses de Clair Tisseur et de ses amis n'étaient pas un obstacle à leurs travaux artistiques. Ils firent en 1847 avec un quatrième camarade, Loras, un voyage en Dauphiné, d'où ils rapportèrent une ample moisson d'études. Malheureusement, Musson tomba malade en mai 1848 et mourut le 10 septembre de la même année. Ce fut pour Clair Tisseur une cause de chagrin et de découragement. La Révolution de 1848 aidant, il délaissa peu à peu l'architecture et collabora à divers journaux. La politique, seule, ne chômait pas. Clair Tisseur vécut avec les cent francs par mois qui lui étaient alloués par l'administration du *Censeur*.

Il revint deux ans plus tard à l'exercice de sa profession. Ayant appris qu'une place de commis était vacante chez l'architecte Savoye, il se présenta et fut accepté. Il travailla au percement de la rue Centrale, ce qui le mit au courant de la pratique de son métier, dont il n'avait vu jusque-là que le côté artistique. Le *Censeur* ayant disparu, il écrivit quelques articles dans la *Revue du Lyonnais,* où il donna notamment une traduction de plusienrs poèmes de Longfellow, alors peu connu en France.

Au courant de l'été de 1851, Clair Tisseur fit le voyage de Paris et songea à se lancer tout à fait

dans le journalisme. Mais la crainte de déplaire à
ses parents déjà âgés l'obligea de revenir à Lyon
où il fixa définitivement sa destinée. Ce fut au cours
de ce voyage qu'il connut Mlle Ernestine Bonnardel,
qu'il épousa plus tard, « âme supérieure entre
toutes, et par l'excès d'un dévouement sans bornes
et sans nom, et par la hauteur de la raison et
l'amour de la justice, et par la droiture et la sûreté
des vues, et qui semblait, pour tout dire, d'une
trempe autre que l'humaine (1). »

*
* *

En 1852, il entra dans le cabinet de l'architecte
Louvier, où il resta deux ans. Il fut ensuite attaché
au service de l'architecture à l'Hôtel de Ville,
où il remplaça son camarade Charvet. Ce fut à ce
moment que la rue Impériale, aujourd'hui rue de
la République, fut percée. Clair Tisseur fit le plan
de quelques maisons. Dans l'activité de cette
période, il dut renoncer à écrire, le travail professionnel ne lui laissant ni le temps ni la liberté
d'esprit nécessaires (2). Il fit en 1857 une maladie
d'une extrême gravité, dont il ne fut sauvé que par

(1) *Lettres de Valère.* Introduction. p. LXXII.
(2) A signaler pourtant deux ou trois articles qu'il donna à la *Revue
du Lyonnais :* en 1853, *Sur les artistes lyonnais à Paris ;* en 1855, *Sur les
cartons de Lamothe* et en 1861, *Sur un tableau du musée de Lyon.*

des soins et un dévouement surhumains. « A partir de ce moment, sa vie ne fut qu'une longue suite de souffrances et chaque effort de travail fut une entreprise sur le mal (1). »

En 1858, Clair Tisseur quitta l'Hôtel de Ville pour courir sa propre fortune. Pendant vingt années, en effet, il se consacra presque exclusivement à l'architecture. Mais sa situation devenue indépendante lui laissait plus de loisirs. Il en profitait pour reprendre de temps en temps sa plume. C'est ainsi qu'en 1862 et 1863, au retour d'un voyage en Provence, où il s'était rendu dans l'espoir d'améliorer sa santé, il écrivit pour la *Revue du Lyonnais* une étude sur deux poètes provençaux : Aubanel et Mathieu. Il fit aussi au *Progrès de Lyon* un article *Sur un Dictionnaire de philosophie*, de Frédéric Morin. Il soutint, dans le même journal, une polémique avec l'*Ami de la Religion* et publia chez Dentu, sous la signature d'Eugène Pellerin, une brochure intitulée *le Parfum de Rome et M. Veuillot.*

*
* *

Un critique compétent devrait ici, avant d'embrasser l'étude complète de l'œuvre littéraire de

____

(1) *Lettres de Valère.* Introduction, p. LXXXV.

Clair Tisseur (1), mettre en relief les qualités qui ont marqué plus spécialement ses travaux artistiques et indiquer la place qu'il occupera désormais parmi les architectes de son temps. Nous nous bornerons à signaler quelques-unes des productions de ce fécond esprit, laissant à d'autres le soin de les apprécier.

Voici ce qu'il en dit lui-même dans ses notes inédites: *Dans sa carrière d'architecte, il eut*
« *rarement l'occasion de faire des travaux selon*
« *son cœur. Les programmes, les styles, parfois*
« *des dispositions fâcheuses lui furent imposés.*
« *Il a cependant construit quelques monuments*
« *d'une certaine importance. On compte parmi*
« *ses travaux :*

« *L'église de Sainte-Blandine à Lyon. La flèche,*
« *bâtie après coup, est de M. Malaval.*

« *L'Église du Bon-Pasteur (2) qui ne pourrait*
« *produire son effet que si la caserne au-devant*
« *était démolie. La flèche, malgré les ordres de*
« *l'architecte, fut en l'absence de celui-ci, et sur*
« *l'injonction du curé, exhaussée d'un mètre, ce*

(1) Voir la *Bibliographie*, placée à la suite de la présente notice.

(2) C'est au dévouement amical de Gaspard André qu'il dut de pouvoir bâtir ce monument. Par suite de circonstances trop longues à conter, les plans devaient être livrés sous huit jours, à défaut de quoi la construction n'aurait pu avoir lieu. Clair Tisseur au beau milieu de son projet tomba malade. Gaspard André vint passer plusieurs jours et deux nuits pour compléter le projet. Celui-ci arriva à temps. (*Note de Clair Tisseur.*)

« *qui est en désaccord avec le style. Mais vous*
« *n'ôterez jamais de la tête d'un brave curé que*
« *plus un clocher est haut, plus il est beau.*

« *De même, plus une maison a de fenêtres, plus*
« *la vanité du propriétaire en est flattée. Clair*
« *Tisseur eut un jour à construire une importante*
« *maison de rapport sur une place, avec retour sur*
« *un quai. Le propriétaire exigea sur la façade*
« *latérale une fenêtre de plus qu'au projet, quoique*
« *l'architecte fît observer que non seulement cette*
« *addition nuisait à l'aspect, mais encore à la*
« *disposition intérieure.* « *Oui, répondit le pro-*
« *priétaire, mais j'aurai une fenêtre de plus que la*
« *maison du voisin !* »

« *Parmi les constructions de Clair Tissseur, on*
« *peut encore signaler l'hôtel de la mairie du*
« *2ᵉ arrondissement, primitivement bâti pour la*
« *compagnie de Terrenoire ; les églises de Brignais,*
« *de Chabeuil (Drôme), de Tassin, d'Orliénas (à*
« *cette dernière le clocher est de M. Malaval), des*
« *Missions africaines à Nice et un certain nombre*
« *d'autres.*

« *Quelques châteaux ou maisons de campagne :*
« *les habitations de MM. Élysée Neyrand à Che-*
« *vrières, Jullien à Pélussin, Lyonnet aux Barolles,*
« *de Jussieu à Beauvernay (Loire), etc., un petit*
« *hospice à Pélussin et les tombeaux des familles*
« *Testenoire à Loyasse, Bernard à Livron.*

« Il avait débuté par une maison de la place
« Impériale, qui avait quelque caractère, mais elle
« a été mutilée par une exécution qu'il ne dirigeait
« pas, et déshonorée par des remaniements après
« coup.

« Le reste ne vaut pas l'honneur d'être men-
« tionné (1). »

Il semble, en lisant ces notes si brèves, que
Clair Tisseur ait attaché peu d'importance à ses
travaux. Chez lui cependant le souci de la forme
était poussé à l'extrême, et les plans de ses constructions étaient travaillés avec une patience rare.
Dans le cerveau de l'artiste, la conception se
dessinait avec précision, et l'exécution venait
ensuite, laborieuse, mais d'un goût toujours sûr.
Telle de ses églises nous rappelle, lorsque nous
examinons l'ensemble, un poème majestueux de
Pauca paucis, les Mendiants, par exemple, tandis
que les détails nous semblent ciselés avec l'art qui
rend si saisissante une strophe d'*Anthologica.* Il
caressait son œuvre avec l'amour du grand artiste
et il reste aussi architecte dans ses poésies que
poète dans ses monuments.

(1) *Académie du Gourguillon.* — Dossier de notre sieur Nizier du
Puitspelu.

Il y a, dans l'œuvre littéraire de Clair Tisseur, deux phases bien distinctes : la première, qui va de l'*Histoire d'André* (1868) aux *Vieilleries lyonnaises* (1879) et la seconde qui date de cet ouvrage et se termine par *Au hasard de la pensée* (1895). C'est dans la première que doivent rentrer les *Lettres de Valère*, publiées en 1881, mais écrites une dizaine d'années plus tôt. Encore y aurait-il dans cette division quelque chose à reprendre, mais on remarquera qu'il ne s'agit ici que d'une vue d'ensemble et que cette distinction est nécessaire, si l'on veut bien suivre la genèse du talent de Clair Tisseur.

L'*Histoire d'André* est le germe des *Histoires lyonnaises*. Elle marque le vrai point de départ de l'écrivain. C'est l'histoire d'un jeune homme épris d'une jeune fille, que son père marie à un individu peu estimable. Elle est obligée, sous les brutalités de son mari, de quitter le domicile conjugal. Son ami l'aide alors de ses ressources ; mais elle roule bientôt d'abîme en abîme, délaissée par tous les siens, même par cet ami qui, rappelé près d'elle à ses derniers moments, se charge de garder l'enfant qu'elle lui laisse et qui n'est pas à lui, son affection pour elle ayant toujours été chaste. Toute cette histoire est traitée avec un véritable souci de l'exactitude ; les personnages sont bien vivants et la délicatesse morale de l'auteur se fait sentir à la pureté des descriptions. Le début est à citer : « *J'ai eu dans ma jeunesse un ami nommé* « *André. Son histoire est si simple que, pour ceux* « *qui aiment les récits extraordinaires, elle ne* « *vaudrait pas la peine d'être contée : c'était un* « *brave et honnête cœur; il ne fut jamais heureux.* « *On voit bien qu'il n' y a rien là d'extraordi-* « *naire* (1). » Il n'y a certes dans cette œuvre aucun procédé, aucune recherche de l'effet; l'ordonnance en est simple comme le style. Mais sous ces apparences de simplicité, nous verrons bientôt percer l'ironie familière à l'auteur et ce détachement serein dont il devait parler si éloquemment dans ses derniers ouvrages. On remarque, dans le portrait qu'il trace d'André, plus d'un trait de ressemblance avec le sien propre, du moins tel qu'il devait être à cette époque : « *Il n'eut jamais de ces intempé-* « *rances de pensée et de langage si naturelles à la* « *jeunesse, qui ne voit guère de milieu entre le sublime* « *et ce qu'elle appelait, dans son jargon d'alors, le*

____

(1) *Hist. d'André*, p. 1.

« hideux, l'infect, *ou de tel autre nom aimable.*
« *Il ne se brouilla jamais avec un ami à propos de*
« *la valeur d'un écrivain ou d'un artiste, pas*
« *même à propos des mérites d'une actrice. Je crois*
« *fort qu'il goûtait médiocrement la poésie, à tout*
« *le moins qu'il ne lut jamais Victor Hugo, bien*
« *qu'il fût familier avec les prosateurs, les clas-*
« *siques surtout, et qu'il en parlât avec discerne-*
« *ment. Il était un peu peintre, assez musicien...*
« *au demeurant, un garçon de rapports agréables et*
« *à qui on se pouvait fier de tout, mais ne se*
« *livrant pas volontiers* (1). » Déjà, en effet, se
dévoile ce sentiment de la mesure qui sera l'un
des traits saillants du caractère de Clair Tisseur,
tandis que son goût pour les écrivains classiques
et la pureté de son style nous laissent deviner le
futur critique.

L'*Histoire d'André* fut accueillie avec une faveur
marquée : Aubanel, Soulary et Cherbuliez goûtèrent
cette œuvre et félicitèrent son auteur. L'idée du
livre lui avait été inspirée par la lecture de la *Vie
de Bohême* de Murger. On ne s'en douterait pas
s'il ne l'avait écrit lui-même (2).

(1) *Histoire d'André*, p. 2 et 3.
(2) *Lettres de Valère*. Introduction, p. XCIV.

Avec *Joseph Pagnon*, nous sortons de la fiction pour entrer dans la réalité. Cette étude, toujours attachante, marque un progrès sensible chez son auteur. Elle a été analysée par Victor de Laprade, qui écrivit pour elle une magnifique préface. Il la compare au *Récit d'une sœur* de Mme Craven et au *Journal* d'Eugénie de Guérin. Ce qui pour nous augmente le charme du livre de Clair Tisseur et le place dans un ordre tout à fait différent, c'est qu'on y trouve la physionomie d'une âme lyonnaise. On ne s'y heurte jamais soit au mysticisme maladif d'Alexandrine de la Ferronnays, soit à la mélancolie impuissante d'Eugénie de Guérin. Certes, il serait téméraire de critiquer des œuvres qui ont passionné tant de lectrices et fondé ce genre particulier qu'un maître a appelé *la littérature du cœur*. Mais on ne peut comparer sans indiquer ses préférences.

Clair Tisseur est avant tout sincère et c'est sa sincérité même qui nous fait apprécier *Joseph Pagnon*. Il n'a jamais eu l'idée de poser en face de ses contemporains, pas plus qu'il n'a songé à faire son héros plus grand que celui-ci n'est en réalité. N'y a-t-il pas, dans ce fait même, un des caractères touchants de l'âme lyonnaise? Qu'on prenne tel ou tel de nos écrivains, on y remarquera toujours cette espèce de timidité morale. « *Ce livre,* « dit Victor de Laprade, *est aussi l'histoire d'un* « *mouvement d'idées très caractéristique du temps* « *où il s'est produit, et qui prend une physionomie* « *particulière dans la ville qu'habitaient les jeunes* « *acteurs et l'auteur de ce récit. Le goût passionné* « *du beau, une piété pleine de ferveur et aussi* « *d'indépendance, une austère pureté de mœurs,* « *contrastant avec leur vivacité d'imagination,* « *n'étaient pas les seuls liens de ces jeunes gens et* « *leur seul trait de ressemblance. Un souci com-* « *mun des questions sociales les rapprochait* « *encore* (1). » Et c'est ainsi que l'étude de Clair Tisseur est devenue un document de l'histoire lyonnaise.

Le style de ce livre, déjà plus précis, n'est pas encore définitif ; il faudra à son auteur quinze années de travail assidu pour atteindre à sa perfection.

*
* *

Si *Joseph Pagnon* nous livre quelques-unes des idées religieuses et morales de Clair Tisseur,

(1) *Joseph Pagnon.* Préface p. XXVIII.

c'est dans les *Lettres de Valère* que nous irons chercher l'indication de ses sentiments politiques. Dans ces lettres écrites au jour le jour, pendant son passage dans le journalisme, et qu'il a eu l'heureuse idée de réunir plus tard en volumes, on découvre un esprit profondément libéral. Tel il était avant 1870, tel il est resté jusqu'à la fin. Il avait déjà donné des preuves de ce libéralisme dans ses brochures contre Louis Veuillot, le fougueux polémiste de l'*Univers*. Aujourd'hui toutes ces querelles sont loin de nous, mais l'esprit qui animait le pontife de l'ultramontanisme subsiste toujours. Ce qui choquait Clair Tisseur dans le journaliste ultramontain, ce n'étaient pas seulement ses idées, c'était surtout son manque de goût. Aussi la verve inépuisable de Valère ne tarit-elle jamais quand il s'agit de le stigmatiser.

La chute de l'empire, l'invasion, la commune et les événements qui suivirent de près l'année terrible sont appréciés par lui avec un bon sens qu'on admirera toujours et qui fait de son livre un des meilleurs qu'il ait écrits. Dans les dernières lettres: *Courrier des eaux* et *Le pays où nous promenons* (1), il donne libre cours à sa fantaisie. Il nous promène avec lui dans cette vallée pleine de soleil et de

---

(1) *Lettres de Valère*, t. II, p. 227 et suiv.

fleurs, où il devait plus tard aller fixer sa résidence, semant au hasard une foule d'observations spirituelles et de détails piquants.

L'introduction, très développée, est une autobiographie, dans laquelle il raconte incidemment les principaux événements auxquels il a été mêlé depuis sa première jeunesse. C'est comme une histoire anecdotique de la ville de Lyon pendant les trente années qui précédèrent 1870 (1).

*   * *

Les *Vieilleries lyonnaises* sont, avec les *Oisivetés*, les seules œuvres supérieures véritablement lyonnaises que nous possédions. S'il est sur notre ville des travaux plus savants, il n'en est pas qui unissent à ce point le charme du langage et l'intérêt du récit. Clair Tisseur a su le premier élever notre langage populaire à la hauteur d'une littérature. Dédaigneux des critiques des puristes, il s'est dit avec raison que nos idiotismes ne sont le plus souvent que des mots ou des tournures qui ont vieilli, et dont nos vieux conteurs et nos grands écrivains du xvıı^e siècle ont largement usé. Il est donc juste que nous les conservions. Dans sa

(1) On peut lire, à propos de cet ouvrage, le spirituel article de M. Édouard Aynard (*Courrier de Lyon*, 30 novembre 1881).

Lettre sur les occupations de l'Académie française,
Fénelon ne reprochait-il pas déjà à ses contemporains de renoncer aux termes anciens pour adopter
des mots étrangers qui défigurent la langue ? Nous
avons depuis marché de plus en plus dans cette
voie singulière, de sorte qu'il est impossible
aujourd'hui à celui qui n'a pas étudié l'anglais de
comprendre le journal qu'il lit. Passe encore pour
la pureté grammaticale, mais ne serait-il plus permis d'écrire en français ? (1).

Cette langue savoureuse, qui nous est si chère,
était devenue chez Clair Tisseur la parure indispensable de sa pensée. Il essaye d'abord, dans les
Lettres de Valère, d'en employer quelques termes,
qu'il met entre guillemets comme pour s'excuser
de son audace. Puis il ne se retient plus, et dans
les *Vieilleries,* les *Oisivetés,* les *Histoires lyonnaises,* etc., la phrase arrive toute faite avec les mots
propres, les locutions familières, rehaussées de ce
grain d'ironie qui convient si bien au sujet. Il ne
se contente pas d'employer le parler populaire, il
veut encore en justifier l'usage. Il se livre avec
ardeur aux études philologiques, pâlit de longues

(1) Comme il nous est impossible de parler en détail de tous les ouvrages de Clair Tisseur, ce qui demanderait de trop longs développements,
nous prions le lecteur de se reporter au volume *Les quatre Tisseur,* p. 45 et
suiv. et à l'article de la *Revue du Siècle : A propos des Vieilleries lyonnaises*
(année 1892, p. 69).

heures sur de vieux textes, entre en correspondance avec les savants français et étrangers le
plus en vue et publie un beau jour le résultat de
son travail, sous ce titre modeste : *Très humble
essai de phonétique lyonnaise.* Les puristes avaient
souri en lisant les *Vieilleries lyonnaises ;* les érudits
saluaient en Clair Tisseur un grammairien de
premier ordre. Et cette œuvre savante n'est qu'un
prélude. Il nous donnera successivement le
Dictionnaire étymologique du patois lyonnais, le
Littré de la Grand'Côte et les *Modestes observations sur l'art de versifier,* dont il est superflu de
faire l'éloge.

⁎⁎

Clair Tisseur avait encore ce don particulier
d'animer des études dont la sécheresse est le
caractère le plus ordinaire. C'est là peut-être que
se manifeste le mieux le côté artistique de son
talent. Il se « gaussait » des archéologues comme
il devait se « gausser » plus tard des philologues,
sans se douter qu'il faisait de l'archéologie et de
la philologie dans ses livres. Mais comme il savait
donner de l'intérêt à ses travaux ! Il découvre un
jour un testament ancien ; il se dit que peut-être
sa publication intéressera quelques initiés. Il

prend texte de cette pièce pour reconstituer tout un coin de l'histoire lyonnaise du xviie siècle (1). Des recherches faites à propos du tènement de Forest lui inspirent ce livre si vivant de *Marie-Lucrèce et le Grand Couvent de la Monnoye*, véritable page d'histoire religieuse. On a donc pu dire avec raison que Clair Tisseur est avant tout un artiste.

*
* *

Il s'était marié à Lyon le 19 avril 1855. De cette union naquit une fille, qui mourut toute jeune. Le 22 novembre 1871, sa femme mourait à son tour à l'âge de quarante-sept ans. Ce fut pour Clair Tisseur déjà malade un coup dont il devait souffrir le reste de sa vie. Mais il n'était pas de la race des impuissants que le chagrin accable tout à fait. Son âme, fortement trempée, réagit contre l'infortune et le travail le rendit à la vie. Cependant la maladie le terrassait ; il ne pouvait continuer à exercer sa profession. Il céda son cabinet d'architecte à M. Malaval, son élève, et songea dès lors à se retirer à la campagne. Il avait découvert à Nyons, au cours d'un voyage dans le Midi, un champ d'oliviers exposé au soleil et assez

(1) *Le testament d'un Lyonnais au XVIIe siècle.*

éloigné de la ville pour qu'il y pût vivre en paix. Il l'acheta et s'y construisit une maison qu'il vint habiter en novembre 1877. C'est dans cette solitude, dénommée par lui l'*Asyle du sage*, que s'écoulèrent les années fructueuses de sa vieillesse.

*
* *

En 1883 son frère Jean, vénéré par lui comme un père, mourait à Lyon au moment même où il se disposait à recueillir et à publier ses poésies et celles de son frère aîné Barthélemy. Clair Tisseur ressentit de nouveau une vive commotion morale. Les deuils succédaient aux deuils. Il ne lui restait plus que son frère Alexandre, à qui il devait survivre encore. Tous deux se mirent à la tâche et publièrent les œuvres de leurs aînés. Alexandre Tisseur écrivit la biographie de Barthélemy; Clair, celle de Jean. Les deux volumes de poésies furent offerts à quelques intimes qui accueillirent avec une surprise mêlée d'admiration ces recueils où les quatre frères avaient mis le meilleur d'eux-mêmes. C'était, en effet, un cas peu commun que celui d'une famille tout entière douée des plus belles qualités de l'esprit (1).

(1) Voir les *Quatre Tisseur,* p. 9 et suiv.

En 1887, Clair Tisseur fut reçu à l'Académie des sciences, belles-lettres et arts de Lyon, où il prit pour texte de son discours l'éloge d'Antoine Chenavard. Il ne fit au sein de l'Académie que de rares apparitions. Il s'y rendait une fois par an, vers le milieu de l'été, faisant coïncider son voyage à Lyon avec une des séances (1).

*
* *

Une autre académie, moins austère mais plus originale, avait été fondée par Clair Tisseur en 1879. Ce n'était d'abord qu'une réunion de quelques hommes d'esprit, tous Lyonnais de cœur, et qui aurait passé inaperçue si Puitspelu (2) n'en avait divulgué un jour les amusants statuts (3). On se rappelle encore l'éclat de rire général dont cette divulgation fut accompagnée. Ce n'était pas la moins spirituelle des œuvres de Clair Tisseur, et ce qui double le prix de cette monumentale plaisanterie, c'est qu'elle a survécu à son auteur. L'Académie du Gourguillon, puisqu'il faut l'appeler par son nom, a pris au sérieux son rôle. Elle a

(1) Ce fut cette même année qu'un poète lyonnais, Camille Roy, dont la réputation a depuis franchi les portes de notre ville, fonda la *Revue du Siècle*. Clair Tisseur y collabora jusqu'à sa mort.

(2) C'est le pseudonyme dont Clair Tisseur a signé presque tous ses livres.

(3) *Mémoires de l'Académie du Gourguillon*, t. I, 1887

publié successivement un volume de *Mémoires*,
un recueil de pièces du théâtre de Guignol, sous
ce titre: *les Classiques du Gourguillon*, ainsi que
deux numéros de la *Revue du Gourguillonnais*,
plaisant pastiche de la grave *Revue du Lyonnais*.
Inutile de dire que Clair Tisseur prêta son concours à ces diverses publications. A signaler
surtout l'*Epistre liminaire* du premier volume des
Mémoires, écrite dans la langue du xvi° siècle,
qu'on peut placer à côté de la *Chanson de May*
de *Pauca paucis*. Ces deux pièces sont ce que
nous connaissons de meilleur dans ce genre (1).

*
* *

Il avait commencé par la prose, il devait finir
par les vers. Il ne reste rien à dire de *Pauca paucis*,
qui a été apprécié par les critiques les plus éminents (2). Dans cet admirable recueil, qu'on ne se
lasse jamais de relire, se retrouve l'âme tout
entière de Clair Tisseur. C'est son testament moral.
Ses idées philosophiques, nuageuses et vagues

(1) La création de cette académie fantaisiste n'a été que la revanche du
vieil esprit lyonnais sur le pédantisme provincial. Quand Clair Tisseur
publia le *Très humble essai de phonétique lyonnaise* il le signa *Nizier du
Puitspelu, de l'Académie du Gourguillon*, ce qui intrigua beaucoup les
critiques allemands.
(2) *Pauca paucis*, n. éd. p. 23.

dans *Joseph Pagnon*, ont pris ici une forme con-
crète, enchâssées qu'elles sont dans des strophes
lumineuses dont aucun poète lyonnais n'avait
encore trouvé le secret. S'il se rattache à l'école
lyonnaise, c'est plutôt par sa tendance idéaliste
que par la facture de ses vers. Il n'avait pas
acquis du premier coup ce rythme sûr et cette
langue pleine, précise, où chaque mot aide à
l'image, qui fait songer aux plus belles créations
de Leconte de Lisle. Quelques pièces antérieures,
qu'il a eu le tort de recueillir dans le volume,
sont là pour l'attester (1). Il travaillait ses vers
avec l'ardeur patiente du grammairien pour qui
la perfection s'atteint trop rarement. Ses manuscrits en sont la preuve. Bien différent de son frère
Jean, chez qui la poésie jaillissait, Clair Tisseur
mettait quelquefois plusieurs jours pour écrire
une pièce. Aussi ses vers sont-ils toujours faits.
Il se défiait de l'inspiration qui laisse le champ
trop libre aux imperfections et aux mots superflus.
De là cette forme accomplie, que tous les critiques
ont louée dans *Pauca paucis*.

On a rapproché quelques vers de Clair Tisseur
des meilleurs écrits par les maîtres, notamment
ceux-ci de l'*Automne :*

---

(1) Telles sont : *Rimes d'antan* et *A Saint-Elpis*, p. 5i et 54 de la n. éd.

> L'automne est doux et beau, plein de rêves, l'automne
> Cent fois plus doux encor que le printemps si doux (1).

Mais il ne faudrait pas en conclure que Clair Tisseur a imité quelqu'un ; il garde toujours son cachet bien personnel, et si Chénier était pour lui le premier poète de la France, il s'est bien gardé de le pasticher.

Que dire alors de celui-ci, digne de Corneille ?

> Il est plus mort de toi qu'il n'en reste à mourir (2).

On a remarqué aussi que la tyrannie de « l'éternel féminin » est complètement absente de *Pauca paucis*. Il faut dire que Clair Tisseur ne connut jamais ces orages du cœur dont on relève la trace dans les vers inédits de son frère Alexandre. Le souci de l'au-delà prime chez lui tous les autres. De là l'idée dominante de *Pauca paucis* et sa portée philosophique. Mais la morale très élevée qui s'en dégage tire plutôt sa source de l'idéal païen que de l'Évangile. On peut juger par ce simple fait du chemin parcouru depuis *Joseph Pagnon* (3).

D'ailleurs, si l'on veut se rendre compte du caractère original de l'œuvre poétique de Clair Tisseur, on n'a qu'à comparer le même sujet traité par deux maîtres tout à fait dissemblables. Qu'on

(1) *Pauca paucis*, n. éd., p. 299.
(2) *Pauca paucis*, n. éd., p. 108.
(3) Voyez à ce sujet l'excellent article de M. P. de Bouchaud : *In memoriam* (*Express de Lyon*, 7 octobre 1895).

lise l'*Aloès*, de *Pauca paucis* (1) et *Fleur séculaire*, des *Trophées* (2), et l'on pourra surprendre quelques-uns des secrets du génie (3).

(1) N. éd. p. 166.

(2) P. 129.

(3) Voici, à titre de curiosité, l'opinion de Soulary sur la première édition de *Pauca paucis*.

« Alger, 11 janvier 1890.

« MON CHER AMI,

« Si je ne vous ai pas accusé plus tôt réception de votre beau volume c'est que j'ai voulu me donner le friand régal de le lire longuement, lentement, à tête reposée, comme il mérite d'être lu.

« Laissez-moi tout d'abord vous gronder de votre excès de timidité, qui vraiment n'a pas sa raison d'être avec moi. Quant à l'incorrection que vous signalez dans le sonnet à moi dédié à propos des *Rêves ambitieux*, je vous avouerai franchement que je ne l'avais pas aperçue en lisant ce sonnet pour la première fois. A présent que vous me l'avez fait apercevoir, je suis bien obligé d'en souffrir avec vous et pour vous... Ce sont là petites malices des choses ; il ne faut pas s'y arrêter.

« J'ai donc lu très consciencieusement *Pauca paucis*. La juste part d'éloges donnée à l'imprimeur, il reste à faire la vôtre. Je suis à l'aise, en ce qui me concerne, pour la faire aussi large que votre amour-propre peut la désirer, et vous savez, cher ami, si l'amour-propre des poètes est exigeant.

« Ce qui m'a tout d'abord frappé dans cette œuvre — et ce qui en aura frappé beaucoup d'autres — c'est son ordonnancement magistral, à commencer par ce curieux avant-propos qui en est comme le péristyle. C'est bien, en effet, un monument que vous vous êtes élevé là ; l'architecte s'y sent sous le poète, ce qui ne gâte rien : poète et architecte étant du *bâtiment* pour la plus grande gloire de l'art.

« De *Pauca paucis* tout m'a plu beaucoup, et plus que beaucoup. J'ai toutefois mes préférences que j'indiquerai sommairement, n'ayant pas le loisir d'insister sur chaque pièce en particulier autant que je le voudrais.

« Dans la division des *Vetera*, je signalerai *Hellé*, *Solvitur acris hiems*, à *Dellius* et à *Leuconoé*, qui sont, par-ci par-là, de l'Horace pur, et la *Chanson du vanneur* dont l'accent est bien contemporain.

« De *Domestica*, je note : *Premier sourire* (un ressouvenir de Jean, tout à fait digne de lui), les *Dauphins*, *Procnée*, et surtout, surtout les pièces à *Phydilé* dont le charme intime est inexprimable.

« De *Sub sole*, *Alpha et oméga*, l'*Aloès*, *Parfums*.

« De *Ad alta*, ce merveilleux *Ranz des vaches méridional* que vous avez intitulé : *Les Campanes*.

« De *Parvuli*, la *Naissance d'une cigale* et de *Nugæ*, *Idylle*.

« Et je m'arrête parce qu'il me faudrait tout citer, et que vous seriez le

*
* *

Les *Modestes observations sur l'art de versifier*
marquent l'apogée du talent de Clair Tisseur
critique. Déjà dans l'*Introduction* écrite pour les
poésies de son frère Jean, dans le *Bon parler
lyonnais*, des *Oisivetés*, ainsi que dans un grand
nombre d'articles, il s'était révélé critique. Doué
d'une vaste érudition, éclairé par une connaissance parfaite de la langue, il apportait dans ses
jugements son bon sens ordinaire et le sourire de
sa fine ironie. On ne peut le rattacher à aucun
maître; il ne goûtait pas plus le pédantisme de
Brunetière, qu'il appelait *un Laharpe fin de siècle*,
que le bavardage de Jules Lemaître. Il se rappro-
cherait plutôt de Taine, dont la langue ferme et
l'éclat métallique du style n'étaient pas pour lui
déplaire. Quoi qu'il en soit, il y a, dans ses derniers
articles surtout, des pages qui le classent hors de
pair (1).

premier à me rappeler que tout critique doit faire une réserve *pour sa
dent creuse.* Je n'en vois pas absolument la nécessité, s'il faut le dire, mais
aussi ne suis-je pas un critique de profession. Je suis un ami des poètes,
et vous êtes de ceux qu'à ce titre, mon affection et mon estime distinguent
particulièrement...

　　　　　« Je vous embrasse bien affectueusement.

　　　　　　　　　« JOSÉPHIN SOULARY. »

(1) Voir principalement : *A propos de la littérature nouvelle (Revue du
Siècle*, année 1895).

Il avait fait, dans la nouvelle série de *Pauca paucis*, des essais de métrique qu'il entendait justifier. Au lieu de se borner à ce cadre étroit, il élargit le sujet et donna au public un traité complet auquel on n'a rien à comparer. Le succès de ce livre dépassa peut-être celui de *Pauca paucis*. Il est impossible de réunir, dans un ouvrage didactique, plus de science et plus d'esprit.

*
* *

Clair Tisseur écrivait un jour: « Je crois que pour juger en parfaite liberté d'esprit, il faudrait vivre dans quelque fond de province (1). » C'est, en effet, dans sa solitude de Nyons que se sont développées ses brillantes qualités littéraires et c'est là que nous avons eu le rare bonheur de l'entretenir plusieurs fois. On connaît, par la description qu'il en a fait dans ce chef-d'œuvre de sensibilité délicate qui s'appelle *Hyla* (2), le réduit dans lequel il s'était confiné. Sis à mi-côte, au milieu de la verdure et des fleurs, l'*Asyle du sage* était visité de temps en temps par quelque ami, qui apportait à Clair Tisseur comme un souvenir vivant de la terre natale. C'était pour

____

(1) *Revue du Siècle*, année 1887, p. 352.
(2) *Histoires lyonnaises*, p. 301.

celui-ci un jour de joie. Dans ses dernières années surtout, où il ne pouvait plus faire que quelques pas dans son parc, il aimait à s'entretenir du passé et de ceux qu'il avait laissés sur nos rives brumeuses, mais dont le souvenir était toujours présent à son esprit. Les fatigues physiques n'avaient aucune prise sur son intelligence et sur son cœur. Il travaillait toujours avec la même énergie, se levant de grand matin et restant fermé dans sa chambre jusqu'au déjeuner. L'après-midi, il lisait les journaux ou les revues et écrivait ses lettres. Il ne prenait que quelques heures pour la promenade et la causerie. A défaut de ses amis de Lyon, c'était M. Paul Vigne qui allait chez lui tous les jours (1). Sa bonté exquise ne se désintéressait de rien. Les pauvres qu'il aimait par-dessus tout, vivant lui-même presque en indigent pour les soulager, en savaient quelque chose. Sa modestie s'offensait des allusions que l'on faisait à sa charité ; et cependant, que de gens n'a-t-il pas secourus : littérateurs dans la détresse, artistes méconnus, qu'il suffisait de lui signaler pour que sa pitié s'émût ? Il prêtait son appui à toutes les œuvres qui lui paraissaient intéressantes, alliant

---

(1) C'est M. Paul Vigne qui a écrit sur Clair Tisseur l'article intitulé *Figure lyonnaise* (*Lyon-Revue*, décembre 1880). Cette publication, des plus intéressantes, était dirigée par M. Félix Desvernay.

la délicatesse la plus respectable aux élans les plus
généreux. Il aidait les jeunes écrivains de ses
conseils, et son autorité était si grande à nos yeux,
que nous nous adressions à lui spontanément
comme au meilleur de nos maitres. Il savait nous
rendre en affection ce que nous lui donnions en
respect.

Il avait avec nous, dans sa conversation et dans
ses lettres, cet abandon paternel qui nous mettait
à l'aise avec lui. Quel recueil admirable on pourrait faire, si l'on se décidait un jour à publier sa
correspondance! Jamais la haine ou l'envie n'ef-
fleurèrent son âme. On peut en citer un exemple.
Après la publication de *Pauca paucis*, un obscur
journaliste avait écrit sur ce livre un article aussi
violent qu'injuste. Clair Tisseur s'en souvint un
jour, et voici ce qu'il en dit dans *Au hasard de
la pensée : « Je lisais ces jours-ci un article du
« Polybiblion, sorte de recueil bibliographique qui
« ne semble pas marcher sur les brisées de la
« critique scientifique et que je crois surtout
« destiné aux sacristies. En le lisant je me disais
« qu'après tout il y a quelque volupté à se sentir
« jugé par des imbéciles. Mais ces imbéciles-là
« sont d'honnêtes gens. C'est déjà quelque chose
« et cela rend indulgent. »* (1) Ce fut sa seule
vengeance.

(1) P. 110.

*
* *

Depuis longtemps déjà, il avait entrepris de noter par ordre alphabétique toutes les expressions du parler populaire lyonnais qu'il entendait prononcer ou qu'il relevait au courant de ses lectures. Cette collection devait former plusieurs volumes. Malheureusement, les travaux qui l'absorbaient ne lui permettaient pas de la mener à bonne fin. Après bien des hésitations, et sur les instances de plusieurs de ses amis, il se décida à mettre en ordre les matériaux amassés par lui, mais en restreignant le plan primitif. Ce fut le *Littré de la Grand'Côte*, publié en 1894 sous les auspices de l'Académie du Gourguillon.

Clair Tisseur ne voyait pas sans un serrement de cœur la société lyonnaise se transformer. Les anciennes traditions, le langage, cette traduction vivante de l'état des esprits, subissaient une influence extérieure, qu'il jugeait funeste. Il ne pouvait souffrir « cet affreux patois parisien qui déshonore même le plus beau des sentiments (1). » Comme il lui était impossible d'empêcher cette transformation, Clair Tisseur voulut du moins conserver le souvenir du vieux langage. Le *Littré*

(1) Paul Bourget, *Mensonges*, p. 368.

de la Grand'Côte fut le complément naturel des *Vieilleries lyonnaises* et des *Oisivetés.*

De tous ses ouvrages, c'est certainement celui qui a le plus amusé ses contemporains. Il fallait à son esprit, livré aux spéculations les plus élevées, une détente. Aussi Puitspelu s'en est-il donné à cœur joie. Toutes les « gandoises » du vieux temps ont fourni à sa verve un aliment nouveau, et nulle part il n'a été plus fidèle à ce principe : « Les dicts travaux auront expressément le caractère populaire et seront propres à chatouiller la rate, pour autant que le rire est ce qui faict le plus de plaisir et ce qui couste le moins (1). » Et sous cette bonhomie narquoise, poussée à un tel point que souvent nous ne savons si Puitspelu veut nous instruire ou nous amuser, si c'est le savant ou le « canut » qui parle, que d'observations sérieuses et fines ! quelle science de la langue et du cœur humain ! Quand Clair Tisseur n'aurait écrit que le *Littré de la Grand'Côte,* cela suffirait pour lui assigner une place honorable parmi les écrivains lyonnais.

⁂

Clair Tisseur était moraliste autant que poète, et personne mieux que lui n'a compris et mis en

(1) *Statuts de l'Académie du Gourguillon, art. IV.*

pratique le rôle moral de l'écrivain. Aussi avait-il en horreur ceux dont tout l'art consiste à cultiver la rime riche ou à enfiler des périodes sonores. Dans les conseils qu'il nous donnait, il nous recommandait toujours de nous défier du lyrisme et de ce qu'il appelait plaisamment *les phrases à plumet*. Le sentiment de la mesure, qui est à proprement parler le goût, fut la règle de sa vie et constitue la belle unité de son œuvre.

Sous l'influence de cette préoccupation constante, il s'était si bien assimilé la langue ferme et précise du xviie siècle, qu'il arrivait presque à la sobriété admirable des grands écrivains classiques. Le commerce de Pascal et de La Bruyère se devine dans *Au hasard de la pensée* où, plus que dans sa poésie, il a appliqué le précepte de Chénier :

Sur des pensers nouveaux faisons des vers antiques.

Que dire de ces notes écrites sans ordre, et qu'il a su vivifier au point d'en faire une œuvre durable? De tous les livres de Clair Tisseur, c'est peut-être celui qui a été le plus discuté ; c'est aussi celui qui lui a coûté le moins d'efforts. Il avait l'habitude d'inscrire, au hasard de ses lectures, les phrases qui lui semblaient remarquables par le tour de la pensée ou la singularité de la forme, y joignant des réflexions personnelles ou des observations dont il pourrait avoir besoin quelque jour. Il a rempli ainsi plus de vingt carnets, où est enfermée toute la menue monnaie de son esprit. A côté d'une citation, vous êtes surpris de rencontrer un compte de blanchissage, plus loin c'est une « canuserie », ailleurs, une pièce de vers ébauchée ou l'appréciation brutale de la pensée d'un écrivain. Il usera de tout cela plus tard et nous retrouverons dans les *Modestes observations*, dans le *Littré de la Grand'Côte*, dans *Au hasard de la pensée*, quelques-unes de ces notes.

Si l'on dégage ce dernier volume de tout ce qui ne se rattache pas directement au fond de sa pensée inspiratrice, on remarquera qu'il n'est qu'un commentaire en prose de *Pauca paucis*. Aussi bien, et malgré le plaisir qu'on éprouve à voir l'auteur nous livrer une fois de plus et sous une autre forme sa pensée intime, ce livre n'était-il peut-être pas indispensable au couronnement de son œuvre (1)? Ces réserves faites, on doit avouer que Clair Tisseur a des vues très originales sur la plupart des sujets qu'il observe et que le critique qui résidait en lui a écrit là quelques-unes de ses bonnes pages.

(1) Voyez l'article de M. Texte et celui de notre ami Mathevet (*Revue du Siècle*, année 1895, p. 351 et 453).

*
* *

Il était venu à Lyon au mois de juin 1895 et, malgré la maladie qui le minait depuis si longtemps, rien ne faisait prévoir que ce serait son dernier voyage. Sa gaieté communicative, quand il se retrouvait avec ses amis, nous faisait illusion. Sa force de résistance morale était telle qu'il savait cacher ses souffrances à tous ceux qui l'approchaient. Je le revis pour la dernière fois au mois de septembre, à Nyons, et je fus frappé des ravages que le mal avait accomplis. Il voyait venir la mort avec sérénité. Il songeait à ses œuvres dont il ne verrait pas la publication: le *Supplément du Littré de la Grand'Côte*, la deuxième édition des *Oisivetés* en cours d'impression et les manuscrits qu'il laissait inédits (1). On n'eût pu surprendre dans ses paroles la moindre trace d'émotion. Il m'écrivait encore la veille de sa mort, comme pour confirmer ce qu'il m'avait dit à Nyons :

(1) Il écrivait dans un de ses carnets: « J'ai du travail devant moi pour trois ans encore après ma mort. »

Mon cher Ami,

J'ai reçu vos excellents renseignements. Ils m'ont permis
de terminer mon article qui est déjà imprimé en partie (1).
Nous ne pourrons pas mettre les *Vieilles Enseignes* dans
la deuxième édition des *Oisivetés*. Il y a cinq articles qui
feraient cent pages du volume et le transformeraient en
dictionnaire... Dans les futurs contingents on pourra faire
un volume qu'on intitulerait *Coupons d'un atelier lyonnais* et qui contiendrait les *Enseignes*, le *Collège, Une
émancipation sous l'ancien régime...* On verrait s'il y a
quelques broutilles d'articles parus dans la *Revue*.

J'ai de quoi faire deux articles (dont un sur Stendhal) de
Au hasard de la pensée, deuxième série. Il s'agirait de
mettre en ordre les pensées éparses sur mes carnets. Les
pensées déjà publiées sont marquées d'une croix...

Tout à vous,

Clément Durafor.

Rien dans cette lettre, si ce n'est une simple
allusion, ne trahissait la gravité de l'état de Clair
Tisseur. Aussi est-ce avec une surprise bien dou-
loureuse que je recevais, le 1er octobre, un billet
navrant de M. Paul Vigne, m'annonçant la mort
de notre ami et donnant quelques détails sur son
dernier jour. Il avait succombé la veille (30 septembre 1895) à quatre heures du soir, presque

(1) Il s'agit ici du *De viris illustribus Lugduni*, inséré dans la 2e édition
des *Oisivetés*.

sans agonie. Il s'était levé le matin comme à l'ordinaire, s'était mis à sa table de travail, mais les souffrances augmentant, il avait dû renoncer à écrire. Sa résignation en présence du moment suprême fut admirable, et ce n'est pas vers Zeus qu'il éleva son cœur. Le Dieu de son berceau fut celui de sa tombe.

Ses funérailles eurent lieu à Lyon le 5 octobre à 9 heures du matin, au milieu d'un grand concours d'amis et de notabilités lyonnaises. Elle revêtirent un caractère simple et solennel. Suivant sa volonté expresse, il n'y avait ni fleurs ni couronnes sur son cercueil et aucun discours ne fut prononcé (1). Après la cérémonie religieuse à l'église d'Ainay, il fut conduit au cimetière de Sainte-Foy où il repose près des siens, au milieu de cette campagne lyonnaise qu'il a si bien chantée.

*
* *

Le poète persan Sadi a écrit : « Ce n'est qu'en laissant s'écouler un long espace de temps que l'on arrive à connaître à fond la personne qu'on

---

(1) Parmi les nombreux articles nécrologiques sur Clair Tisseur on peut citer ceux de l'*Express de Lyon* 1ᵉʳ-4 octobre 1895 (M. Emmanuel VINGTRINIER), du *Lyon Républicain*, 3 octobre 1895, M. COSTE-LABAUME), du *Progrès illustré*, 13 octobre 1895 (M. Aimé VINGTRINIER), du *Nouvelliste de Lyon*, 2 octobre 1895 (M. Émile DUCOIN), de la *Revue du Lyonnais*, septembre 1895 M. VACHEZ), et de la *Revue du Siècle*, octobre 1895.

étudie (1). » Cette pensée est profondément juste. Une esquisse imparfaite ne peut suppléer à une étude définitive, et quand il s'agit d'un écrivain de la valeur de Clair Tisseur, la postérité seule a le droit de le juger en dernier appel. Mais si nous n'avons donné qu'une idée insuffisante de son œuvre, déjà classique pour nous, nous sommes heureux d'avoir eu l'occasion de rappeler quelques-unes des qualités de l'homme, et par-dessus tout sa bonté. Cela nous suffit. N'est-ce pas le plus grand psychologue du moyen âge et l'un de ses auteurs favoris qui a écrit cette phrase délicieuse : *Vere magnus est, qui magnam habet charitatem ?* (2).

Claudius Prost.

Lyon, le 1ᵉʳ mars 1898.

---

(1) Sainte-Beuve. *Nouveaux lundis*, t. XIII, p. 121.
(2) *De imitatione Christi*, lib. I, cap. III.

BIBLIOGRAPHIE DE CLAIR TISSEUR

BIBLIOGRAPHIE DE CLAIR TISSEUR

1862. — *Le Parfum de Rome et M. Veuillot*, in-8°, 46 pages, Dentu (sous le pseudonyme d'Eugène Pellerin).

— *Deux poètes provençaux*, par Clair Tisseur, in-8°, 24 pages, Lyon .

— *Sur un Dictionnaire de philosophie*, par Clair Tisseur, petit in-8°, 16 pages, Lyon.

1863. — *M. Veuillot et Giboyer*, in-8°, 32 pages, Dentu (sous le pseudonyme de « Un lecteur de l'Univers ».)

1868. — *Histoire d'André*, 1 vol. in-12, 202 pages, sans date, ni nom de lieu ni d'auteur, Paris, typ. Morris et Cie.

1869. — *Joseph Pagnon*, lettres et fragments recueillis par Clair Tisseur, avec préface par Victor de Laprade, 1 vol. in-12, 419 pages, Paris-Lyon, Girard.

1879. — *Les Vieilleries lyonnaises*, de Nizier du Puitspelu, 1 vol. in-8°, Lyon, chez les libraires intelligents.

— *Le Testament d'un Lyonnais au* XVII° *siècle*, in-8°, 49 pages, Lyon, chez les principaux marchands de livres.

1880. — *Marie-Lucrèce et le Grand Couvent de la Monnoye*, in-8°, VII-188, p. avec un plan en couleurs par M. Vermorel, Lyon, Meton.

1881. — *Souvenirs lyonnais, Lettres de Valère*, colligées par Nizier du Puitspelu, avec une introduction par iceluy, 2 vol. in-12, le 1er, CIV-194 pages ; le 2°, 283 pages), Lyon, Meton.

1882. — *Un Noël satirique en patois lyonnais*, traduit et annoté par Nizier du Puitspelu, grand in-8°, 72 pages, Lyon, imprimerie Storck.

1883. — *Sur quelques particularités curieuses du patois lyonnais*, par Nizier du Puitspelu, in-8°. 20 pages, Lyon, imprimerie Pitrat.

— *Des Verbes dans notre bon patois lyonnais*, par Nizier du Puitspelu, in-8°, 28 pages, Lyon, imprimerie Pitrat.

— *Les Oisivetés du sieur du Puitspelu, Lyonnais*, 1 vol. in-8°, 393 pages, Lyon, Henri Georg.

1885. — *Très humble essai de phonétique lyonnaise*, par Nizier du Puitspelu, in-8°, 144 pages, Lyon, Henri Georg.

1885-1893. — *Vieilles Choses et Vieux Mots lyonnais*, par Nizier du Puitspelu, 3 fascicules in-8°, ens. 28 pages, Lyon, imprimerie Mougin-Rusand.

1886-1891. — *Fragments en patois du lyonnais*, publiés par Nizier du Puitspelu, ensemble 34 pages, Lyon, imprimerie Mougin-Rusand.

1886. — *Les Histoires de Puitspelu, Lyonnais*, 1 vol. in-12, 368 pages. A Lyon, chez les libraires qui en voudront.

1887. — *Antoine Chenavard*, par Clair Tisseur, gr. in-8°, 38 pages, Lyon, Georg.

1887-1890. — *Dictionnaire étymologique du patois lyonnais*, par Nizier du Puitspelu, 1 vol. in-8°, 2 col. CXX-470 pages, Lyon, Georg.

1887. — *Un Noël satirique en patois lyonnais*, avec notes, par Nizier du Puitspelu, 2° édition entièrement refondue, petit in-8°, 42 pages, Lyon, imprimerie Storck.

—   *Un conte en patois du commencement de ce siècle*, in-12, 18 pages, Paris, Vieweg.

—   *La Critique moderne, M. Jules Lemaître*, par Puitspelu, in-8°, 15 pages, Mougin-Rusand.

1889. — *Pauca Paucis*, recueil de poésies par Clair Tisseur, 1 vol. in-8°, 234 pages, Lyon.

1891. — *Les Vieilleries lyonnaises*, de Nizier du Puitspelu, 2° édition revue et corrigée, et considérablement augmentée, 1 vol. grand in-8°, 398 pages, Lyon, Bernoux et Cumin.

1893. — *Modestes observations sur l'Art de versifier*, 1 vol. grand in-8°, 358 pages, Lyon, Bernoux et Cumin.

1894. — *Le Littré de la Grand'Côte*, à l'usage de ceux qui veulent parler et écrire correctement, par Nizier du Puitspelu, 1 vol. grand in-8°, sur 2 col. VIII-344 pages, Lyon, chez l'imprimeur juré de l'Académie.

1895. — *Au hasard de la pensée*, par Clair Tisseur, 1 vol. in-12, Lyon, sans date.

1896. — *Les Oisivetés du sieur du Puitspelu, Lyonnais*, 2° édition augmentée, préface d'Emmanuel Vingtrinier, 1 vol. grand in-8°, XVIII-367 p. Lyon, Bernoux et Cumin.

1897. — *Le Littré de la Grand'Côte*. Supplément, publié par Jean-Marie Mathevet, 1 vol. grand in-8°, sur 2 col., 28 pages, Lyon, chez l'imprimeur juré de l'Académie, à l'image de la cigogne.

1898. — *Coupons d'un atelier lyonnais*, par Nizier du Puitspelu, préface de Claudius Prost, 1 vol. grand in-8°, LXIV-308 pages, Lyon, imprimerie Storck.

1885. — *Poésies de Jean Tisseur*, recueillies par ses frères, 1 vol. in-12 avec une introduction de CLII pages, par Clair Tisseur, Lyon, imprimerie Pitrat.

Dans le *Progrès*, avant 1870, divers articles littéraires, politiques, artistiques, sous divers pseudonymes.

Dans le *Salut Public*, 1870-1871, lettres d'Ignotus.

Dans le *Journal de Lyon*, une collaboration assidue, politique, littéraire, artistique, scientifique, depuis sa fondation en mai 1871 jusqu'à sa disparition, fin décembre 1873.

Dans le *Courrier de Lyon* de 1877 à 1882 (direction Barthens), collaboration assidue, politique, littéraire, etc., le plus souvent sous les pseudonymes de Clément Durafor et de Puitspelu.

Liste des travaux publiés dans la *Revue du Siècle*

Tome I,   1887, page 39, A René, poésie.
—   —   —   53, Antoine Chenavard, discours de réception à l'Académie de Lyon.
—   —   — 201, A Phydilé, poésie.
—   —   — 245, La Gauloiserie moderne, à propos de M. Armand Silvestre.
—   —   — 347, La Critique moderne, M. Jules Lemaître.
Tome II,   1888, page 27, La Mer : 1. les Dauphins ; 2. Alpha et Oméga, 3. Hellé, poésies.
—   —   —   99, *Voces rerum :* 1. L'Euphorbe ; 2. Premier sourire, poésies.
—   —   — 137, Le Code civil dans le roman : L'affaire Clémenceau.
—   —   — 221, Post..., poésie.
—   —   — 280, Zeus et Hermès, poésie.
—   —   — 341, A Tristis, poésie.
—   —   — 385, Préface d'un volume de poésies.
—   —   — 402, Le Jugement, poésie.
—   —   — 425, Un chansonnier stéphanois : Javelin Pagnon.
—   —   — 530, *Vetera :* 1. L'Hermès ; 2. les Abeilles ; 3. A Leuconoé, poésies.
—   —   — 571, Un Poète : M. Mazoyer.
—   —   — 619, Le Roman réaliste.
—   —   — 715, Rimes d'antan : 1. A m'na filho di Velaï ; 2. A Saint-Elpis.
Tome III, 1880, page   6, Les étrangers en France (sous la signature ***).
—   —   — 117, Le Lac, poésie.
—   —   — 134, M.-C. Guigue (sous la signature *la Rédaction*)
—   —   — 145, Le Vieux Canut (sous la signature Puitspelu-Duroquet.)
—   —   — 197, B.-M. Teissier (sous la signature *la Rédaction*).
—   —   — 252, Antholo, treize courtes poésies.
—   —   — 265, Paul Chenavard (sous la signature ***).
—   —   — 309, Au pays de l'Olive, poésie.
—   —   — 341, Un Puriste.
—   —   — 421, Lyon en 1889 (sous la signature *Clément Durafor*).
—   —   — 449, Léonce Mazoyer (sous la signature *la Rédaction*).
—   —   — 473, Meissonier (sous la signature *la Rédaction*).
—   —   — 501, M. Ch. Renouvier et Victor Hugo.
—   —   — 565, Un poète simple.
—   —   — 652, Le Fleuve, poésie.
—   —   — 684. Le Bourgeois de Lyon.
Tome IV,   1890, page 51, Nécrologie : Charles Alexandre (sous la signature *la Rédaction*).

Tome IV,   1890, page 58, M. Renouvier et la Critique philosophique
                            (sous la signature *la Rédaction*).
—   —   — 133, Daniel Mollière (sous la signature *la Rédaction*).
—   —   — 138, La question du Bonheur selon Schopenhauer.
—   —   — 170, Nécrologie : Théophile Doucet (sous la signature
                            la Rédaction).
—   —   — 209, La question du Bonheur selon Schopenhauer.
—   —   — 265, Théophile Doucet (sous la signature *la Rédac-
                            tion*).
—   —   — 274, La Critique moderne : M. Jean-Paul Clarens.
—   —   — 324, Nécrologie : Le baron Achille Raverat (sous la
                            signature *la Rédaction*).
—   —   — 333, M. le docteur Ollier (sous la signature *la
                            Rédaction*).
—   —   — 342, La Mangeaille lyonnaise au temps jadis.
—   —   — 357, A propos de Lubin (sous la signature *Un
                            curieux lyonnais*).
—   —   — 407, Introduction à l'étude des réalités.
—   —   — 453, Nécrologie : Mme Salles Wagner (sous la signa-
                            ture *la Rédaction*).
—   —   — 455, Auguste Rivet (sous la signature *C.T.*)
—   —   — 504, Institutions lyonnaises : l'École centrale (sous
                            la signature *la Rédaction*).
—   —   — 529, A. Philibert-Soupé (sous la signature *la Rédac-
                            tion*)..
—   —   — 543, Mme Ackermann.
—   —   — 602, Les Luttes, souvenirs lyonnais.
—   —   — 661, Charles Alexandre.
—   —   — 720, Nécrologie : Eugène André (sous la signature
                            C.T.)
—   —   — 722, Les Luttes, note rectificative.
—   —   — 731, Les Maîtres de poste, souvenirs lyonnais.
Tome V,   1891, page 40, Un hommage à Pierre Dupont (sous la signature
                            la Rédaction).
—   —   — 57, Le menuisier Claude Bernard (sous la signature
                            Clément Durafor).
—   —   — 89, Le prince des Négociants.
—   —   — 155, Le peintre Granet et Lyon (sous la signature
                            Clément Durafor).
—   —   — 171, L'Olive, poésie.
—   —   — 204, Gœthe et l'Italie.
—   —   — 229, Un Épisode de l'enfance de Soulary (sous la
                            signature *Clément Durafor*).
—   —   — 253, Nécrologie : Ernest Falconnet (sous la signature
                            la Rédaction).
—   —   — 257, Gaspard Bellin (sous la signature *S. G.*, initiales
                            de Sébastien Goujon, bisaïeul maternel de
                            l'auteur, signature employée dans le *Journal
                            de Lyon*).
—   —   — 295, Les Lyonnais oubliés : Claudius Hébrard (sous
                            la signature *Clément Durafor*).

Tome V,   1891, page 331, Nécrologie : M. Valentin Smith (sous la signature *la Rédaction*).

—   —   — 405, M. Édouard Aynard.

—   —   — 467, Pierre Bonirote.

—   —   — 487, Gœthe et l'Italie *(suite)*.

—   —   — 562, Mémoire de Soldats : Les trente années de service du capitaine Legrot.

—   —   — 583, Le peintre Granet et Lyon (sous la signature *Clément Durafor*).

—   —   — 621, L'imagination populaire.

—   —   — 686, Mythologie populaire : Trois contes esthoniens, traduits par Puitspelu.

—   —   — 744, Nécrologie : Claude Bergeret. (sous la signature *Clément Durafor*).

Tome VI,   1892, page 74, Sous le mistral, poésie.

—   —   — 82, *Essai de Grammaire du Patois lyonnais,* par J.-M. *Villefranche.*

—   —   — 184, Lettre au Directeur de la *Revue* (sous la signature *Un Curieux lyonnais*).

—   —   — 227, Hélène, poésie.

—   —   — 247, A propos de vers.

—   —   — 271, Les logements d'ouvriers à Lyon ; l'alimentation coopérative à Lyon (sous la signature *Clément Durafor*).

—   —   — 318, Nécrologie : Léonce de Cazenove : le chimiste Ferrand (sous la signature *la Rédaction*).

—   —   — 377, Épigrammes grecques, poésies.

—   —   — 413, De la rime pour les yeux dans le vers français.

—   —   — 449, Nécrologie : Jean-Marie Bonnassieux. — Jean-Baptiste Onofrio (sous la signature *la Rédaction*).

—   —   — 511, Chanson de May, poésie.

—   —   — 525, Nécrologie : Madame Lacuria (sous la signature *C. D.*)

—   —   — 529, Léon Tripier (sous la signature *la Rédaction*).

—   —   — 576, Kléophas, poésie.

—   —   — 608, De quelques droits du seigneur, d'après des documents nouveaux.

—   —   — 625, La population de Lyon sous les Romains ; la durée de la vie chez les Lyonnais de ce temps (sous la signature *René Delorme*).

—   —   — 630, L'Automne, poésie.

—   —   — 756, La question de l'alexandrin.

—   —   — 776, Mère et sépulcre, poésie.

—   —   — 789, Antonin-Georges Louvier (sous la signature *la Rédaction*).

Tome IX,   1895, page 144, Le Collège de Lyon sous la première di-
                          rection des Jésuites (sous la signature
                          Ch. Legris).
—   —   —   198, Frédéric Morin (sous la signature *Clément
                          Durafor.*)
—   —   —   227, Au hasard de la pensée.
—   —   —   341, A propos de la littérature nouvelle (sous
                          la signature *E. Meyer*).
—   —   —   373, L'Année philosophique pour 1894, (par
                          F. Pillon).
—   —   —   400, Le Collège de Lyon sous la seconde di-
                          rection des Jésuites (sous la signature
                          Ch. Legris).
—   —   —   423, A propos des fontaines monumentales de
                          Lyon.
—   —   —   457, A propos de la littérature nouvelle
                          (sous la signature *E. Meyer*).
—   —   —   516, Le Collège de Lyon, sous la direction des
                          Oratoriens (sous la signature *Ch. Le-
                          gris*).
—   —   —   542, Los Lyonnais oubliés : Claude de Taille-
                          mont.
—   —   —   673, A propos de la littérature nouvelle (sous
                          la signature *E. Meyer*).
Tome X,   1896, page   8, Au hasard de la pensée (2ᵉ série).
—   —   —   62, Fragments d'une étude sur Gaspard
                          André.
—   —   —   275, Au hasard de la pensée (2ᵉ série).
—   —   —   545. Le nid.
Tome XI,   1897, page 606, Projet de préface pour les *Modestes
                          observations sur l'art de versifier.*

Articles publiés dans la *Revue du Lyonnais*

PREMIÈRE SÉRIE

Tome XXIV, 1846, page 325, *Histoire de l'Art monumental*, par Batissier.

DEUXIÈME SÉRIE

Tome II,   1851, —   507, La Cousine Bridget, nouvelle.
—   III,   —   —   173, La Cousine Bridget (fin).
—   V,   1852, —   167, H.-U. Longfellow.
—   VII,   1853, —   480, Les Artistes lyonnais à Paris.
—   X,   1855, —   156, Exposition de la Société des Amis des Arts.
—   XXII,   1861, —   306, Compte rendu des travaux de la Société
                          d'Architecture.
—   —   —   —   487, Sur un ostensoir.
—   XXIV,   1862, —   462, Deux poètes provençaux, Mathieu et Aubanel.

QUATRIÈME SÉRIE

CINQUIÈME SÉRIE

Articles publiés dans la *Revue lyonnaise*

Tome II,   1891, page 342, Sur le mot Pierre de choin.
  —   III,   1882.   —   134, 237, Benoît Poncet et sa part dans les grands
                                  travaux de Lyon.
  —   IV,   —   —   257. Du serpent appelé *âne-vieux* dans le Lyon-
                                  nais.
  —   V,   1883,   —   342, Sur les expressions de tendresse en usage à
                                  Lyon.
  —   VI,   —   —   1, Sur quelques particularités curieuses du pa-
                                  tois lyonnais.
  —   —   —   —   289, Des verbes dans notre bon patois lyonnais.
  —   VII,   1884.   —   140, 291, 381, Très humble essai de phonétique
                                  lyonnaise.
  —   VIII, —   —   78, Très humble essai de phonétique lyonnaise.
  —   —   —   —   150, Sonnets.
  —   —   —   —   387, Scènes alpestres, poésies.
  —   —   —   —   601, Quelques notes sur Jean Tisseur.
  —   IX,   —   —   53, Sonnets.
  —   —   —   —   198, 285, Très humble essai de phonétique lyon-
                                  naise.
  —   X,   —   —   83, Dernier acte, sonnets.
  —   —   —   —   272, Vieilles chansons et vieux mots lyonnais.
  —   —   —   —   321, Histoire d'un Crime, nouvelle.

Revue de Lyon

1849-1850   —   222, Corinne et le portrait de Mme Récamier (sous
                                  le pseudonyme de *Clair*).
  —   —   —   533, *Métaphysique de l'Art*, par Ant. Mollière
                                  (même pseudonyme).
  —   —   —   705, Bulletin artistique (même pseudonyme).

Annales de la Société d'Architecture

Tome I,   1869,   —   53, Rapport sur l'écrasement de pierres de di-
                                  verses provenances.
  —   II,   1871,   —   171. Réponse à diverses questions.
  —   III,   1873,   —   135, Réponse au questionnaire de la Société cen-
                                  trale des architectes.
  —   V,   —   —   11, Rapport sur une affaire intéressant la res-
                                  ponsabilité de l'architecte.
  —   VI,   1880,   —   1. Notice sur Jean-Amédée Savoye.
  —   VII,   1883,   —   105, Benoît Poncet et sa part dans les grands
                                  travaux publics de Lyon (cette notice, faite
                                  après la publication de la brochure, con-
                                  tient diverses rectifications).

Lyon-Revue

Tome I, 1880,   —   74, Histoire d'artistes lyonnais.
  —   —   —   —   116, Hyla, histoire véritable.
  —   II,   —   —   134, La Chanson de ma cousine Mariette.
  —   —   —   —   198, Blandine, nouvelle lyonnaise.
  —   —   —   —   339, Notes tirées d'un cahier de jeune homme
  —   —   —   —   390, Les Impressions d'un petit gone.
  —   —   —   —   455,   —   —
  —   III, 1882,   —   41, Sur un Noël satirique en patois lyonnais.
  —   —   —   —   231, Érudits lyonnais : les dernières publications
                         de M. de Valous.
  —   V,   1883,   —   65, Jean et Barthélemy Tisseur.
  —   VI, 1884.   —   130, Le mouvement littéraire lyonnais en 1834.
  —   —   —   —   185, Idylle : A mon ami des Guénardes.
  —   —   —   —   220, Parfum, poésie.
  —   VII, —   —   97, La Naissance d'une cigale, poésie.
  —   —   —   —   193. A Émilien, poésie.
  —   VIII, 1885,   —   95, Les Abeilles, poésie.
  —   —   —   —   97, Lettre à M. Félix Desvernay.
  —   IX,   —   —   182, Nécrologie : M. Jacob de la Cottière.

Monde lyonnais

N° 21, 2 avril 1881, —   252, Sur l'origine du nom d'Ainay.
 — 26, 7 mai   —   —   313, Du mot lyonnais Aversin.
 — 28, 21   —   —   —   337, La Bégude de Feyzin.
 — 31, 11 juin   —   —   369, Le Vase étrusque.
 — 33, 25   —   —   —   396, Le chemin de Baraban.
 — 34, 2 juillet —   —   416, Erratum.
 — 37, 23   —   —   —   445, Sur le mot lyonnais Bayard.
 — 41, 20 août   —   —   490, Le capitaine Gagetout, nouvelle.

Annales lyonnaises

15 octobre 1886,   —   16, Les Papillons bleus, sonnet.
15 février 1887, .. —   85, De se ipso, poésies.
27   —   —   —   117, Une page d'un journal.
 6 mars   —   —   133,   —   —   (suite).
13   —   —   —   148,   —   —   —
28   —   —   —   164,   —   —   (suite et fin).

HISTOIRE LYONNAISE

UNE ÉMANCIPATION A LYON

SOUS L'ANCIEN RÉGIME

La Révolution a emporté de gros abus (ils pouvaient disparaître sans elle); elle a emporté plus d'une bonne chose. Parmi ces dernières se place le respect de l'autorité paternelle. Il y a aujourd'hui dans la conduite, dans le sans-gêne de nombre d'enfants envers leurs parents quelque chose qui blesse profondément le sens moral. L'habitude de tutoyer ses parents est un des legs de la Révolution. Elle a laissé des choses pires, mais celle-là est un symptôme. Les pères eux-mêmes ont leur grande part de responsabilité dans cette disparition du respect. On a inventé le type du *père-camarade*. C'est une des choses qui répugnent le plus dans la vie moderne. Pourtant ce type entre de plus en plus dans nos mœurs.

*
* *

On sait au contraire combien était grande, avant
la Révolution, la puissance paternelle. Je ne sais
si elle a donné lieu à quelques abus, mais elle a
certainement évité de grands scandales. Aujour-
d'hui, si un jeune homme fait quelque folie coupable, il y a procès public. Les journaux se jettent
sur le scandale comme sur une proie. C'est un
retentissement immense. Voilà une famille humi-
liée, déshonorée. Autrefois, dans un cas semblable,
le père recourait au lieutenant-général de police
qui faisait renfermer le coupable sans que la faute
fût publiée. On laissait calmer les choses, et
enfin, lorsqu'on jugeait le délinquant suffisamment
assagi, on le relâchait, en le prévenant qu'on serait
moins indulgent à l'avenir. Sa faute restait ignorée
du public. Le jeune homme n'était pas perdu
moralement, comme pour le malheureux d'aujour-
d'hui, victime d'un moment d'égarement.

*
* *

Prenez n'importe quelle encyclopédie usuelle,
vous y lirez qu'un des points qui différencient
l'ancien régime du nouveau, c'est que, sous
l'ancien, la majorité était fixée à vingt-cinq ans

au lieu de vingt-et-un. Mais ces livres négligent de faire remarquer que, si, dans les pays de droit coutumier, le fils devenait libre de sa personne et de ses biens, dans les pays de droit écrit, au contraire, ou du moins dans la plupart, les effets de la puissance paternelle subsistaient non seulement au delà de la majorité, mais se prolongeaient autant que la vie même du père de famille (1). C'est la règle du pur droit romain dans son dernier état. A Lyon et jusqu'à Mâcon, le droit écrit était en vigueur.

Toutefois la puissance paternelle s'exerçait non sur la personne, mais seulement sur les biens.

Il en résultait que le fils, quel que fût son âge, *ne pouvait vaquer utilement et valablement à ses affaires sans être émancipé.* Ses profits mêmes étaient la propriété du père de famille.

*
* *

Cet acte de l'émancipation revêtait une forme singulièrement solennelle, et qui marquait le caractère auguste de la paternité. C'est véritablement une scène antique.

____

(1) M. Vachez, qui a bien voulu me fournir des notes précieuses à ce sujet, me signale un fait d'émancipation qui eut lieu à Limoges le 12 juin 1792, c'est-à-dire deux mois seulement avant la loi du 28 août 1792. L'enfant en puissance était âgé de quarante-deux ans et curé de Bazoches-en-Gâtinais.

*
* *

J'ai sous les yeux un acte d'émancipation du
27 décembre 1778. Encore que les personnages
qu'il concerne soient d'humble situation, la solennité n'en est pas atténuée. Né de la race d'Inachus
ou roturier comme Guillaume, riche comme Crésus
ou pauvre comme Job, le père était le père.

Par cet acte, extrait des minutes de la sénéchaussée de Lyon, CHARLES DE MASSO, etc., séné-
chal de Lyon et de la province du Lionnois, sçavoir
fait

« Que PAR DEVANT Louis Marie de Leullion de
Thorigny (1), écuyer, lieutenant particullier, asses-
seur criminel en la sénéchaussée et siège présidial
de Lyon, faisant les fonctions de lieutenant-
général en son absence,

« A COMPARU M⁰ Bernat, procureur, et assisté de
sieur Pierre-Aymé Durafor, ferblantier, demeurant
à Lyon, qui nous a dit et remontré :

« Que Clément Durafor, son fils, âgé d'environ

---

(1) Cette famille n'est point éteinte. Un de Leúllion de Thorigny occupait
à Lyon sous Louis-Philippe un poste important dans la magistrature
debout; il fut ministre de l'intérieur sous le Prince-Président, et, ce qui
l'honore, mis à la porte pour le coup d'État. Un de ses descendants a
épousé une fille, morte, hélas! du regretté Morel de Voleine. La famille
Leullion de Thorigny possédait à Sainte-Foy, chemin de Fontanières et
descendant jusqu'aux Étroits, une propriété acquise par feu M. Testenoire-
Desfuts.

vingt-huit ans, l'a prié de le mettre hors de sa puissance paternelle pour pouvoir *agir, contracter, s'obliger, acquérir* et disposer comme une personne libre et émancipée, *ester en justice* et autrement, et faire *ses proffits siens*, sans répétitions de la part de qui que ce puisse être; à quoy, par amitié pour ledit Clément Durafor, le remontrant voullant adhérer, il Requiert :

« A ce qu'il nous plaise, attendu la présence dudit Clément Durafor sur les Statuts, et a signé avec ledit Mᵉ Bernat, ainsy signé sur la minutte Pierre-Aymé Durafor et Bernat.

« Et a l'instant Clément Durafor s'étant mis à genoux les mains jointes, devant ledit Pierre-Aymé Durafor, son père, il l'a de nouveau supplié, en notre présence, de l'émanciper et mettre hors de sa puissance paternelle, à quoi ledit Pierre-Aymé Durafor adhérant, a relevé ledit Clément Durafor, son fils, luy a disjoint les mains, a déclaré qu'il l'émancipe et le met hors de sa puissance paternelle pour par Luy agir librement en toutes affaires, contracter, ester en jugement sans son assistance et authorité, faire propre à luy de tous les proffits de ses travaux et industrie, se réservant néanmoins son authorité sur Luy s'il contracte mariage, et ont lesdits père et fils Durafor signé, ainsi signé sur la minutte Pierre-Aymé Durafor et Durafor fils... »

Ce fils qui s'agenouille devant son père les

mains jointes; ce père qui le relève et lui disjoint les mains, comme tout cela semble d'un autre monde que le nôtre ! Que nous voilà loin, n'est-ce pas, du « père camarade » de notre temps ! La Révolution a creusé entre le présent et le passé un fossé tel qu'il semble que nous ne puissions plus nous figurer ce qu'il y a par delà le fossé.

*
* *

Si humbles que soient une personne, une famille, on éprouve de l'intérêt à suivre leur histoire, si elle nous révèle quelque chose des mœurs du passé, si elle nous fait revivre dans une société qui n'est plus. C'est à ce titre que l'on donne ici quelques détails sur ces Durafor et leurs ascendants.

*
* *

La famille Durafor était originaire du territoire de Genève. Le nom vient de *Rafour,* qui, dans l'ancienne langue, et encore au temps de Cochard, en lyonnais, signifiait four à chaux. Le nomde du Rafor était un sobriquet pour « celui qui est du four à chaux », soit qu'il fût propriétaire du four ou y travaillât simplement comme ouvrier, soit qu'il fût habitant d'un lieu dit le Rafour (patois

Rafor, aujourd'hui dans le Valais *Rafo)* par suite. de la présence d'un four (1).

*
* *

Le plus ancien Durafor que je connaisse est Louis, dont j'ignore la profession, et qui, dans la première moitié du xviie siècle, habitait la Combe-de-Leley (2).

Le 29 février 1642, son fils Pierre, encore bien que déjà fixé sur le territoire de la République, dut solliciter l'autorisation, qu'il obtint, d'habiter la ville de Genève pour y exercer la profession de passementier.

*
* *

Calvin avait laissé à Genève les traditions de la plus dure tyrannie, qui allait jusqu'à transformer tous les citoyens en délateurs. Pierre dut prêter entre les mains des « Syndiques » le « serment solennel de vivre selon ladite réformation, de leur

(1) M. Dufour-Vernes, archiviste de l'État de Genève, veut bien me faire connaître qu'il y a eu, en effet, dans les environs de Genève, des terrains et localités du nom de Rafor et Rafour. J'ai encore vu à Genève, il y a peu d'années, sur une enseigne le nom de Durafor.

Le nom de Durafour, assez fréquent à Lyon, a la même origine.

(2) La Combe est un hameau au pied du Salève, près de Bossey, sur la frontière du Chablais. Leley est sans doute un surnom qui a disparu. Il existe diverses autres localités du nom de Lelex, qui est identique à Leley, la finale *ey* ou *ex* s'employant indifféremment dans divers noms de lieux.

estre fidèle et obéissant, d'observer leurs Edicts, Commandements et Ordonnances, de procurer le bien, honneur et profit de la Cité, *leur reueler et rapporter tout ce qu'il sçaura et aperceura* estre au dommage et préiudice d'icelle. Et finalement de ne s'en retirer pour aller et habiter ailleurs sans leur permission et congé. »

On lit au pied de l'acte :

« Continué à la veufve dudit du Rafor pour un an, ce 20... » Le mois et l'année sont effacés. On croit lire 1653 ou 73.

*

Pierre eut, à notre connaissance, quatre fils : « Daniel, fils de Pierre du Raffort », baptisé dans le temple de Saint-Pierre, le 8 novembre 1644;

« Étienne, fils de Pierre du Raffort », baptisé au même lieu le 19 avril 1646 ;

« Marc, fils de Pierre Duraffort », baptisé au même lieu le 23 juillet 1647;

« Michée, fils Du Raford », baptisé au même lieu, le 2 septembre 1649.

De l'un de ces fils (nous ignorons lequel) naquit Simon.

Il fut « guet de nos Seigneurs de Genève ». Les guets qui, au xvi° siècle et antérieurement, avaient charge de surveillance et de sentinelles, n'étaient plus, au xvii°, que les huissiers (appelés parfois aussi officiers), chargés d'exécuter les ordres des magistrats. On voit que tout cela est bien humble.

Simon épousa Anne Fontaine, dont il eut un fils, Pierre-Aymé, qui fut baptisé au temple de Saint-Pierre de la Ville et République de Genève le 8ᵉ mars 1715.

*
* *

Le 19 octobre 1729, Simon remit par contrat d'apprentissage son fils Pierre-Aymé, « pour trois années, à Isaac Menu, ouvrier en fer blanc, comme apprentif. Pendant lequel temps Isaac Menu promet instruire ledit apprentif en la piété et bonnes mœurs, lui montrer et enseigner sa profession d'ouvrier en fer blanc, le nourrir et le coucher pendant ledit temps et ne rien lui cacher ni celler de ce dont il se melle, autant toutefois que ledit apprentif le pourra comprendre, ceci fait et moyennant la somme de 1200 blancs... (1). »

Ce Pierre-Aymé, paraît-il, était fort laborieux et fort intelligent, car moins de deux années écoulées, le 20 juillet 1731, il peut être libéré du surplus de son apprentissage ; et le 7 août de la même année, Simon place son fils comme compagnon

____

(1) Le blanc était une ancienne monnaie de billon, de valeur très variable. En France, le blanc valait 10 à 12 deniers tournois. Le denier tournois était la douzième partie du sou. Je crois qu'à partir du xviiᵉ siècle le blanc n'a plus été qu'une monnaie de compte. Dans mon enfance on disait encore six blancs pour deux sous et demi. A ce compte les 1,200 blancs auraient représenté seulement 25 livres. Mais j'ignore la valeur du blanc genevois.

chez Jacques Gachery, marchand lanternier, pour un an, « pendant lequel temps ledit Gachery s'engage à le perfectionner dans sa dite profession de lanternier, le nourrir et coucher et payer huit écus blancs (1) ».

* *
*

Pierre-Aymé accomplit le temps de son compagnonnage et reçut le salaire convenu. Il était, il le faut croire, non sans ambition, et il jugeait sans doute qu'il trouverait ailleurs un lieu plus favorable que Genève pour l'exercice de son industrie. Le fait est qu'il résolut de voyager. Il lui fallait une autorisation. Elle lui fut accordée le 7 octobre 1732, et de plus les Syndics et Conseils de la Ville lui délivrèrent « un certificat afin que, désirant de voyager, il ne luy soit fait ni déplaisir ni moleste. Nous prions et affectueusement réquérons, ajoute le certificat, tous ceux qu'il appartiendra et auxquels il s'adressera, de luy donner libre et assuré passage dans les lieux de leur obéissance », etc., etc.

Pierre-Aymé partit pour Lyon, où il travailla seize ans comme simple ouvrier.

Naturellement, il était dévoré du désir de fonder un établissement. Mais un obstacle invincible s'élevait : il était calviniste.

___

(1) Vraisemblablement des écus de trois livres. Le mode de compter par écus de trois livres était du moins général en France.

L'interdiction, pour quiconque était protestant, d'accomplir aucun acte public, était de droit commun. Il n'était pas nécessaire que cette interdiction fût énoncée dans les règlements de la corporation.

M. Félix Desvernay, dans sa rare obligeance, a bien voulu fouiller les archives pour y retrouver les « Règlements et Statuts des Maîtres ouvriers en fert blanc pour la Ville de Lyon ». Ces règlements sont de 1661, il est vrai, mais ils ont été reproduits sans changements notables en 1697. Quoique ces derniers soient postérieurs à la révocation de l'Édit de Nantes, il n'y est fait aucune réserve à l'égard du culte. Ce fut seulement plus tard que les règlements des diverses corporations devinrent plus explicites. On tint à afficher la rigueur. Dans les Règlements de la Fabrique de Soieries, de 1744, non seulement nul ne pouvait être maître, s'il ne faisait profession de la religion catholique, apostolique et romaine ou s'il était né en pays non sujets du Roi, mais il était fait défense à tous les maîtres marchands, sous peine de grosses amendes, d'avoir des employés non catholiques ou étrangers, et nul compagnon étranger ne pouvait exercer sa profession. Les forains eux-mêmes, encore bien que catholiques et français, ne pouvaient être admis à la maîtrise, savoir les maîtres qu'après cinq ans, les compagnons qu'après dix ans, et avoir ensuite fait le « chef-d'œuvre ». La maîtrise se payait 200 livres.

Dans les « Reglement et Statuts des Maistres tondeurs de draps, presseurs, retendeurs et lustreurs de toutes sortes d'étoffes tissues de laine de la ville de Lyon... » que M. Desvernay a bien voulu examiner à mon intention, l'article 7 est ainsi conçu :

« Nul ne pourra être reçu Maître et Apprentif qu'il ne soit de la Religion catholique, apostolique et romaine, et qu'il n'en ait justifié par les actes requis. » Le règlement est de 1754.

Pierre-Aymé avait quitté Genève trop jeune pour que la foi calviniste pût s'incarner en lui au point d'en faire un martyr. Il est vraisemblable d'ailleurs qu'il professait, à l'endroit des diverses confessions religieuses, les opinions un peu latitudinaires qui avaient jadis guidé Henri IV et que faisaient prévaloir les philosophes au xviii° siècle.

Le fait est que le 13 juin 1746, dans la chapelle de la Communauté de la Propagation de la Foi, il fit « volontairement abjuration de l'hérésie de Calvin... et publiquement profession de la foy catholique, apostolique et romaine, entre les mains d'Étienne-Frédéric Giraud, chanoine de Notre-Dame de Montluel, muni à cet effet des pouvoirs par Monseigneur l'évêque de Cydon, suffragant de Lyon, et vicaire général de Monseigneur de Tencin. »

Restait l'obstacle de la nationalité. Il était purement moral. En effet, si les règlements de la

Fabrique de soieries proscrivaient quiconque était né en pays non sujets du Roi, ceux des Maîtres ferblantiers, plus indulgents, admettaient les étrangers au même titre que les « forains », pourvu qu'ils eussent « esté receus par les Maistres iurez « dudit art, et iustifié de leur apprentissage des « autres villes, dont ils seront sortis, avec la qui-« tance du Maistre où ils auront fait ledit appren-« tissage. Comme ils auront encore servy en qua-« lité de compagnon en cette dite ville « ou autres « de ce Royaume, du moins quatre années « et « qu'ils en soient capables ».

La maîtrise se payait vingt livres, tandis que la maîtrise de la Fabrique se payait deux cents livres.

Il est certain qu'un étranger devait être en mauvaise posture pour attirer la clientèle lyonnaise. Quoi qu'il en soit, Pierre-Aymé garda sa nationalité. Il n'existe, dans les papiers de la famille, aucun document constatant qu'il ait jamais reçu les « lettres de naturalité » exigées sous l'ancien régime pour acquérir la qualité de Français. Et d'autre part, sa nationalité paraît avoir été invoquée par ses descendants. Le notaire, M⁰ Claude Coste, qui, le 13 juillet 1781, reçut le testament de Pierre-Aymé, qualifie il est vrai celui-ci de « bourgeois de Lyon », mais c'était une épithète de courtoisie, comme le « noble homme » dont les notaires décoraient, dans leurs actes, les plus parfaits roturiers. Pour être bourgeois de Lyon, il eût

fallu non seulement être Français, mais encore être
né dans les murs de la ville (1).

A la Révolution, Clément, fils de Pierre-Aymé,
fut incarcéré, et il ne serait certainement sorti de
prison que pour monter à l'échafaud, si sa femme
n'avait eu recours au consul de Genève, qui inter-
vint en sa faveur. A quel titre, il est difficile de se
l'expliquer, car sous l'ancien régime, l'enfant né
en France d'un père étranger était considéré
comme sujet du Roi. Et si ce point eût pu être
discuté, Clément fût en toute occurrence devenu
Français de par les récentes lois révolutionnai-
res (2). Le consul, semble-t-il, ne pouvait donner
qu'un appui purement moral. Y eut-il quelque
supercherie sur l'état civil de Clément ? En tout
cas cela suffit pour gagner du temps. La détention
se prolongea, et l'on parvint ainsi jusqu'au 9 thermidor. Mais la prison avait engendré la maladie
dont il mourut peu d'années après.

---

(1) Pierre-Aymé ne figure d'ailleurs nulle part sur les listes des bourgeois
de Lyon que l'on conservait à l'hôtel de ville.

(2) La loi du 2 mai 1790 contient la disposition suivante : « Tous ceux qui,
nés hors de France (et *a fortiori* nés en France) de parents étrangers, sont
établis en France, sont réputés Français. » La même règle se trouve reproduite dans la Constitution du 14 septembre 1791. La Constitution du
24 juin 1793 est plus large encore : « Est admis à jouir des *droits de citoyen
français* tout étranger âgé de vingt et un ans accomplis, qui, domicilié
en France depuis une année, y vit de son travail, ou acquiert une propriété, ou épouse une Française, etc. » (COGORDAN, *la Nationalité*.)

Quant à Pierre-Aymé, il s'était marié le 6 juillet 1748, avec Jeanne-Marie Langlois (1), née le 21 juillet 1721, fille de défunt Pierre Langlois, de son vivant marchand toilier à Lyon, et de Marie-Anne Benoît. Il prend dans le contrat la qualité de « garçon ferblanquier ».

Ce Pierre Langlois, baptisé à Saint-Nizier, le 11 mars 1686, était fils de Guillaume Langlois, maître imprimeur (2), et de Magdelaine Couars, sa femme.

Quoi qu'il en soit, Pierre-Aymé put acquérir ou créer, dans la Grande rue de l'Hôpital (aujourd'hui démolie) un fonds de maître ferblantier qu'il exploita avec tellement d'activité et d'intelligence qu'il y réalisa une petite fortune non à dédaigner. Suivant un inventaire dressé à sa mort en 1781, il

(1) Jeanne-Marie Langlois mourut jeune, et fut enterrée le 21 août 1764, « dans l'église de Saint-Nizier, en seconde procession ». J'ai songé quelquefois, avec respect, en entrant dans l'église, que j'y foulais les ossements de ma bisaïeule. Elle avait seulement quarante-trois ans, et avait donné à son mari un fils et une fille.

(2) Ce Guillaume Langlois est-il celui qui, en 1688, imprima une carte de la ville de Lyon, dédiée au Consulat, sous la prévôté des marchands de M. Pianello (Grisard)? M. Vingtrinier, dans son *Histoire de l'Imprimerie à Lyon*, (A. Storck, édit.) parle d'un Jean-Baptiste Langlois, qui imprima en 1693. Est-ce un parent de notre Guillaume?...

laissa 82,672 livres, chiffre certainement au-
dessous de la vérité, car le mobilier et l'argenterie
sont estimés de façon dérisoire, mais qui en tout
cas équivaudrait aujourd'hui à plus de deux cent
mille francs.

*
* *

Il avait acquis, le 2 juillet 1777, au prix de douze
mille livres, une agréable maison de campagne au
Petit-Sainte-Foy, que ses arrière-petits-fils ont
vendue en 1868 à feu Livet, marchand de papiers
peints, célèbre par sa donation à l'Académie de
Lyon.

*
* *

Pierre-Aymé étant tombé malade et sentant sa
fin prochaine, testa le 13 juillet 1781, acte reçu
Mᵉ Coste. Il léguait à Jeanne, sa fille, mariée à
Jean-François Gueydan, marchand à Lyon, la
somme de quarante mille livres en obligations de
diverses personnes. Toutefois, elle ne pouvait toucher cette somme qu'au bout de dix années, et le
recouvrement devait en être fait par son frère,
qui en devrait opérer, au fur et à mesure des ren-
trées, le placement par prêts en subrogation d'hy-
pothèques, et à défaut les déposer à l'Hôpital
général et grand Hôtel-Dieu de Lyon.

Cette clause nous montre qu'à défaut de banques
de dépôt qui n'existaient pas en ce temps-là, l'ad-

ministration de l'Hôtel-Dieu recevait l'argent en
dépôts, et que ce placement était considéré comme
offrant toute sécurité. Comment l'Hôtel-Dieu fai-
sait-il valoir cet argent, je l'ignore. Toujours est-il
qu'il donnait trois pour cent d'intérêt sur les
sommes déposées.

Pierre-Aymé instituait son fils pour légataire
universel. Il avait en lui une telle confiance qu'il
exigeait, *à peine de déshérence*, que Jeanne s'en
rapportât, sans aucun contrôle, aux déclarations
et opérations de son frère. Plus tard, par un accord
intervenu entre Jeanne et son frère, et comme la
première faisait observer que ce revenu de trois
pour cent était bien minime, Clément accepta de
prendre les 40,000 livres à titre d'emprunt pendant
dix années, et d'en payer le revenu à quatre et
demi pour cent.

⁎⁎

Pierre-Aymé mourut le 5 août 1781, et fut inhumé
le lendemain dans l'église de Sainte-Foy. Il y
reposa jusqu'en 1840, époque à laquelle ses ossements furent dispersés avec les autres pour permettre de construire la nouvelle église.

⁎⁎

Son fils Clément s'était marié le 31 octobre 1779
avec Marie-Sybille Goujon, fille de Sébastien Gou-

jon, maître et marchand cartier, rue de la Cage, paroisse de Saint-Pierre et Saint-Saturnin et de Dˡˡᵉ Sybille Micolet.

Suivant une coutume du temps, que nous avons déjà fait remarquer, Goujon, en donnant à sa fille sa maison rue Dubois, à la Sirène, estimée 25,000 livres, s'en réservait les revenus sa vie durant. Une pareille disposition n'aurait plus guère de raison d'être avec nos lois qui font les enfants héritiers de droit.

Goujon donnait en outre à sa fille, 20,000 livres, savoir 18,000 livres espèces et 2,000 livres en trousseau.

*
* *

Clément Durafor, était bien fait, spirituel, d'une rare intelligence, non sans lectures, ainsi qu'en témoignent quelques classiques de sa bibliothèque; de manières aristocratiques qui faisaient que les nobles, dont se composait' surtout sa clientèle, frayaient volontiers avec lui. On a son portrait au pastel, à dix-sept ans. Ses yeux sont clairs, vifs, sa physionomie fraîche. Sous la poudre on dirait d'une jeune fille.

Entre ses mains l'industrie paternelle prospéra.

*
* *

Vint cette Révolution horrible qui mit tout le monde à la misère. Il fallait aller faire queue à

la mairie de Sainte-Foy durant de longues heures
pour obtenir un bon, qui accordait non un morceau de pain, mais l'autorisation de l'acheter, et à
quel prix! Une paire de souliers valait deux mille
francs en assignats.

La famille était réfugiée à Sainte-Foy lorsque
survint le siège. Une batterie lyonnaise était établie
dans la propriété. Elle fut évacuée ou prise à la
suite d'une trahison et remplacée par une batterie
révolutionnaire, qui tirait sur Perrache. Le pire
est qu'en vain faisait-on aux enfants les plus
sévères recommandations de garder le silence, on
ne pouvait les empêcher, lorsqu'un coup partait
d'une batterie lyonnaise, de crier : « Bon, voilà les
nôtres qui tirent! » Les petits-fils de Clément
Durafor ont longtemps joué avec un boulet lyonnais que, bien des années après, on avait retrouvé
égaré dans les vignes.

Un jour Clément trouva dans sa vigne un soldat
de Dubois-Crancé qui la bouleversait avec une
pioche. Clément de s'élancer sur lui : « Que fais-tu
là? — Ah, répond le soldat effrayé, ne me faites pas
de mal! Ze suis un pauvre Privadois (1) qui cerce
un çateau pour le piyaze! »

*
* *

Nous avons dit que plus tard Clément fut incarcéré. On ne connaissait que trop l'horreur de

(1) Habitant de Privas.

« M. Durafor » pour la racaille révolutionnaire. Lorsque, après mille transes, il fut enfin libre, on se réfugia de nouveau à Sainte-Foy. La misère la plus affreuse, l'épouvante étaient générales. Il n'y avait plus ni commerce, ni police, ni administration, ni rien. Le 9 thermidor avait amené un soupir de délivrance, mais tout resta aussi désorganisé. Les bandes des chauffeurs parcouraient les campagnes, pillant et assassinant (1). On avait soin de laisser toute la nuit à la cuisine, sur une fenêtre haute et barreaudée, une lampe allumée que l'on pouvait apercevoir du chemin, espérant que les malfaiteurs n'attaqueraient point une maison où l'on semblait faire le guet. Ceux-ci jugèrent sans doute la maison trop pauvre pour valoir la peine d'une attaque.

L'industrie avait dû être abandonnée, et l'on avait fermé le magasin. Dans un inventaire, dressé le 8 messidor an II (27 juin 1794) de la succession de son beau-père, Sébastien Goujon, mort et 12 prairial (1er juin) de la même année, Clément Durafor est qualifié de « rentier, demeurant en la commune de Bonnefoi, ci-devant Sainte-Foy ».

---

(1) Au Petit-Sainte-Foy la ruelle dite des Minimes, par où l'on traversait du chemin du Grand-Sainte-Foy au chemin de Fontanières, avait pris le nom de Chemin des Assassins, qu'on retrouve sur des cartes. On la boucha à l'une de ses extrémités pour gêner les malfaiteurs dans leurs attaques ou leurs fuites.

*
* *

Le 10 prairial, an VI (30 mai 1798), Clément Durafor mourait à Sainte-Foy. A cause des nouvelles lois, il fut inhumé non plus, comme son père, dans l'église, mais dans le cimetière qui l'entourait. Il n'avait que quarante-huit ans.

Il laissait deux filles mineures : Marie Sybille, âgée de dix-sept ans, et Françoise, née à Lyon, le 10 mai 1786, et qui avait par conséquent douze ans. La première mourut jeune : la seconde, jusqu'à l'âge le plus avancé, ne parlait de son père qu'avec une vénération faite d'admiration et de tendresse.

*
* *

Mme Durafor était une pieuse femme, de tête et de cœur, qui mérita d'être surnommée la mère des pauvres. Elle géra avec prudence et sagesse la petite fortune qui lui venait des Durafor et des Goujon et qui consistait en d'humbles maisons, pauvrement habitées, et sises rue Neyret, rue de la Cage, rue Dubois, rue Bonnevaux, rue de l'Hôpital et encore une portion de maison dans cette même rue, plus la petite campagne de Sainte-Foy. Le capital mobilier avait disparu presque en entier à la Révolution. Des maisons il ne reste que celles de la rue Neyret et de la rue Dubois. Les autres sont tombées dans les percements.

Mme Durafor, morte en 1828, repose sous une modeste pierre, au cimetière de Loyasse.

* *

Tous ces détails sont bien misérables, mais j'éprouve tant de douceur à revivre avec ces vieux parents que je n'ai pas connus, qu'on me pardonnera. Mon cœur se serre en pensant que dans bien peu de temps il ne restera plus personne pour se souvenir d'eux.

* *

Françoise Durafor épousa, le 12 novembre 1811, Jean-Marie-Louis Tisseur, fils de Barthélemy, caissier général de la Compagnie du Pont Morand. Barthélemy donna à son fils 3,600 francs, et le marié reçut de plus 1,400 francs pour ce qui lui revenait de la constitution dotale de feue Pierrette Guinand, sa mère. Mlle Durafor se constituait en dot 7,200 francs, composés de 3,000 francs donnés par sa mère, de 2,189 francs pour reliquat de compte de tutelle, et de 2,011 francs pour trousseau et joyaux. Ce ne sont pas mariages de princes.

*
* *

De Jean-Marie-Louis Tisseur et de Françoise Durafor naquirent six enfants mâles et point de filles. Ce furent Barthélemy, Jean, Clément, Alexandre, Clair et Antoine.

De ces six garçons quatre seulement parvinrent à l'âge d'homme. Clément et Antoine moururent enfants.

HISTOIRE DU GRAND COLLÈGE

LES COMMENCEMENTS
DE L'INSTRUCTION SECONDAIRE A LYON (1)

Tout ainsi que les laboureurs de Virgile, nos écoliers d'aujourd'hui ne connaissent pas leur bonheur. Ils sont choyés, dorlotés, mijotés, accagnardés pour les soins du corps; affriolés, « achattis » à l'instruction. On fait pour eux de beaux livres avec des images pour rendre la lecture

(1) Clerjon : *Histoire de Lyon; Breghot du Lut : Mélanges biographiques et littéraires ; Nouveaux mélanges;* Boitel : *Lyon ancien et moderne;* Montfalcon : *Histoire de Lyon ;* Hte Bazin : *Le Collège de Lyon au XVI* siècle* (*Lyon-Revue,* 1886) ; L. Charvet : *Étienne Martellange;* A. Clerc : *Les Collèges de la Trinité et du Bon-Secours ;* Garin: *Conférence à l'Association des anciens élèves du Lycée;* Charvet : *Notes sur le collège de la Trinité;* le P. Lallemand : *Essai sur l'histoire de l'éducation dans l'ancien Oratoire ;* Massip : *le Collège de Tournon;* A. Bonnel : *les Écoles à Lyon pendant la période révolutionnaire.*

L'intéressante conférence de M. GARIN et les *Notes sur le collège de la Trinité,* par M. CHARVET, sont des travaux inédits que leurs auteurs ont bien voulu nous communiquer. Qu'ils en reçoivent ici nos remerciements empressés. Le manuscrit de M. CHARVET résume, par ordre de date, tous les documents concernant le collège de la Trinité qui existent aux archives. C'est l'histoire par les documents. Dans ce travail M. CHARVET, lui-même, a été aidé par les communications du regretté VERMOREL.

aimable, et à seule fin que les objets se gravent mieux dans leur mémoire. On invente chaque jour une nouvelle méthode pour semer de fleurs le chemin de la science. Ils ont des leçons de tout, même des choses, suivant l'appellation moderne. Quant au chapitre des corrections, il a été rayé du code de notre société perfectionnée. L'écolier apathique et musard a le droit de se mettre en grève. Je ne suis même pas sûr qu'il n'ait pas, comme tous les grévistes, le droit d'empêcher les autres de travailler.

Par contraste, envoyez-le voir un peu, cet écolier mollasse, la jolie peinture d'Herculanum qui représente l'intérieur d'une salle d'école. Le mauvais élève est en posture de recevoir la correction méritée par son indolence. Un camarade l'a pris sur son dos, a passé ses deux bras autour de son cou à lui, et lui maintient ainsi les deux bras par devant. Un autre camarade, à genoux derrière, lui serre les deux jambes pour qu'il ne puisse regimber. Le terrible maître brandit l'*anguilla*, fouet idoine, en lanières de peau d'anguille, et en frappe l'élève sur toute la face postérieure du corps. Ces punitions semblaient naturelles à tout le monde, et le poète grec Hérondas nous représente une mère amenant son fils au maître pour le corriger. Le maître demande à grands cris le plus rude de ses fouets, et la correction ne cesse que lorsque « la peau est bariolée comme une couleuvre ». Encore lui faudra-t-il, pour le bon poids, recevoir une vingtaine de coups, lorsqu'il sera penché sur son livre, lût-il aussi bien que « la muse Clio ! » — Et la mère d'applaudir.

*
* *

Le moyen âge ne se montra guère plus tendre que l'antiquité à l'endroit des corrections corporelles, qui paraissent aussi d'ailleurs avoir été volontairement subies que données, au moins en principe. Abeilard lui-même se vante de n'avoir point épargné les corrections de ce genre à la délicate Héloïse, qui ne l'en aima pas moins, sinon davantage, s'il en faut croire ce dicton, que la femme est comme la côtelette, qui, pour être ,tendre, demande à être battue. La mémoire ne me fournit pas le nom de ce célèbre savant du moyen âge qui demeura sourd de l'oreille gauche, à cause du grand nombre de coups qu'il y avait reçus dans son enfance.

Aussi les sages esprits de la Renaissance ne pouvaient-ils moins faire que d'être révoltés de ces traitements. Montaigne, qui devança son époque en tant de choses, considérait les collèges comme « une vraie geôle de jeunesse captive. Vous n'y oyez que cris et d'enfants suppliciés et de maîtres enyvrés en leur colère. Quelle manière pour éveiller l'appétit envers leur leçon à ces âmes tendres et

craintives, de les y guider d'une trogne effroyable,
les mains armées de fouets ».

Et Rabelais s'écrie à son tour : « Si j'estois Roy
de Paris, le diable m'emporte si je ne mettroys le
feu dans le collège, et feroys brusler et principal et·
régents qui endurent cette inhumanité devant leurs
yeux estre exercée. »

L'usage de rudes corrections corporelles ne s'en
continua pas moins, en dépit des sages, et l'architecte Savoye, dont le père avait été élevé au collège
de Lyon, alors tenu par les Oratoriens, m'a plus
d'une fois rapporté la discipline très exacte de
l'établissement à cet égard. C'est un des fruits du
« progrès » de « spécialiser » les fonctions. On
avait donc créé des places de correcteur, comme
qui dirait d'exécuteur des basses œuvres. Et pour
autant que l'on était déjà plus soigneux de la santé·
des élèves, on évitait de leur appliquer, comme
dans l'antiquité, des coups sur le dos qui eussent
pu intéresser l'épine dorsale ; et les meurtrissures,
localisées, ne pouvaient, à la grande rigueur, que
gêner momentanément l'élève pour s'asseoir. Du
reste, tout se passait par poids et par mesures.
A l'élève fautif, le régent délivrait un « bon de
correction » (on dirait aujourd'hui un chèque), que
l'élève portait au correcteur, lequel s'acquittait
consciencieusement de son mandat. Et comme il
fallait s'assurer que l'élève avait bien « fait la com-
mission », il était tenu de rapporter un reçu, signé

du correcteur, après avoir au préalable baisé la main de ce dernier, en signe de reconnaissance du service rendu.

Il faut bien avouer que cette reconnaissance n'avait pas des racines bien profondes dans le cœur, car mon père me racontait que, peu d'années avant la Révolution, une bande d'élèves ayant rencontré le fesse-mathieu (c'était le nom usité) sur le quai de Retz, ils se précipitèrent sur lui, et il ne tint qu'à peu qu'il ne fût précipité dans le Rhône.

*
* *

Si du chapitre des corrections corporelles nous passons à celui des soins du corps, nous ne pourrons guère parler de l'antiquité, car il n'existe pas (à mon humble connaissance) de document de ce temps-là sur le régime de l'école. Pour le moyen âge on doit pouvoir retrouver dans les archives des règlements propres à nous fixer, mais je ne sache pas qu'il en ait été publié (1). Le certain,

(1) Nous possédons le règlement de l'emploi du temps au collège de Montaigu, à Paris, au xvi⁰ siècle. Celui du collège de Lyon, à la même époque, n'en devait guère différer. Le lever avait lieu à 4 heures : le coucher à 8 heures en hiver et 9 heures en été. *On ne voit aucun temps pour les récréations.* Après le dîner et le souper, on se livre à *l'examen des questions discutées* ou *leçons entendues,* ou bien à la dispute. Pour les soins du corps il suffit de remarquer que ce ne fut que vingt-sept ans après la fondation du collège de Lyon, que l'on se décida à construire un lavoir pour les mains.

Quant au régime, les élèves de Montaigu n'avaient jamais de viande ni de vin. Leurs repas se composaient d'une écuellée de soupe aux légumes avec un œuf et la moitié d'un hareng. Pour le dessert, un morceau de fromage ou un fruit, « si la saison et les moyens y sont ».

c'est que nos pères auraient certainement beaucoup ri de nous voir prendre tant de précautions pour garantir les petits gones et du froid et du chaud et de la pluie et du soleil. Voici pourtant quelques détails, qui, encore que bien plus récents, peuvent offrir de l'intérêt. Je les tiens de l'excellent feu M. Rey, ancien agent de change, qui fut élève au collège de Tournon en 1808, 1809, 1810, c'est-à-dire en un temps où de grands adoucissements dans le régime des collèges avaient déjà été introduits sous l'influence de l'esprit nouveau.

Le collège était tenu par les Oratoriens. C'était un établissement libre, sous la surveillance du recteur. Mais avant la Révolution le collège avait été une École royale militaire (1) et les traditions s'en étaient conservées. Les élèves avaient un costume qui sentait un peu le mousquetaire de l'ancien régime : habit de drap bleu doublé de blanc, à parements rouges et retroussis blancs, culottes courtes bleues, sans bretelles ; gilet long en cotonnade bleue, semblable à celle des tabliers

(1) Le lieutenant-général SAINT-GERMAIN, ministre de la guerre sous Louis XVI, avait fait adopter par le Roi, le 28 mars 1776, un projet de décentralisation, d'après lequel les candidats à l'École militaire, au lieu d'être réunis à la Flèche, seraient distribués en divers collèges où ils recevraient la même éducation que les autres pensionnaires. Cette ordonnance créait dans dix collèges du royaume comme un séminaire de l'École militaire de Paris. Parmi ces collèges, trois: Vendôme, Effiat, Tournon, avaient été dévolus aux Oratoriens. Des trois maisons Tournon avait le meilleur enseignement. Cet enseignement avait déjà le caractère utilitaire, qui avait remplacé la culture idéale dont Athènes et Rome avaient fourni les modèles. On enseignait à côté du latin les langues vivantes et l'histoire naturelle. Le grec était délaissé.

de nos cuisinières; pour cravate un col de basin blanc, avec du cuir à l'intérieur. C'est cela qui tenait le menton de niveau! Jamais de tricot; des bas de fil, été comme hiver. Depuis deux ans on avait cessé de poudrer les élèves, mais tous les matins des femmes de Tournon venaient les peigner. Pour la literie une seule couverture de laine, été comme hiver. Rien ne fut changé quand le Rhône gela en 1810. Dans les grands froids on mettait ses vêtements sur son lit; dans les très grands froids, on y ajoutait sa chaise. Le chauffage consistait en un poêle pour une étude de septante à quatre-vingts élèves. *Il n'y avait jamais de feu dans les classes.*

Dans les collèges de ce genre, les vacances ne se passaient pas chez les parents. Elles se passaient au collège. Un enfant entrait à sept ans et en sortait à dix-huit, sans avoir passé un seul jour chez ses parents. Il faut confesser que cela n'était guère pour inspirer l'amour de la famille!

Les élèves, deux fois par semaine, étaient dressés à l'exercice; et deux fois par an on leur faisait faire une grande promenade militaire en armes, avec sabres, fusils, musique en tête. Ces promenades, prises trop au sérieux par les élèves, entraînèrent des abus. Ils entraient en armes chez les paysans, et exerçaient des réquisitions à la façon des francs-tireurs en campagne. Pendant que les uns gardaient le paysan à vue sous leurs baïonnettes, les autres, de leur briquet, détachaient les saucissons. Un jour l'élève Ard..., qui fut depuis député de la Loire sous Louis-Philippe, « chaparda » une belle dinde qui finissait de rôtir.

Quelques années plut tôt, il en aurait coûté cher à ce qu'il avait de plus, chair. Mais les mœurs s'étaient alanguies, relâchées, efféminisées. Ard... en fut quitte pour dîner durant quinze jours, à genoux au milieu du réfectoire, la tête ceinte d'une couronne de plumes de dinde.

Napoléon faisait sentir sa main. M. Rey me contait qu'un père de la Foi (c'était le nom sous lequel se dissimulaient les Jésuites expulsés) ayant été pris au nombre des professeurs, Napoléon fit fermer quelque temps le collège. Celui-ci traîna son existence jusqu'en 1819, époque à laquelle il fut érigé en collège royal.

*
* *

Puisque, au commencement du XIXᵉ siècle, la vie universitaire était encore de cette rudesse, on ne s'étonnera mie si, en 1528, le principal du collège municipal de la Trinité à Lyon, le docte maître Jean Canape, exposant au Consulat l'état de la grange qui servait de bâtiment collégial, ajoute « qu'il pleust en plusieurs lieux en ladicte grange, et qu'il n'y a assez couverts pour les enfants qui sont au soleil... » et que, faute de papier huilé aux châssis des fenêtres, les enfants sont exposés à la grêle, aux éclairs et tonnerres, qui troublent les leçons.

Mais comment s'était établi ce collège communal qui nous semble installé de façon si rudimentaire ?

A Lyon, durant la seconde partie du moyen âge, l'instruction secondaire ne paraît pas encore avoir existé. L'école épiscopale, établie dans le cloître de Saint-Jean et qui avait eu une si grande célébrité sous la direction du diacre Florus, au IXe siècle, était déjà fort déchue au XIIe siècle. Au XIVe, l'instruction était généralement aux mains du clergé régulier et séculier, à côté desquels existaient quelques maîtres d'écoles laïques (on connaît les noms de plusieurs d'entre eux). Des savants faisaient occasionnellement des leçons publiques (on cite même un cours régulier de droit), mais il n'existait aucun établissement consulaire, et l'écolier qui voulait acquérir des connaissances un peu plus relevées devait aller les puiser au dehors, dans des universités telles que celles de Bourges, Paris, Montpellier, Pavie, etc.

Or, en 1506, existait à Lyon une confrérie établie sous le patronage de la Trinité. Des biens, provenant de donations particulières, constituèrent un patrimoine à cette association.

En 1393, les confrères possédaient « un grand

tènement de maisons, granges et jardins donnant sur la rue Neuve et traversant en partie à la *ruelle* de Montribloud (c'était une ruelle qui prolongeait l'impasse actuelle de la Verrerie, de la rue de l'Arbre-Sec à la rue Gentil), qu'il ne faut pas confondre avec la *rue* de Montribloud.

Trompés par ces mots *grand tènement, granges*, des écrivains ont transformé ce terrain en « un domaine assez vaste », et affirmé que « cette partie de Lyon était alors la pleine campagne ». Ils ont vu dans les *granges* des granges rurales destinées à recueillir les récoltes (1). Il en faut rabattre. Le tènement en question n'était grand que comme terrain à bâtir. Gêné par diverses enclaves, il ne faisait tout entier qu'une faible partie de l'emplacement du lycée actuel. Lorsque, en 1527, l'on établit le collège, celui-ci même n'occupa d'abord qu'une portion du tènement des confrères.

Tâchons de nous représenter l'état des lieux au moment où la ville allait fonder le collège.

Comme clarté, les meilleures descriptions valent peu au prix d'un plan. M. Charvet a bien voulu dresser pour nous, d'après les documents originaux, celui que nous donnons ci-contre, et pour lequel le nom seul de son auteur est une garantie d'exactitude.

(1) Cette appellation de granges doit s'entendre de masures telles que nous en avons vu longtemps exister dans les bas-fonds de Perrache, par exemple, où le plus souvent on voyait au rez-de-chaussée une écurie avec un fenil au-dessus, et quelque logement sordide.

QUARTIER DU COLLÈGE

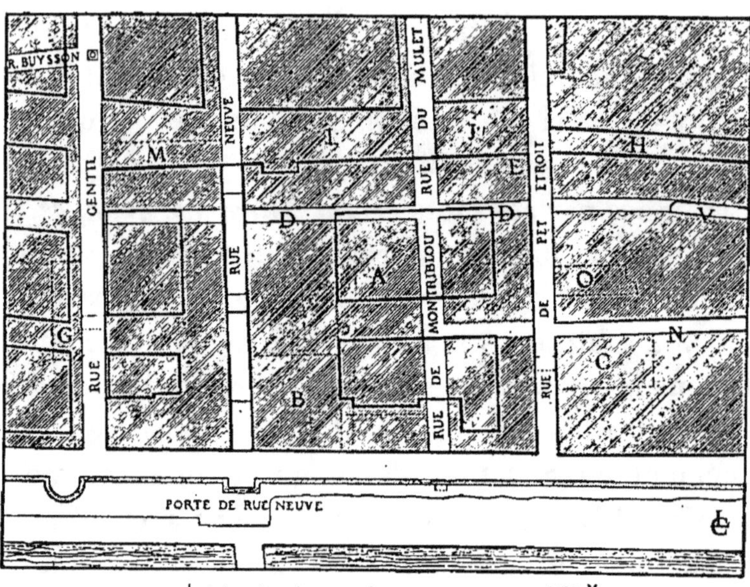

A. — Emplacement du Collège d'après lé plan scénographique de Lyon (1543-1555).

B. — Granges de la Trinité entre la rue Neuve et la rue Montribloud.

C. — Granges de la Trinité, rue du Pet-Estroit. Elles servirent d'abord de pensionnat, puis, sous les Jésuites, de salle des jeux.

DD. — Ruelle de Montribloud.

E. — Emplacement où a été posée la première pierre du Collège des Jésuites.

G. — Infirmerie du Collège des Jésuites, au delà de la rue Gentil (bâtiments acquis en 1731).

H. — Rue du Garet : a porté le nom de rue Henry lorsque la partie devant le Collège fut convertie en place (1646-1670).

JJ. — Place des Jésuites : précédemment rue Henry.

M. — Rue Ménié (ouverte en 1526), puis des Treize-Pas. Aujourd'hui fait partie de la rue de la Bourse.

N. — Ruelle Commarmot, antérieurement de la Verrerie.

O. — Maison ayant appartenu aux Jésuites.

V. — Impasse de la Verrerie actuelle.

Observation. — Le gros trait représente l'état actuel. Le trait fin indique l'état des localités lors de l'établissement du Collège.

Ce plan comprend à la fois l'état ancien et l'état actuel. L'état actuel se discerne par un gros trait noir. On a marqué par les lettres A B C les emplacements où étaient des bâtiments occupés par le collège, selon le plan scénographique de 1545-1553. Encore bien qu'il eût été déjà rebâti et agrandi, on voit quelle minime partie ces emplacements représentent par rapport au périmètre de notre lycée, aujourd'hui circonscrit par le quai de Retz, la rue Bât-d'Argent, la rue de la Bourse et la rue Gentil.

Mais à propos du plan quelques observations sont nécessaires.

Les rues anciennes, aujourd'hui disparues, ont été représentées droites, à défaut de documents pour en reproduire les détails. Mais il faut bien se figurer que ces rues n'étaient rien moins qu'alignées. Comme on le voit sur le plan scénographique de Lyon au xviᵉ siècle, elles étaient bordées de masures irrégulières et de murs de clôture tantôt avançant, tantôt reculant.

De plus, pour pouvoir écrire les noms à l'intérieur, l'on a dû représenter ces rues plus larges que la réalité. Elles étaient d'une étroitesse extrême ainsi qu'on en peut juger encore soit par la rue Commarmot, soit par ce qui reste de la rue de la Verrerie, aujourd'hui une impasse, soit par la rue du Pas-Étroit, jadis nommée du nom incongru de rue du Pet-Estroit. Elles n'étaient pas pavées, ni sans doute balayées fréquemment, ni, bien entendu, éclairées, puisque les lanternes publiques ne datent, même à Paris, que de 1667.

Contrairement à ce qui se passe d'habitude dans la création des quartiers, où les grands tènements vont se divisant pour bâtir, tout le quartier était alors beaucoup plus morcelé qu'à présent, et pour faire le lycée tel que nous le voyons, il a fallu supprimer plusieurs rues.

C'est ainsi que la rue Mulet, sous le nom de rue de Montribloud, se prolongeait alors jusqu'au Rhône ; que la ruelle Commarmot se prolongeait de la rue du Pet-Estroit jusqu'à la rue de Montribloud ; et que, ainsi que nous l'avons dit, l'impasse de la Verrerie, qui forme aujourd'hui un cul-de-sac exigu donnant sur la rue de l'Arbre-Sec, se prolongeait jusqu'à la rue Gentil.

Au rebours, la rue de la Bourse actuelle, que nous avons connue, pour cette portion, sous le nom de *place du Collège* et qui, pour cette même portion, a porté le nom de place des Jésuites, cette rue n'existait pas. Seul, un petit tronçon, de la rue Gentil à la rue Neuve, avait été ouvert en 1526, presque à la veille de l'institution du collège par la Ville. Ce tronçon se nommait la rue Ménié. Peu après, la partie entre la rue Neuve et la rue de l'Arbre-Sec fut créée sur des terrains fournis par des propriétaires riverains, dont le principal était *Henry* Guillermet, prêtre habitué de Saint-Paul. D'où le nom de rue Henry. En 1258, la rue était ouverte sur toute sa longueur, sauf la partie entre les rues Montribloud et du Pet-Estroit.

La rue Neuve, de la rue Ménié au quai, a été depuis, comme on sait, recouverte par une voûte, pour que le collège pût la franchir en s'étendant jusqu'à la rue Gentil.

Le plan indiquant l'état actuel en même temps que l'ancien, on a dû y faire figurer le quai de Retz, dont l'alignement sur le fleuve est déterminé par le gros trait noir accoutumé, mais il faut bien se rappeler qu'au xvi⁰ siècle, le Rhône venait battre le pied des fortifications, séparées par un chemin de ronde des tènements particuliers.

Celui de ces tènements que possédaient les confrères de la Trinité était situé en B, sur la rue Neuve, et, comme on le voit, une partie traversait jusqu'à la rue de Montribloud. Si cela vous intéresse, vous saurez qu'il était borné du côté de bise par la grange d'Estienne Chappon, et du côté de soir par la maison des hoirs Jannin. Mais je crains que cela ne vous intéresse guère. Ni moi non plus ; mais les archéologues sont tenus d'être précis, je voulais dire ennuyeux.

*
* *

Or est-il que, dès 1519, les confrères (1) qui

(1) Un acte du 14 septembre 1667, entre le Consulat et les Jésuites, emploie cette périphrase : « plusieurs bons personnages et seigneurs de la ville de Lyon ». Cette appellation ne peut que s'appliquer à tous les confrères, du moins à ceux qui s'occupèrent plus particulièrement de la fondation.

paraissent avoir été d'abord préoccupés des moyens
de faire instruire leurs propres enfants, avaient
institué dans leur grange, sous le vocable de la
Trinité, un petit collège, « pour illec être façonnée
et instruicte leur postérité ». Ce n'était qu'un
externat. Les élèves payaient 2 sols 6 deniers par
mois. L'enseignement était séculier. L'installation
était celle d'une grange, et le plan des études ne
pouvait être que fort sommaire.

La confrérie ne pouvant vraisemblablement
entretenir un petit collège, et le Consulat atta-
chant de son côté du prix à une fondation d'instruction publique, les confrères, par un acte du
24 juillet 1527, le remirent aux conseillers échevins, stipulant en outre que, « si toutes les granges
appartenant aux confraires devenoient nécessaires
pour l'agrandissement du collège, à cause de la
multitude des clercs et des escoliers, la cession en
sera faite au colleige ».

Il paraît que François de Rohan, archevêque de
Lyon, Claude de Bellièvre, et le savant Symphorien
Champier furent les instigateurs de cette cession.

De cette petite graine de sénevé devait sortir
un arbre immense ; de l'humble grange, le vaste
collège édifié par les Jésuites, et qui, après avoir
abrité tant de générations, abrite encore nos jeunes
lycéens.

LES COMMENCEMENTS DE NOTRE LYCÉE

Généralement recevoir un terrain pour rien, avec des bâtiments par-dessus, c'est une chose à croire enviable. Ce n'est pas toujours exact.

En effet, en 1527, la ville de Lyon, de par la générosité des confrères de la Trinité, se trouvait en possession d'un terrain et d'un bâtiment qu'elle destinait à un collège. Elle ne demeura guère à s'apercevoir que tout n'est pas rose dans le métier du propriétaire, surtout s'il y veut joindre celui de directeur de collège.

Le Consulat fit choix d'un principal d'abord en la personne d'un nommé Durand, puis presque aussitôt après en celle de maître Jehan Canape, allouant au principal et au régent des honoraires réunis de 400 livres. En acceptant les coefficients de M. d'Avenel, cela eût équivalu, en l'an 1500, à onze mille francs d'aujourd'hui, mais de 1500 à 1527, le coefficient devait avoir déjà fortement baissé, puisque, grâce à la diminution graduelle et de la valeur de la livre et du pouvoir de l'argent durant tout le XVIᵉ siècle, ces 400 livres n'auraient plus valu, en l'an 1600, que 2,600 francs.

*
* *

A peine avait-il installé les premiers élèves, que le Consulat eut maille à partir avec l'autorité spirituelle. L'enseignement municipal était séculier, laïque, dirait-on aujourd'hui ; et quoique l'enseignement religieux fût certainement à la base du règlement, le chapitre des comtes de Lyon revendiqua la direction du collège. Il alla jusqu'à menacer d'excommunier les parents qui envoyaient leurs enfants au collège, et les enfants eux-mêmes.

On put cependant apaiser le différend. Dans une assemblée générale à Saint-Nizier, où maître Jehan Canape prononça une oraison doctorale qui toucha tous les cœurs, on arrêta cet accord que le Consulat nommerait le principal et les régents, à charge de les faire agréer par le chapitre.

Tranchée cette difficulté, il fallut se préoccuper de la restauration des bâtiments menaçant ruine.

Mais il paraît que, bientôt après, les commissaires du roi, qui avaient besoin de locaux pour l'artillerie, expulsèrent sans plus de façon régents et écoliers. Le Consulat dut louer la grange et le jardin du sieur Bar « pour y retirer les maistres d'escoles et les escoliers qu'on a mis hors la grange ès membres de la Trinité ». Le 9 novembre de la même année 1529, Jehan Canape exposait, dans

une requête, que les locaux étaient insuffisants et
que les ateliers et forges de l'artillerie du roi (lisez
fonderie de canons) qui étaient établis rue Neuve
faisaient un tel tapage que les maîtres ne pouvaient
donner leurs leçons.

La ville était fort empêchée ; elle venait de
contribuer pour 35,000 livres à la rançon de
François Iᵉʳ; elle avait à subvenir à des achats de
blé occasionnés par la disette, à réprimer des
*rebeynes.*On commença par autoriser Jehan Canape
à prélever 2 sols 6 deniers par élève et par mois.
Mais Canape n'accepta pas, et répondit par une
lettre très digne, dont voici la conclusion :

« Maîtres, brisons notre marché, ou bien advisez
que tout aille mieux, et donnez-moy ainsy qu'à
mes bacheliers un salaire gracieux, pour que nous
n'ayons pas le souci d'extorquer quelques écus à
de pauvres escholiers. »

Le Consulat commit maîtres Sala, Sanneton et
Symphorien Champier pour visiter les lieux et
l'état de l'école de la Trinité, « afin de maintenir
le dict collège, *qui est érigé à bonne cause,* et en
faire leur rapport. »

Les commissaires conclurent que l'école n'était
point digne de la ville; qu'il fallait donner plus
d'espace à l'établissement « en louant le tènement
de Barsuraube, mais encore y adjoindre la grange
de madame l'élue de Varey, qui en était voisine ».
Ils furent d'avis aussi de donner « quelques gaiges

raisonnables au régent et à trois bacheliers qu'il entretiendroit luy-même, *sans exiger aucun salaire des enfants de la ville* ».

Le Consulat prit une délibération longuement motivée, qui concluait ainsi :

A cette cause, à ces fins multipliées, les susdicts ont advisé à prendre à louage la grange de madame l'esluc de Varey, et le tènement de Barsuraube, et de retenir jusqu'à nouveaux ou plus amples arrangements maistre Jehan Canape pour régent à gaiges, pareillement trois bacheliers, qui seront en l'art de grammaire, poésie, oratoire, et autres excellentes doctrines, selon le degré des escholiers. Ils sont de plus résolus bailler au dict Canape cent livres tournois au lieu de soixante, et à chacun desdits bacheliers cinquante livres des deniers de la communauté. Moyennant ce, les maistres et instituteurs promettront de bien et duement faire leur devoir, *ne prendre et exiger aucune chose des enfants de la ville*, desquels leurs pères et mères ont contribué et contribuent aux affaires d'icelle.

On voit que, dès le xvi⁰ siècle, notre bonne ville de Lyon avait posé le principe de la gratuité en matière d'enseignement, idée que l'on croit généralement toute moderne, et qui est même encore discutée par plus d'un sage esprit, partisan cependant de l'instruction obligatoire. Ceux-là estiment en effet, non sans raison apparente, que la gratuité n'est motivée que pour les élèves dont les parents ne sont pas en état de payer. En 1529, le Consulat tranchait hardiment la question dans le sens le plus démocratique. On remarquera qu'il n'entendait toutefois la gratuité que pour les enfants de la ville, et par ce motif que les parents de ces élèves contribuaient aux charges de celle-ci.

Le collège n'était encore qu'un externat. En 1536, on installait une maison pour les internes ou « commensaux », et la subvention était portée à 400 livres.

*
* *

En même temps que s'installait cet embryon de collège, la disposition générale des lieux subissait des changements. La rue de la Bourse actuelle, depuis la rue de l'Archidiacre (rue Gentil actuelle) jusqu'à la rue du Pet-Estroit (rue Bât-d'Argent actuelle), s'était ouverte sur des terrains cédés par les riverains. Cette rue, dénommée rue Henry pour la partie nord et rue Ménié pour la partie sud (des noms de donateurs), finissait d'encadrer un ensemble de tènements, qui semblait tout préparé pour le lycée à venir, lequel, en effet, les a tous absorbés. Déjà le collège, tout primitif qu'il était, avait absorbé à son profit le terrain occupé par le prolongement au sud de la ruelle Commarmot, car ce prolongement ne figure plus sur le grand plan scénographique de Lyon, qui date, comme l'a démontré M. Grisard, de 1545-1553.

On voit sur ce plan ce qu'était déjà devenu le collège. Encore tout petit, perdu dans la foison des masures qui l'entourent, le bâtiment se développe sur cour, du nord au sud. Au rez-de-chaussée, trois vastes fenêtres à meneaux sont très élevées au-dessus du sol pour obtenir un éclairage d'en haut, comme dans nos écoles modernes. Au bout sud du bâtiment, une porte cintrée. Au premier étage, quatre fenêtres, semblables à celle du rez-de-chaussée. Au-dessus, le toit ; mais la partie sud du bâtiment est surélevée et forme pavillon ou tour carrée. Vraisemblablement, c'est là qu'était l'escalier. Tout ceci paraît entendu par un architecte, mais ne constituerait que peu d'espace utilisable. Il est évident que les dortoirs (le pensionnat existait déjà) devaient occuper le bâtiment annexe qui figure sur le plan Charvet.

*
* *

Mais nous avons devancé les temps. Il ne faut pas oublier que le premier acte du Consulat devait être de constituer l'enseignement. Il y eut de la peine. Jehan Canape était parti au bout de deux ans (1530). On le remplaça par un nommé du Vergier, jusqu'en 1531 ; puis, paraît-il, par de simples régents (1). Le collège était entièrement désorganisé et désert par suite de la peste et de la famine. En 1540, le principal était Claude de Cublize, qu'on dut révoquer, et, auquel succéda

(1) CHARVET, *Étienne Martellange*, p. 118.

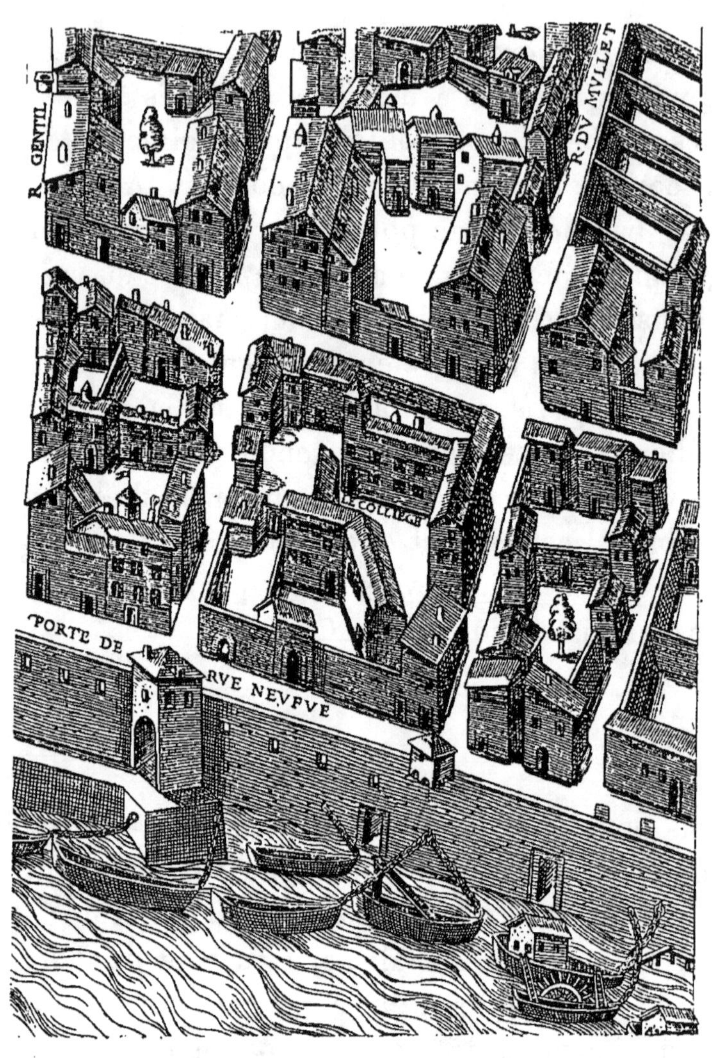

LE QUARTIER DU COLLÉGE

d'après le plan scénographique

le célèbre Barthélemy Aneau. Après dix années
d'exercice, il se démit. A sa place on nomma un
certain Freschet, maître d'école en rue Lanterne,
qui, en 1555, disparut en emportant des meubles.
A Freschet fut substitué Charles Fontaine (1), le
poète ami de Clément Marot. S'il entra en fonctions, ce que j'ignore, ce ne fut que pour quelques
jours, car, nommé en juin, il fut remplacé le
9 juillet par Jacques Dupuy « maître ès arts » qui
mérita d'être révoqué le 21 du même mois (il s'était
battu avec sa femme en place publique), et l'on fit
redemander Aneau, qui accepta moyennant un
traité en forme, passé le 29 septembre de la même
année.

D'après ce traité, le principal devait avoir sous
ses ordres quatre régents :

Un bachelier chargé d'instruire les plus jeunes
élèves ;

Un bon grammairien ;

Deux régents pour le grec et le latin jusqu'à la
rhétorique.

Les élèves des classes supérieures savaient certainement plus de grec et de latin que nos élèves
de rhétorique, à cause de l'obligation imposée
par le Consulat « de ne parler que grec et latin,
même dans l'intervalle des classes et dans la cour;
sauf dans les basses classes où il vaut mieux que

____

(1) Sur Charles Fontaine, voyez *Revue du Siècle,* année 1889, page 45 ;
article de M. Joseph Désormaux.

les enfants parlent bon français que s'accoutumer au mauvais et barbare latin ».

Lyon était à l'unisson des autres collèges pour le latin, mais il était en avance pour le grec, assez négligé dans la plupart des établissements.

L'usage de ne parler que latin se perpétua jusqu'à la Révolution, et les élèves de nos derniers Oratoriens ne parlaient encore que latin. Aussi est-on émerveillé de voir quels excellents latiniers sont sortis de nos anciens collèges. Je ne crois pas que, pour la connaissance du grec et du latin, nous ayons personne, par exemple, à opposer à Henri Estienne, et à d'autres savants de la Renaissance.

Aujourd'hui que tout est à l'enseignement des langues vivantes, l'on s'étonne que l'on n'introduise pas, pour l'anglais et l'allemand, un usage analogue, qui seul pourrait permettre à l'élève de parler couramment une langue étrangère. Encore aujourd'hui dans le collège romain, fondation papale, la journée est divisée en trois portions d'égale durée. Dans la première. les élèves ne doivent parler qu'italien ; dans la seconde, que latin ; dans la troisième, que français. Cette institution donne les meilleurs résultats.

Aneau introduisit l'usage des exercices littéraires terminant l'année scolaire, et notamment celui de faire représenter des pièces théâtrales par les élèves. Cet usage s'est perpétué jusqu'à

nos jours, dans beaucoup d'institutions ecclésias-
tiques. On conserve encore d'Aneau deux pièces
qu'il avait écrites dans ce but. La première est le
Mystère de la Nativité, composition où se mêlait
de la musique, de manière à en faire une sorte
d'opéra-comique, qui fut imprimé en 1537, chez
Sébastien Gryphe ; la seconde, restée je crois
inédite, intitulée : *Lyon Marchant* (marchand) et
fut jouée en 1541.

*
* *

On était au moment le plus critique des luttes
religieuses. Aneau était un sage, un modéré, un
savant. Voilà bien des raisons d'être haï. Les catholiques auraient voulu voir à la tête de l'instruction
un apôtre de leur foi. En 1560 l'archevêque proposa de le remplacer par « certains prêtres,
nommés jésuites, lesquels sont propres à l'éducation de la jeunesse ». Les protestants, de leur
côté, ne pouvaient regarder d'un œil bien sympathique un homme qui n'était pas de leur
confession.

On connaît la fin tragique d'Aneau. Le 5 juin 1561,
lors de la procession de la paroisse de Saint-Nizier,
un religionnaire fanatique s'étant rué sur un prêtre
qui portait le Saint-Sacrement, la foule, cette
foule ignoble que flattent nos démagogues, cette
foule où l'on ne sait qui le dépasse du féroce ou

du bête, se précipita sur le collège et massacra Barthélemy Aneau, comme de nos jours elle a massacré Watrin. Sa femme eût partagé son sort, si le prévôt ne l'eût fait emprisonner. Le meurtre d'Aneau ne fut pas plus vengé que de nos jours le meurtre de Watrin. Les crimes des foules ont le privilège de l'impunité.

*
* *

En novembre 1561, maître André Martin fut nommé principal en remplacement d'Aneau. Sa mort, arrivée en 1565 par suite de la peste, laissa la place vacante. Il est à croire que durant toute cette période de dissensions civiles le collège ne put avoir que la plus précaire des existences.

Le nouveau Consulat protestant avait établi au collège le culte réformé. Mais en 1563 les catholiques avaient ressaisi le pouvoir. A la suite de l'édit de pacification du 18 mars, un corps de troupes catholiques, sous la conduite du maréchal de Vieilleville était rentré à Lyon. Les cultes catholique et protestant avaient d'abord été mis sur le pied d'égalité. Mais peu à peu la domination catholique se rétablit, et l'on arriva ainsi jusqu'à la mort d'André Martin, qui paraît s'être prêté assez indifféremment à l'établissement de l'un ou de l'autre culte (1).

(1) Il était haï des catholiques pour cette indifférence, et un père jésuite annonçait sa mort en des termes qui devançaient M. Veuillot : « La peste nous a délivré de cette peste ; un mal physique a emporté ce mal moral. »

A ce moment le collège reçut la plus complète transformation. Le Consulat, voyant les difficultés sans cesse renaissantes de l'administration directe, remit le collège en d'autres mains.

La première période, la période de l'enfance et de l'adolescence, était passée.

*
* *

LE COLLÈGE DE LYON
SOUS LA PREMIÈRE DIRECTION DES JÉSUITES

En 1565 l'ordre des Jésuites en France était déjà singulièrement développé. Ils avaient fondé un noviciat à Paris et se trouvaient en rivalité avec l'université. Celle-ci leur avait intenté un procès où le célèbre Étienne Pasquier plaida pour eux avec une verve acérée. En 1562, les Jésuites obtinrent du parlement un arrêt qui leur conférait par provision le droit d'enseigner la jeunesse.

Les dissensions religieuses avaient mis à Lyon les Jésuites en particulière évidence. L'un d'eux avait pris une situation si prépondérante qu'on l'appelait simplement le « Jésuite ». C'était le P. Edmond Auger.

Sa destinée avait été bizarre. Étudiant à Lyon, dénué de toute pécune, il part pour l'Italie en mendiant sur le chemin, entre en qualité d'aide de cuisine chez les PP. Jésuites. On le remarque, il devient novice ; on le charge d'enseigner la poésie, puis la théologie ; il prend les ordres et devient enfin père. Pris à Valence par le baron des Adrets, condamné à être pendu, il s'échappe du pied de la potence, vient à Lyon, y tient une conduite admirable pendant la peste.

Lorsque le culte catholique fut rétabli dans l'église Saint-Jean, ce fut lui qui prononça le sermon solennel, et après tant de sang versé, il eut une inspiration du cœur. Il prit pour texte de son oraison ces mots de l'Évangile : *Estote misericordes !* Exemple trop extraordinaire pour n'être pas à signaler.

Lors donc qu'en 1565, à la suite de la mort d'André Martin, le Consulat eut à pourvoir à la nomination d'un principal, l'archevêque de Lyon de nouveau proposa de confier la direction du collège aux PP. Jésuites. Il lui suffit de prononcer le nom du P. Auger pour gagner sa cause.

Les bons Lyonnais avaient du reste fait l'épreuve de l'administration directe. Pour mener à bien une institution de ce genre, il y faut et la compétence pédagogique et l'esprit de suite, ce que possédait l'ordre des Jésuites, et ce que ne pouvait posséder le Consulat.

A ce moment le Consulat se composait de onze membres. Sept étaient catholiques et quatre protestants. On eut soin de délibérer et de prendre la décision en l'absence des quatres Réformés, et leurs protestations ne furent pas écoutées.

Le P. Auger se fit prier. Il n'accepta que pour deux ans et sous diverses réserves. Le père chargé de l'oraison solennelle au jour de l'inauguration, une des gloires de l'ordre, le P. Perpinien, Espagnol, ne prit pas pour texte *Estote misericordes*, mais traita de « la nécessité de conserver à Lyon l'ancienne foi ». Les temps avaient marché.

*
* *

Les Jésuites, si conservateurs en matière de tradition et d'autorité, étaient novateurs en matière d'enseignement ; cela leur était même comme imposé, du moment qu'ils s'établissaient en rivaux de l'université et nourrissaient l'espoir de la supplanter. Comme le fait remarquer M. Garin, la politique des héritiers présomptifs est toujours une politique de progrès. Bons humanistes, esprits où la souplesse le disputait au zèle, ils étaient tout à fait qualifiés pour le but que se proposait le Consulat.

On retrouve la trace de la vogue qu'avaient alors les Jésuites dans les termes mêmes de la délibération du Consulat. Il s'adresse aux Jésuites « parce qu'il connoit les bons fruits que ceux de leur ordre et profession faisoient en cet endroit, tant en ce royaume même, Paris, Toulouse, Avignon, Tournon, comme ailleurs en Allemagne, Italie, Espagne, et jusqu'aux Indes, tant de Portugal que de l'Amérique ».

8

Ajoutez enfin que de confier la direction de l'enseignement aux Jésuites était une mesure de réaction contre les Réformés.

*
* *

Après deux années de fonctionnement à titre d'essai, le 14 septembre 1567, un acte bilatéral confia d'une manière définitive l'établissement aux PP. L'établissement était cédé à perpétuité, mais non en pleine propriété. La ville entendait rester propriétaire des immeubles et des fonds, et ne les remettait à l'Ordre que sous la condition d'y entretenir un collège.

Un acte du 6 août 1571 spécifie le programme de l'enseignement qui, sans doute, avait été dressé par les PP. eux-mêmes. Le collège était pourvu d'une chaire d'*esmographie* (1) et d'une chaire de théologie. Cette dernière qui était publique, réunissait au début vingt-deux auditeurs. Le cours d'études durait six années. Le latin était l'objet d'études très soignées, mais le grec ne s'étudiait qu'en rhétorique. La dernière année était consacrée à la théologie et à la philosophie, qui, naturellement, était celle d'Aristote.

Une lettre que l'un des professeurs, le P. Perpi-

---

(1) Probablement faute du copiste pour *cosmographie*. Ce dernier mot existait déjà au XVIe siècle. On le retrouve dans Charron.

nien, que nous connaissons déjà, écrivait au P. Barthélemy, à Rome, en décembre 1565, donne d'intéressants détails sur l'état des bâtiments à l'heure où les Jésuites en prirent possession. Elle est trop longue pour être citée en entier. En voici quelques passages :

Pour commencer ma description par le plus essentiel, l'office, la cuisine et le réfectoire sont contigus et disposés dans l'ordre que je viens d'indiquer, c'est-à-dire qu'entre l'office et la salle à manger se trouve la cuisine. C'est on ne peut plus commode... Ces trois pièces sont très vastes, fort belles et bien combinées, telles en un mot que je vous en souhaiterais à Rome. Le vin se garde dans une cave placée sous la salle à manger qu'elle égale en grandeur. Les chambres à coucher sont assez grandes et trop nombreuses pour nous; car nous ne sommes que douze, avec un nombre à peu près égal de pensionnaires, dont plusieurs appartiennent aux premières familles de la ville. Dans l'espace de chaque chambre à coucher est placée, selon l'usage de France, une bibliothèque avec boiseries fermées et couvertes, longue de neuf à dix palmes, larges de sept à huit (1)... C'est là que nous allons nous enfermer et nous nous y appliquons avec plus de chaleur à l'étude, non seulement pour nos esprits, mais aussi pour notre corps. Car ici, mon cher Barthélemy, il n'y a rien de plus essentiel que de se tenir non pas tant l'esprit que le corps bien chaud ; vous pouvez m'en croire sur parole. Aussi, dans la chambre la plus vaste et la mieux décorée, qu'habitait probablement le principal et qu'occupe aujourd'hui le P. Edmond, quand on fit peindre les parois, on plaça cette inscription; *intus vinum, foris ignis* (2). De la cour et à plus forte raison des chambres on jouit de la vue admirable

(1) Le P. Perpinien, qui venait de Rome, emploie les mesures romaines. Le palme est de 0,2234. Cette bibliothèque, qui est en réalité une petite chambre dans une chambre, avait donc 2 mètres à 2m34 de long, sur 1m56 à 1m79 de large. Elle était naturellement ouverte du côté du jour.

(2) Cette inscription semble indiquer que le principal, nommé jadis par le Consulat, était, pour employer l'expression du P. Perpinien, « un homme plongé dans la chair ».

du fleuve (1), qui coule avec tant de rapidité que, malgré l'aplanissement de son lit, on entend d'ici le bruit de ses flots. On aperçoit des barques qui descendent et, au delà, une immense étendue de plaine terminée par la chaîne des Alpes. Du sommet de notre tour (2) qui s'élève à une grande hauteur, on découvre, outre ces objets, toutes les maisons et les rues de la ville.

A cette époque de nombreuses acquisitions avaient été faites successivement pour agrandir les possessions des confrères de la Trinité. Nous avons vu (page 39) comment était disposé le bâtiment principal, déjà entouré d'annexes. L'entrée était sur la rue Mulet. Les Jésuites se hâtèrent d'acquérir les maisons, granges et jardins, très nombreux, qui occupaient l'emplacement au nord du collège, jusque vers la rue du Pas-Étroit, et d'autres encore sur la rue Mulet. Le tènement de la Trinité faisait tache d'huile.

⁎
⁎ ⁎

Tout ne marcha pas aussi bien que l'avait espéré le Consulat. Le collège périclitait. En 1574, neuf ans après l'installation des Jésuites, le Consulat se plaignait amèrement que « le collège étoit

(1) Il paraît résulter de ce passage que les nombreuses masures, qui sur le plan scénographique de 1545-1553, séparent du Rhône le bâtiment principal du collège avaient été démolies, et qu'en 1565, la cour s'étendait jusqu'au chemin de ronde du rempart. Ce rempart devait lui-même être placé très en contrebas du sol du lycée, au niveau du bas-port actuel, de telle façon que, par-dessus le rempart, on pouvait apercevoir le Rhône, au moins dans sa partie le plus à l'orient. On comprend que des chambres on pût apercevoir le fleuve presque dans toute sa largeur.

(2) C'est la tour qui figure sur le plan scénographique.

décrié et qu'il n'y avoit plus ni élèves ni bons
professeurs ». Le P. Auger avait été banni de
Lyon par les partisans de la maison de Lorraine.
Les deux plus savants professeurs, les PP. Perpinien et Gilles, avaient été envoyés à Paris. De
plus, les Jésuites, voyant que le pensionnat ne
prospérait pas, l'avaient tout simplement supprimé. Ils en donnaient les raisons les plus
inattendues dans leur bouche. Ils trouvaient
« contraire à la charité de réduire par la concurrence les maîtres de pension à mourir de faim...
En outre la charge des pensionnaires est peu
commode pour des personnes religieuses, car elle
empêche gravement les régents et les détourne de
leurs dévotions, oraisons et autres exercices spi-
rituels ». — Les Jésuites ont montré depuis lors
que la crainte d'être détournés de leurs oraisons
ne les empêchait pas de diriger des collèges admirablement prospères. Ils rejetaient le péché sur
les pauvres Lyonnais : « Si le collège n'est pas
plus florissant, c'est la faute des Lyonnois qui
n'aiment pas l'instruction... »

Le Consulat répondait que ce n'était point la
faute des Lyonnais, mais bien des Jésuites : « Ils
n'ont pas de bons régents et ne veulent enseigner
que la grammaire et la rhétorique... Les seigneurs
Jésuites se sont plutôt étudiés à bâtir qu'à enseigner, non pour la commodité des enfants ni de la
ville (car il y avoit assez logis), ains pour la leur

seulement, ayant discommodé et déchassé nos
enfants de la maison, qui à grands frais avoit été
bastie, non à l'intention de servir d'un cloître de
Jésuites (comme elle fait à présent) où personne
n'oseroit entrer, mais pour y accommoder nos
dicts enfants, et là être corrigés et instruits à toute
heure par la présence de leurs régents. »

Et alors les échevins, jugeant « qu'en une tant
bonne et fameuse ville, toute peuplée et hantée
de toutes nations, où la commodité du lieu devroit
être un des bons collèges de toute l'Europe, et
qui feroit plus d'honneur et profit à la dicte ville
que toute autre chose ». les échevins, « suivant la
forme des Athéniens et des Romains, » ajoutent-
ils, élisent quatre censeurs pour veiller à l'observation de leurs prescriptions et inspecter les cours.

M. Garin fait remarquer que d'autres circonstances avaient dû influer sur la décadence du
collège. La ville subissait une série de désastres.
En 1570, grave inondation du Rhône : en 1572, la
Saint-Barthélemy, particulièrement féroce à Lyon ;
en 1573, disette et guerre civile. Et cette série
va se prolonger durant vingt-cinq années : en
1577, la peste; en 1579, la famine; en 1581, la
peste ; en 1586, la peste, etc.

Cependant en 1578, 1579, 1580, 1583, 1592,
nous voyons la ville augmenter ses subventions,
agrandir les bâtiments, exiger de nouvelles classes.
Évidemment elle attachait le plus grand prix au
développement de son collège.

*
* *

Le 27 décembre 1594, Jean Châtel tente d'assassiner Henri IV. Quelques jours après, Châtel était condamné à la peine des parricides, et le P. Guignard, régent au collège des Jésuites, à Paris, compromis dans le crime, était pendu. Le 29 décembre 1594, le parlement prononçait l'expulsion des Jésuites de tout le royaume.

Les Jésuites ayant abandonné le collège dans les premiers jours de janvier 1595, le Consulat dut en reprendre la direction.

Il désigna pour principal un sieur Dalenson. Mais la difficulté était de recruter des régents. C'est à Paris qu'il fallait les aller chercher; mais alors, comme aujourd'hui, Paris avait tant de charmes « qu'il retenoit la plupart en ce lieu, voire avec tant de pertinacité qu'ils aimoient mieux y pâtir et endurer d'assez étranges nécessités que choisir un honnête parti ailleurs ». L'un de ceux que l'on put arracher aux douceurs de la capitale, un sieur Pourcent ou Person, fut reconnu pour un ex-Jésuite. Le Consulat en eut tout l'affront : reproche, procès, et finalement expulsion de l'ex-père Jésuite.

Le Consulat connut de nouveau tous les déboires qu'il avait éprouvés de 1527 à 1565. En 1603, l'économe ne savait ni lire ni écrire, et il emmenait en fredaines les écoliers par une porte de derrière. Heureusement qu'il ne pouvait en emmener plus de neuf, le nombre des pensionnaires.

Évidemment, à cette époque, il n'y avait que les ordres religieux qui fussent en posture de diriger une institution de ce genre.

*
* *

LE COLLÈGE DE LYON
SOUS LA SECONDE DIRECTION DES JÉSUITES

Henri IV, bien différent de son petit-fils Louis XIV, n'aimait pas les persécutions, et il ne gardait pas le souvenir des injures. Malgré l'opposition du parlement, il autorisa en 1603 les Jésuites à rentrer d'abord dans certaines villes du royaume, parmi lesquelles Lyon.

Le Consulat, las de son impuissance à diriger le collège, les vit rentrer avec joie. Ils furent reçus, disent les actes consulaires, « avec le même applaudissement du général des habitants qu'ils y avoient esté premièrement appelés et longuement entretenus ».

Par un nouveau contrat, passé le 3 juillet 1604 le Consulat leur assura une subvention annuelle de 6,000 livres ; on arrêta un plan complet d'études, et l'on promit de pourvoir à un agrandissement devenu indispensable.

Le programme était extrêmement complet. Les
« lettres humaines » étaient enseignées en six
classes : la grammaire (4 ans, de la 7ᵉ à la 4ᵉ),
l'humanité, et la rhétorique. La philosophie durait
trois ans et comprenait la logique, la physique,
la métaphysique, la morale, les mathématiques
(géométrie et astronomie), la géographie. La
« sainte et sacrée théologie » comprenait un cours
de cas de conscience, un cours de langue
hébraïque, des exercices de piété et de lettres, des
déclamations et des disputes (1). On voit que
pour l'étudiant qui désirait suivre le cours en son
entier, il s'agissait d'y consacrer une dizaine
d'années de son existence. Mais de là, l'étudiant
sortait armé comme il eût pu l'être dans une
université.

Pour réaliser tout cela, il fallait s'installer largement. De nouvelles acquisitions se succédèrent
jusqu'en 1607, de manière à pouvoir couvrir l'emplacement du collège actuel pour toute la partie
au nord de la rue Neuve (moins la galerie sur le
quai de Retz, mais le bâtiment sur la rue Pas-
Étroit s'étendait, dès lors, de la rue Henry jusqu'au
quai actuel). Le P. Martellange avait fourni les

---

(1) Ce plan d'études dépassait la proportion de ceux admis dans les
collèges de Jésuites où le cours des études ne durait habituellement que
cinq années. Il n'y avait que trois classes de grammaire précédant les
humanités. Le but suprême des études était alors, et surtout chez les
Jésuites, de bien écrire en latin. Il ne pouvait être question de théologie,
ni de langue hébraïque.

plans qui, dans leur ensemble, sont conformes à
ceux des collèges qu'il avait construits précédemment. Il comprenait deux cours, mais nous
ignorons comment Martellange entendait la cour
orientale.

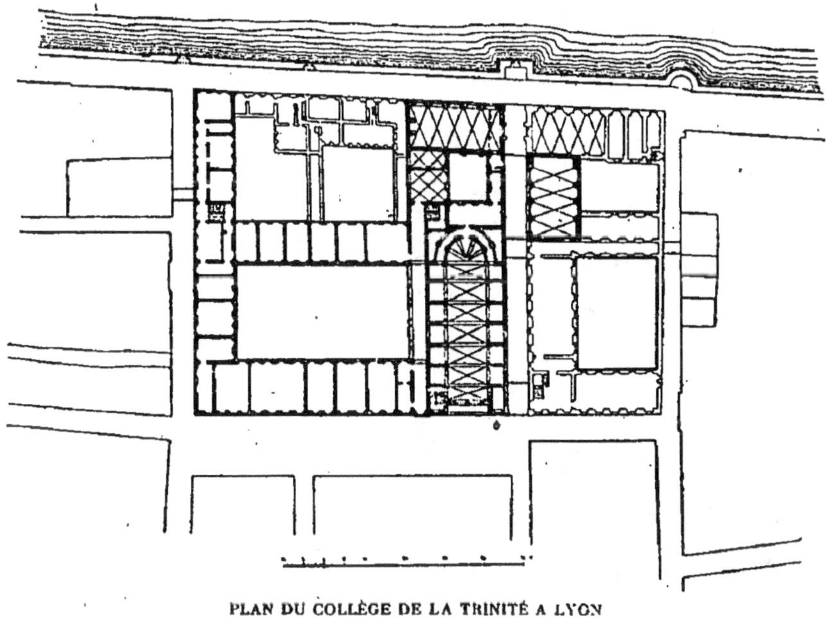

PLAN DU COLLÈGE DE LA TRINITÉ A LYON

La première pierre fut posée en grand céré-
monial par le Consulat, le 19 décembre 1607, au
point marqué D dans le plan du quartier (1).

Ce fut en mai 1617 que le P. Martellange fournit
les plans et devis pour la construction de l'église

(1) Voyez le plan p. 37.

CHAPELLE ET ENTRÉES DU COLLÈGE

et vint assister en personne à la signature du marché de maçonnerie. Avec les années, on décora successivement les chapelles. La chaire, qui passait pour un chef-d'œuvre, fut faite seulement en 1699, sur les plans de Jean Delamonce (1). Contrairement au type d'architecture luxueux et surchargé, auquel on a donné le nom de style jésuite, l'église de Martellange était très simple, presque pauvre et dénuée de caractère. L'église actuelle ne reproduit pas exactement la physionomie primitive, car son architecture a été modifiée au xviiie siècle, et elle reçut alors des revêtements de marbre.

Une inscription, posée à l'occasion de l'achèvement d'un des bâtiments, constate qu'il fut terminé en 1653.

Nous donnons ci-joint le plan du collège à cette époque, dressé par M. Charvet. Les parties qui, sur ce plan, ne sont qu'au trait, furent achevées plus tard.

On avait dû établir des annexes dans un terrain au nord de la rue Pas-Étroit, qui appartenait à la confrérie de la Trinité. Ce fut en 1646 que fut construite la maison, voûtée avec deux étages inférieurs, où se trouvent aujourd'hui les magasins de denrées coloniales de M. Lyonnet, et qui servait à des exercices de déclamation (2). On com-

---

(1) Voir *Revue du Siècle*, année 1893, page 99.

(2) Je suppose que la maison ne comportait primitivement que ces deux étages et qu'elle fut exhaussée plus tard, lorsqu'elle fut devenue immeuble privé.

muniquait du collège dans cette annexe par un tunnel sous la rue Pas-Étroit. L'ouverture de ce tunnel, du côté du collège, fut bouchée, probablement après le renvoi des Jésuites, alors qu'on eut distrait du collège et la salle des jeux au delà de la rue Pas-Étroit, et l'infirmerie, qui occupait quatre petites maisons de l'autre côté de la rue Gentil, et à laquelle on accédait également par un passage voûté.

Le tunnel de la rue Pas-Étroit, qui servait de cave à la maison Lyonnet, fut démoli lors de la construction, sous l'administration de M. Vaisse, du réseau d'égouts de la ville.

La principale façade du collège, celle que nous connaissons, s'élevait sur la rue Henry, aujourd'hui rue de la Bourse. Ce ne fut qu'en 1670 que l'on acheva de reculer le côté ouest de cette rue pour former la place que nous avons si longtemps connue sous le nom de place du Collège. C'est alors que l'on bâtit la maison dite du Grand Tambour, où nous avons vu pendant bien des années le café de Pierre Bianchi.

En 1622, les Jésuites décorent de peintures et de sculptures la grande cour intérieure. C'était à la fois, dit M. Charvet, un tableau des lettres, des sciences et de l'histoire lyonnaise. Le P. Ménestrier a consacré tout un volume à la description de ces allégories légèrement puériles.

En 1644, une grande partie du collège est consumée par un incendie. On le rebâtit au plus vite, et en 1652, nous voyons le Consulat fournir 6,000 livres, à la condition que le bâtiment sera achevé au 30 juin 1653.

« Et la mer montait toujours... » Je veux dire le collège s'agrandissait toujours. En 1703, le P. de Saint-Bonnet faisait élever, à ses frais et avec l'aide de la ville, les murs gigantesques de l'observatoire, sur les données de Cassini durant son passage à Lyon. Le P. de Saint-Bonnet mourut, dit-on, d'une chute qu'il fit de cet observatoire pendant sa construction (1). Une tradition parmi les élèves du lycée veut que cette tour ait jadis servi de prison pour les potaches. — En 1706, on édifiait encore un nouveau bâtiment pour les pensionnaires.

*
* *

Il est de tradition, dans l'ordre des Jésuites, d'organiser, dans les villes où ils ont des établissements, des congrégations laïques. On comptait à Lyon, sous leur direction, dans les locaux du collège, jusqu'à huit associations de ce genre (2). La plus importante était celle des « Messieurs »

___

(1) Il fut précipité à terre par le choc de la corde d'une grue.

(2) La Congrégation des *Messieurs*, celle des *Jeunes Messieurs*, celle des *Grands Artisans*, celle des *Artisans* ou *Affaneurs* (quelquefois dite des *Crocheteurs et Affaneurs*), celle des *Jeunes Artisans*, celle des *Plus jeunes Artisans*, celle des *Théologiens et Philosophes*, celle des *Rhétoriciens*.

qui se réunissait dans la chapelle à droite, en entrant par le quai dans la rue Ménestrier. Cette salle, dont les peintures de la voûte étaient dues au pinceau du F. Labbé, servait récemment de salle de gymnastique pour les élèves du lycée actuel.

Cependant le Consulat veillait toujours, non sans des efforts inouïs, à l'amélioration du collège. Les tristes années se succédaient pour la ville de Lyon. En 1620, il y avait eu la disette ; en 1628, 1629, la peste, qui ne disparut qu'au bout de quinze ans. Elle eut une recrudescence en 1643, reparut en 1656 et cela continue ainsi, à des termes qui peu à peu s'éloignent, jusqu'aux premières années du xvii° siècle, où le terrible hiver de 1709 vint couronner cette lamentable série.

La ville, à la fin du xvii° siècle, était à bout. La population de Lyon, qui s'était élevée jusqu'à 90,000 âmes avant la Révocation de l'Édit de Nantes, était diminuée de 18,000, moins peut-être encore par l'exode des protestants (de toute la population protestante, assez peu nombreuse d'ailleurs, il ne resta que vingt familles de nouveaux convertis) que par la guerre, la mortalité et les crises commerciales (1). De 18,000 métiers il en restait à peu près 4,000 en 1698. La Ville avait

----

(1) A la fin du règne de Louis XIV, la population de Lyon tomba à 6o.ooo habitants. Mais tous ces chiffres ne sont qu'approximatifs, en l'absence de recensements réguliers.

dû, en 1693, emprunter 50,000 livres à la Banque de Gênes. Les grands rois sont toujours généreux — de l'argent des autres. — En 1700, les misères de Lyon n'empêchaient pas Louis XIV de donner au maréchal de Villeroy, gouverneur de Lyon, 300,000 livres à prendre sur les revenus de la Ville obérée, et de renouveler cet acte de « générosité » en 1706 et en 1713. Cela n'empêchait pas non plus la réception des ducs de Bourgogne et de Berry, du 9 au 19 avril 1701, de coûter à la ville une dépense de 250,000 livres. Aussi, dit M. Garin, ne faut-il pas sourire de l'état du collège, mais bien plutôt s'attrister, et s'étonner avec reconnaissance qu'il n'ait pas été abandonné.

Aussitôt que la situation financière de la ville le permet, elle redouble ses efforts. En 1731, elle donne 100,000 livres pour agrandir le lycée. En même temps, elle autorise les Jésuites à percevoir pour prix de la pension alimentaire de chaque élève vingt sous par jour. Le pensionnat pouvait contenir 200 élèves.

Mais revenons en arrière.

Dès 1627, les basses classes regorgeaient d'élèves. C'était sans exagération que, quelque cinquante ans plus tard, le P. Gallien pouvait dire dans le langage académique du temps :

« Le collège de Lyon est sans contredit le plus magnifique de la France. Les étrangers y viennent admirer cette cour savante qui ouvre le temple de

la sagesse et de la gloire à toutes les nations. Ils
sont surpris de cette bibliothèque qui est certainement une des merveilles de l'Europe. Il fallait
lui donner cette vaste dimension pour la mettre
en état de renfermer vos bienfaits. »

En 1765, à la date de l'expulsion des Jésuites,
les basses classes ne comprenaient chacune pas
moins de cent élèves.

C'est qu'au xvii° siècle, les Jésuites étaient les
maîtres incontestés de la science pédagogique.
Tandis que l'université de Paris délaissait presque
le grec, les Jésuites de Lyon l'enseignaient dans
leur collège. *A fortiori* l'université de Paris n'enseignait pas l'hébreu. D'autre part, les Jésuites
« humanisaient » de plus en plus les matières
enseignées.

« La grammaire et la latinité, disaient-ils, sont
des pays assez secs. Il faut égayer l'esprit, si l'on
veut qu'il s'éveille : les buissons plaisent quand
ils sont fleuris. »

Ils donnèrent une place aux langues vivantes,
aux arts d'agrément, à l'équitation, à l'escrime, à
la danse et au blason comme dans les « académies ». Leur idée était de préparer les élèves à
leur rôle dans le monde et de les y préparer dans
les voies les plus aisées. Ils s'efforçaient de faire
disparaître le côté rébarbatif du vieil enseignement.

C'est dans ce but qu'ils entretenaient l'émula-
tion par des exercices où l'amour-propre des élèves

RUE MÉNESTRIER

était en jeu. « Ils avaient imaginé, dit le P. Lallemand, l'oratorien, des luttes entre les deux camps
qui se partageaient chaque classe (1) ; des exemp-
tions, des prix de Pâques et de fin d'année ; des
Académies, où une sorte de joute intellectuelle
entretenait le zèle et l'activité parmi les meilleurs
élèves de grammaire et de rhétorique. »

On sait quelle importance avaient, dans le système d'éducation des Jésuites, les représentations
théâtrales qui précédaient toutes les solennités
littéraires, et qui finirent par jouer un rôle trop
considérable dans l'institution (2). Les élèves des
collèges figuraient dans toutes les pompes offi-
cielles, dans toutes les réceptions de rois, et l'on

(1) J'ai vu dans mon enfance cet usage dans une classe des Minimes,
que le professeur, l'excellent abbé Vernet, avait séparée en deux camps :
les *Romains* et les *Carthaginois*. Chacun des camps avait ses tables à
l'opposite de l'autre, et sur les murs se lisait le nom des nations. Il ne
manquait que des drapeaux. Peut-être y en avait-il.

(2) On cite parmi les pièces jouées à Lyon sous la direction des Jésuites :
Lyon rebâti ou le Destin de la force, tragédie jouée en juin 1667.
La Naissance du Dauphin, ballet, 4 juin 1730.
Édouard Ier, tragédie. — *Hercule à Troie*, ballet, 30 mai, 1er juin 1749.
L'École des malheureux, comédie-ballet, 8 et 9 juin 1754.
Sédécias, dernier roi de Judée, tragédie.
La Pantomime, comédie-ballet, 16 et 17 mai 1761.
Les Prix disputés, ballet, 31 mai 1711.
Alexandre le Grand, tragédie.
Les Chevaliers errants, comédie, 4 juin 1712.
Les Prix olympiques, 27 mai 1764.
Jonathas, Macchabée, tragédies ; *les Enfants illustres*, 8 juin 1732.
Codrus, tragédie, 27 mai 1736.
L'Imagination, ballet.
Hermeningilde, tragédie, 27, 28 mai 1741.
La Folie et la Sagesse, grand ballet dansé par les élèves, 20 mai 1742.
Agathocle, tragédie, 6 juin 1751.
Xercès, tragédie en 5 actes et en vers, par le P. Vionnet, 27, 28 mai 1747.

vit à Paris l'élève La Trémoille et l'élève Mortemart aller donner aux Tuileries, devant le roi Louis XIV, une représentation du *Faux duc de Bourgogne ou les inconvénients de la grandeur,* pièce en cinq actes et en vers, par le R. P. Ducerceau.

* *

Les Jésuites étaient en pleine prospérité et leur collège de Lyon en plein succès, lorsque, le 6 août 1761, le Parlement de Paris, toutes chambres assemblées, prononça leur suppression, et leur enjoignit de vider le royaume. On leur accordait un délai de huit mois pour les villes où ils enseignaient seuls. Lyon était de ce nombre.

C'était une profonde secousse pour le pays. A ce moment les Jésuites ne possédaient pas moins de 149 collèges en France.

Le 1ᵉʳ avril 1762, les Jésuites disaient une dernière fois la messe à la chapelle du collège où ils avaient enseigné depuis cent cinquante-huit ans sans interruption.

* *

LE COLLÉGE DE LYON
SOUS LA DIRECTION DES ORATORIENS

Le Parlement de Paris, en 1762, avait décidé l'expulsion des Jésuites de tout le royaume.

Avant même qu'ils eussent quitté le collège

qu'ils dirigeaient à Lyon, le Consulat dut se préparer à reprendre la tâche de l'administration directe qui, à deux reprises, lui avait si mal réussi. Il sentait bien qu'une congrégation religieuse pouvait seule avoir les qualités nécessaires à la direction d'un établissement de ce genre. On fit appeler tour à tour le supérieur du séminaire de Saint-Irénée, le supérieur du séminaire de Saint-Charles, le supérieur de la congrégation de Saint-Joseph, le supérieur de la congrégation de Saint-Lazare. Tous refusèrent la succession des Jésuites, faute de sujets suffisants pour enseigner. Le supérieur de la congrégation de l'Oratoire accepta enfin, mais il y fallait l'assentiment du général de l'ordre. Il parut à celui-ci qu'il y avait un sentiment de convenance à ne pas entrer de plein saut dans l'héritage des expulsés et il répondit que l'état des choses ne permettait pas d'autre parti que celui du silence.

Le Consulat traita provisoirement avec un sieur Nivoley, maître de pension, qui se chargea d'enseigner au collège toutes les classes autres que la philosophie et la rhétorique. Le Consulat accepta, considérant que « l'enseignement de ces deux classes n'est pas indispensable, attendu qu'elles sont professées aux Dominicains ».

On s'occupait en ce moment, conformément à l'arrêt du Parlement, d'organiser un enseignement commun pour tous les collèges devenus vacants.

Le Parlement avait demandé des projets. La sénéchaussée de Lyon proposait l'établissement à Lyon
d'une Université. Le Consulat, lui, avait un plan
plus conforme aux idées qui ont cours aujourd'hui.
Il faisait valoir qu'à Lyon les esprits étaient tournés
au commerce, et qu'il ne fallait pas les diriger
vers un autre but. Il protestait contre le temps
inutilement employé, selon lui, à l'étude de deux
langues mortes, et demandait « l'étude de la géométrie, de l'anatomie physique, de l'astronomie,
des mathématiques appliquées à la mécanique, à
l'art militaire, à la navigation et au pilotage ;
l'étude de l'histoire universelle, particulièrement
de l'histoire de France et de l'histoire de Lyon ; et,
à la place de la théologie, l'étude de l'histoire
ecclésiastique et des libertés de l'Église galli-
cane ». Cet esprit du Consulat est très curieux et
mérite d'être noté.

Tous ces projets disparurent devant un édit de
1763 qui organisait d'une manière générale et
dans toute la France la direction des collèges ci-
devant dirigés par les Jésuites. La direction de
l'enseignement devait appartenir pour chaque
college à un bureau composé de l'évêque du dio-
cèse, du président du siège de justice et du procureur du roi au dit siège, de deux magistrats
municipaux et de deux notables désignés par le
bureau.

C'était la première manifestation de l'interven-

tion du pouvoir central dans les questions d'enseignement, jusque alors réglées par les villes.

On conçoit que l'institution des bureaux d'administration dut être fort mal reçue du Consulat,
mais il fallait faire contre mauvaise fortune bon
cœur ; et il se trouva heureux de s'accorder avec
Mgr Malvin de Montazet pour demander à Louis XV
de remettre la direction du collège aux Oratoriens. Ce fut chez le président Molé que l'archevêque de Reims et l'évêque d'Orléans rédigèrent
les lettres patentes, à la date du 29 avril 1763.

*
* *

La congrégation de l'Oratoire était animée d'un
tout autre esprit que celui des Jésuites.

C'est le 11 novembre 1611 que six prêtres se
réunissaient avec le dessein de vivre en communauté et fondaient l'Oratoire. Leur chef était le
célèbre Pierre de Bérulle. La congrégation avait
été fondée, sinon dans le but de faire opposition
à la Société de Jésus, du moins dans l'intention de
trancher nettement avec elle. Les Oratoriens ne
constituaient pas un ordre au sens étroit du mot,
car ils ne faisaient pas de vœux. C'était une association libre de prêtres qui restaient soumis aux
évêques. Bossuet l'a définie avec son éloquence
magnifique : « Compagnie où l'on obéit sans
dépendre ; où l'on gouverne sans commander ; où

toute l'autorité est dans la douceur et où l'on se respecte et s'entretient sans le secours de la crainte ; où, pour former de vrais prêtres, on les mène à la source de la vérité ; où ils ont toujours en mains les livres saints pour en rechercher sans relâche la lettre par l'esprit, l'esprit par l'oraison, la profondeur par la retraite, l'estime par la pratique, la fin par la charité, à laquelle tout se termine, et qui est l'unique trésor du Christ. »

L'esprit de l'ordre, très cartésien, assez teinté de jansénisme pour mériter les persécutions de Louis XIV (1), était beaucoup plus austère que celui des Jésuites. En matière d'éducation et à l'égard de ceux-ci, ils représentaient les idées nouvelles, comme les Jésuites les avaient représentées à l'égard de l'Université. Au début ils acceptèrent la tradition des pièces de théâtre, qui était entrée dans le goût public, mais on ne vint pas dans leurs collèges « applaudir les poses étudiées, les attitudes savantes, les danses gracieuses plus dangereuses encore si la beauté des costumes féminins la relevait en leur prêtant l'attrait de la femme dont, si lointaine qu'elle fût, l'image, après tout, s'évoquait (2) ». Et peu à peu l'Oratoire, après n'avoir admis que des pièces de caractère austère, finit par bannir dans presque

----

(1) En 1662 des lettres de cachet internèrent dans de petites villes les PP. du Breuil, du Juanet et Séguenot.

(2) *Histoire de l'éducation dans l'Oratoire*, page 327.

tous ses collèges l'usage de ces représentations elles-mêmes. Nous ne connaissons pas de pièces jouées à Lyon pendant sa direction. Les exercices de fin d'année se rapportaient à des sujets tantôt littéraires, tantôt scientifiques, et parfois même, comme on dit aujourd'hui, d'actualité.

De 1763 à 1792 la congrégation de l'Oratoire maintint le collège de la Trinité en pleine prospérité, avec moins de bruit et d'éclat que les Jésuites, mais non avec moins de fruit. Elle était également aidée par le Consulat (1).

En pédagogie l'Oratoire figurait ce qu'on appellerait aujourd'hui l'esprit scientifique, encore que, bien entendu, les « lettres humaines » ne fussent point négligées dans son enseignement; mais dès 1660 la pédagogie oratorienne s'était prononcée par trois réformes principales : une part très grande donnée à l'étude du français, l'enseignement de l'histoire, l'enseignement des sciences.

Un des plus beaux titres de l'Oratoire comme éducateur, c'est d'avoir le premier écrit une grammaire latine en français. Dès 1640 l'Oratoire enseigne une *Méthode latine* en langue française. De Juilly le P. Morin la transplanta dans tous ses collèges oratoriens. Ce ne fut que quatre ans plus tard que parut la *Méthode latine* de Port-Royal.

---

(1) La ville donnait aux Oratoriens une subvention de 16,200 livres, plus 500 livres pour l'entretien d'un « suisse portier, à la livrée et bandouillerie de la ville ».

Il est un autre trait distinctif de l'enseignement oratorien. Tandis que l'Université et les Jésuites traitaient le latin comme une langue vivante qu'il fallait s'exercer à parler, l'Oratoire le considérait comme une langue morte, à étudier comme matière d'érudition. Il suffira dès lors de la bien comprendre, et le thème n'a plus qu'un rang secondaire ; il n'est que la contre-épreuve de la version.

De même pour l'histoire. L'Université de Paris, lors de la réforme d'Henri IV, l'avait frappée d'une impitoyable exclusion. Plus tard, il est vrai, Rollin avait plaidé la cause de l'histoire, qu'il regarde « comme le premier maître qu'il faut donner aux enfants ». Mais il concluait de cette façon fort inattendue : « Je ne parle point ici de l'histoire de France, parce que l'ordre naturel demande que l'on fasse passer l'histoire ancienne avant la moderne, et que je ne crois pas qu'il soit possible de trouver le temps pendant le cours des classes de s'appliquer à celle de France. » L'Oratoire inaugura hardiment dans ses collèges les études historiques, et en particulier l'histoire de France. Les sciences mathématiques étaient aussi l'objet de prédilections particulières, d'autant plus que l'Oratoire devait à divers de ses membres de notables travaux scientifiques. Après Malebranche, on peut citer les PP. Prestet, Duhamel, Reynaud, Lamy.

Parmi les plans d'études dressés par les esprits éminents de l'Oratoire, il faut mettre au premier rang la *Lettre sur les humanités*, de du Guet, et le traité d'études que le P. Houbigant intitula : *De la manière d'étudier et d'enseigner les humanités.*

Moralement, l'enseignement de l'Oratoire ne différait pas moins de celui des Jésuites. Il avait une physionomie plus austère. On était loin de la sensibilité dévotieuse. Il formait volontiers des esprits scientifiques, et confiait à Monge, élève à Beaune des Oratoriens, la chaire de physique au collège de Lyon.

*
* *

La Révolution approchait. Beaucoup de membres de l'Oratoire, imbus de l'esprit nouveau, se jetèrent dans le courant révolutionnaire (1). En

(1) Il se passa alors bien des scènes étranges et peu en harmonie avec la discrétion de la profession religieuse et le caractère d'un enseignement qui n'aurait pas dû quitter les hauteurs des lettres et des sciences pour descendre dans les ignobles bas-fonds de la politique. Le confrère Silvy, professeur de rhétorique à Soissons, chantait la *Révolution française* dans une ode. Les Oratoriens de Troyes, le 16 août 1790, faisaient jouer par leurs élèves deux pièces qui représentaient des épisodes de 1789 : *la Cocarde nationale* et *Paris sauvé ou la Liberté conquise*, en trois actes et en vers. Il est douloureux de penser qu'on y faisait figurer pour personnages des assassinés comme Foulon, de Flesselles, de Launai. Comme prologue, on lisait des devoirs d'écoliers dont voici les titres : *Saint Louis à Louis XVI ; — Est-ce à la nation ou au roi que doit appartenir le droit de faire la guerre ?* — Voilà ce qu'on faisait décider par des gamins. Les Oratoriens de Tournon assistaient, dans les rangs de la Société populaire, à la fête des « Martyrs de la Liberté »; où l'on porta sur les

1790 eut lieu pour la dernière fois la cérémonie
de la sainte Trinité, commémorative de la fondation du collège. Suivant l'usage accoutumé, les
échevins reçurent le cierge. On lut l'acte de cession, et le P. Roman prononça un discours qui se
terminait ainsi : « L'ouvrage de la régénération a
commencé. L'éducation entre dans le plan de
l'édifice que la Nation a à reconstruire. L'institution des citoyens par la loi ne sera plus
qu'une suite de l'institution des enfants par les
préceptes. »

*
* *

Le 15 février 1790, l'Assemblée nationale abo-
lissait les ordres monastiques, tout en se réservant de prononcer sur l'avenir des congrégations
séculières et laïques vouées à l'enseignement et
au service des pauvres. L'Oratoire était de ce
nombre. Le 18 août 1792, il fut supprimé avec
toutes les congrégations séculières, non sans avoir
été chaudement défendu par Mévolhon, député
des Basses-Alpes. L'ordre possédait à ce moment
soixante-dix maisons.

---

autels, dans l'église de Saint-Julien, les « images sacrées » des « martyrs »
Le Pelletier, Chalier et Marat, que les élèves du pensionnat, formés en
bataillons carrés, protégèrent contre l'enthousiasme aveugle de la foule;
et où, dans la même église, on mit en pièces les portraits des comtes et
des comtesses de Tournon, les derniers bienfaiteurs du collège.

La municipalité lyonnaise fit apposer les scellés sur la bibliothèque. On aurait pu les mettre aussi bien sur la porte d'entrée elle-même, car l'instruction secondaire avait cessé d'exister. On ne la vit réapparaître que lorsque eût été close la période révolutionnaire.

En 1793 le club central, où régnait Chalier, était installé dans la salle des jeux dont nous avons parlé précédemment (1).

Vint le siège de Lyon, qui ne fut pas sans causer des dégâts aux bâtiments du collège.

Puis les horreurs qui suivirent le siège...

Le P. Lazare Roubier, de l'Oratoire, ancien bibliothécaire, eut les honneurs de la guillotine en place des Terreaux. Puis, comme cela n'allait pas assez vite, on fusilla le sous-bibliothécaire, le P. Bovet, avec les longues files de Lyonnais dans la plaine des Brotteaux. Mais antérieurement au siège, plusieurs Oratoriens avaient fléchi le genou devant les nouvelles idoles et demandé des places dans l'Institut qui devait remplacer le collège.

C'est surtout dans les temps où l'on détruit tout, que l'on forme les plus vastes projets et les plus chimériques. Ainsi voit-on certaines personnes ne former jamais de plus vastes projets que lorsqu'il ne leur reste plus un sol. Dès 1792, le

(1) Voir page 72.

bureau d'administration avait créé (sur le papier)
un Institut magnifique, dont l'enseignement n'aurait compris rien de moins que l'ensemble des
connaissances humaines. Rien que la liste des
matières composant l'enseignement est pour
effrayer. Le bureau, il est vrai, ne nommait de
professeurs qu'à huit chaires, « parce que les
revenus des collèges ne suffisaient pas, mais la
vente des Biens lui procurerait incessamment la
satisfaction de compléter l'Institut ».

Ces beaux rêves se réalisèrent pratiquement
en trois modestes cours : un cours de botanique,
professé par le Dr Gilibert (1); un cours de morale,
professé par un ministre protestant, Frossard, et
un cours de littérature, professé par Bérenger,
ancien frère oratorien, qui avait professé la
sixième au collège de Lyon, puis la rhétorique à
Troyes et à Orléans, d'où il fut révoqué par les
Oratoriens eux-mêmes. Il est l'auteur du livre si
connu, la *Morale en action*, et fut plus tard l'ami
de Mme de Krudener, et même le correspondant
de Mme de Staël. Le cours de morale avait trois
auditeurs. Le professeur ayant été remplacé, son
successeur n'en réunit plus que deux.

Après la Terreur le collège servit pour le logement des troupes et l'on y installa l'agence d'ha-
billements.

---

(1) C'était Emmanuel Gilibert, père du docteur Stanislas Gilibert,
excellent et habile, que, dans notre enfance, nous avons connu déjà fort
vieux.

La Convention, le 25 octobre 1795, ayant décrété la création d'écoles centrales dans les départements, l'École centrale du Rhône fut créée en se servant du personnel enseignant de l'Institut. Elle fut inaugurée le 19 septembre 1796. Bérenger, nommé professeur d'éloquence, dans un éloquent discours, peignit sous d'horribles couleurs « l'antropophage terrorisme ». Les temps étaient changés...

Les cours ne s'ouvrirent que le 21 novembre, au Palais Saint-Pierre. L'École végéta. Les professeurs ne parvenaient pas à se faire payer. « Plusieurs cours ont été brillants et suivis, dit un journal du temps ; mais, il faut le dire, on y remarquait plus de spectateurs que d'élèves. »

On sait qu'Ampère professa à l'École centrale.

Celle-ci, fort mal installée, finit par abandonner le Palais Saint-Pierre pour les bâtiments du Collège.

Au commencement de 1802, la *Consulta* de la République cisalpine tient ses séances dans l'église du Collège et nomme Bonaparte président de la République italienne.

Sous la main ferme du premier consul, l'instruction publique s'était rétablie. Le 6 octobre 1800, un décret avait ordonné l'établissement d'un lycée à Lyon. Le 25 janvier 1803, un arrêté du préfet du Rhône remit à la municipalité les bâtiments du Collège pour l'établissement d'un lycée. Le premier consul nomma immédiatement le proviseur et le censeur, mais l'installation ne put avoir lieu qu'au mois de juillet 1803. Le premier proviseur fut l'inévitable Bérenger, qui fut ensuite inspecteur de l'Académie de Lyon, où il mourut en 1822, à l'âge de soixante-treize ans.

Enfin en 1808, l'Université de France est fondée, et, comme le dit très bien M. Garin, le lycée de Lyon n'a plus d'histoire qui lui soit propre. C'est un organe dans un corps, et son histoire est absorbée par l'histoire générale de l'Université. Nous n'avons plus à le suivre.

NOS VIEILLES ENSEIGNES[1]

Vraisemblable est-il, lecteur, que plus d'une fois, par l'imagination, tu as cherché à te figurer ce que tu eusses été si la destinée t'avait fait naître à de certaines époques passées. Ce genre de rêve a sa délectation. Or est-il qu'en tel cas, on se fait presque toujours une existence plus proche de la nôtre qu'elle ne l'eût été en réalité. Car on ne saurait songer à toutes les circonstances par où la différence s'accuse. Les choses les plus minimes en apparence ne sont pas celles qui contribuent le moins au changement dans la manière de vivre. Réfléchissez tant seulement à la différence des aisances de la vie dans deux sociétés dont l'une connaît les allumettes chimiques, et l'autre non. Pour moi qui ai vu les deux, j'ai peine à me rappeler la seconde. Il me semble qu'il s'agit d'une existence antérieure à mon existence sublunaire.

(1) Texte de Puitspelu, dessins de Léon Charvet, notes de Malaval.

Je ne puis me figurer qu'il fallût tant que cela se taper sur les doigts pour obtenir du feu, tandis qu'il eût été si facile de se servir d'une allumette de la Régie, qu'à la vérité, l'on n'avait pas.

De même pour le numérotage des maisons, qui nous rend tant de services. Pour simple qu'il fût, cela ne s'est point inventé tout d'un coup. Il y a fallu des siècles et des siècles. Nos pères n'avaient même point cet avantage de pouvoir lire sur une plaque de fonte émaillée, au coin de chaque rue, le nom d'icelle. On avait une langue, c'était pour demander, n'est-ce pas ? Et puis, ceux qui savaient lire, c'était le petit nombre. On sait que maintenant toutes nos routes sont munies d'admirables poteaux indicateurs qui vous renseignent sur la direction de la route, sur le nombre de kilomètres restant à parcourir, etc. On pousse si loin la sollicitude à cet égard, qu'il me souvient d'avoir lu sur le poteau indicateur d'une route, dans un département éloigné, où le nombre des illettrés était naguère considérable : « Ceux qui ne savent pas lire s'adresseront au cantonnier. »

Il n'en allait pas de même au temps jadis. Ce ne fut qu'en 1728 qu'à Paris, pour la première fois, on eut l'ingénieuse idée d'écrire les noms des rues au coin de chacune d'elles. Une idée en appelle une autre : bientôt après on mit des numéros aux maisons.

Pour Lyon, je ne sais quand on mit des plaques,

mais le certain, c'est que le numérotage ne dut s'effectuer qu'après la Révolution. Je n'ai pas l'almanach pour 1789, mais je vois sur celui pour 1788 que les adresses des bons Lyonnais ne sont indiquées nulle part avec des numéros. Pour faciliter les recherches, on ajoutait parfois quelques indications. Ainsi M. Louis-Antoine-Bernardin Durieu, avocat aux Cours de Lyon, demeurait « rue Saint-Jean, *près du Gouvernement* ». M. Rondelet, docteur-médecin, demeurait rue Belle-Cordière (aujourd'hui rue de la République), *près la place Leviste* ». Pour M. le médecin Delpon, on se contentait de mettre « rue de l'Enfant-qui-pisse », sans se gêner davantage.

On saisit la difficulté ou mieux l'impossibilité qu'il y aurait eu de se reconnaître, si l'on avait eu des rues aussi longues qu'au jour d'aujourd'hui. Voyez-vous quelqu'un en cherchant un autre dans la rue Duguesclin, qui a trois kilomètres de longueur, si les maisons n'étaient pas numérotées (entre temps, je trouve bien mal imaginées ces rues longues comme un vendredi saint)! Aussi divisait-on les rues en tronçons. La rue Tupin d'aujourd'hui, par exemple, en comprenait trois : la rue Tupin, la rue de la Lune, la rue du Cornet. Ainsi des autres.

Mais je vois que, dès la première année du siècle, en l'an IX (du 23 septembre 1800 au 22 septembre 1801), les maisons étaient numérotées.

On n'avait pas fait la Révolution pour rien. Le
« citoyen Bugniet », l'architecte qui avait construit la prison de Roanne, d'un caractère si farou-
che qu'elle a donné lieu au dicton « gai comme la
porte de Roanne », le citoyen Bugniet demeurait
« rue Pizay, n° 130 ».

Par parenthèse, je vois aux numéros des chiffres
fort élévés. Dupoux, l'architecte de l'hôtel des
Fermes (aujourd'hui l'hôpital Desgenettes), demeurait rue Saint-Joseph, n° 153 (1). Or, la rue Saint-
Joseph (beaucoup plus courte qu'aujourd'hui) ne
comptait pas 153 maisons, ni la rue Pizay 130. Il
devait donc y avoir un système de numérotage
différent du nôtre. Une série de numéros devait
correspondre à une série de rues en enfilade. Ainsi,
dans mon enfance, la maison que nous habitions
sur le quai Monsieur portait le numéro 123, quoique
tout le quai Monsieur ne comprît que six maisons.
Sans doute que les numéros commençaient au
pont Morand. Ce n'est que par degrés que l'on est
arrivé à des simplifications. Ainsi, tout à l'inverse
de la nature, l'esprit de l'homme passe-t-il du
composé au simple.

(1) Ce chiffre n'est pas encore comparable à ceux de certaines villes ·
d'Amérique. A Chicago, un de mes amis était logé au numéro 5992.
Comme ça doit être commode pour trouver quelqu'un dans cette rue,
quand on a oublié son numéro !

*
* *

Les bons Lyonnais se reconnaissent facilement dans leur manière de numéroter. Les rues sont divisées en deux catégories. La première comprend les voies qui se dirigent parallèlement à nos rivières, dont la tendance générale est de couler du côté de bise au côté de vent. Il est clair que les premières rues ont dû se bâtir parallèlement aux rivières, et non de guingois, comme notre future rue Grôlée. Le guingois est une conception essentiellement savante.

Naturel aussi que ces rues fussent coupées à angle droit, ou environ, par des rues secondaires, nécessairement moins longues, de par la disposition du terrain. Ces rues forment la seconde catégorie. Elles se dirigent généralement du côté de la traverse au côté du matinal.

Pour la première catégorie, les numéros vont dans le sens des fleuves, c'est-à-dire qu'ils partent du nord (1). Les numéros impairs sont du côté d'orient, les numéros pairs du côté d'occident.

Pour la seconde catégorie, les numéros dans l'intérieur de la ville et au delà du Rhône partent du couchant. Je ne sais trop pourquoi on a suivi

(1) A la Croix-Rousse, c'est l'inverse. Je suppose que cela tient à ce que l'on a conservé le numérotage du temps où la Croix-Rousse était commune distincte.

l'ordre inverse pour les quartiers sur la rive droite de la Saône : ça trompe (1).

Le numérotage ne se présente pas partout avec les mêmes conditions de clarté qu'à Lyon. Mainte ancienne ville, murée pour assurer la défense, offrait, au lieu d'un quadrilatère, la forme générale d'un cercle. De là une série de rues concentriques, parallèles aux murs, coupées par des rues se dirigeant le plus souvent de la circonférence au centre. A la courbe des rues on peut ainsi reconnaître les villes jadis fortifiées et dont les remparts ont disparu. Il me semble, si la mémoire ne me fait défaut, que Brignais est dans ce cas. Avignon, en dépit des vilaines saignées pratiquées dans · ses flancs, a encore ses rues tournantes.

Aussi, dans les villes du Midi, à Avignon, et à Arles (quoique cette dernière ville, ce me semble, n'ait guère de rues tournantes), a-t-on pris le parti de numéroter, non par rues, mais par « îles » de maisons. Les numéros partent d'un coin déterminé de l'îlot, et se poursuivent en faisant le tour. Si c'est une nécessité, je n'en sais rien, mais cela ne facilite pas les recherches.

Quoi qu'il en soit, au temps où il n'y avait pas de numéros, comme il fallait bien distinguer sa maison des autres, on la distinguait à l'aide d'une

(1) J'imagine qu'on aura voulu faire partir les numéros du fleuve comme étant le point fixe où les habitations étaient le plus denses, et non des limites plus ou moins variables de l'octroi.

enseigne. D'abord chaque marchand avait son enseigne. La tradition s'en est gardée, mais ce n'est guère que pour les magasins de détail : nouveauté, mercerie, etc. Ainsi *A la Reine des tilleuls* (souvenir de la belle Mme Girard), *A la grosse Rose, A la Pensée, A la Bressane, A saint Joseph*, etc. Au temps jadis il en était ainsi pour tous les commerces (1). Souventefois les libraires mettaient leur enseigne au frontispice de leurs livres.

C'est ainsi que l'*Histoire de Lyon*, de Saint-Aubin (1666), se vendait chez *Benoist Coral, en rue Mercière, à l'enseigne de la Victoire.* Jehan de Tournes, avait, dit-on, pour enseigne *Aux deux Vipères.*

Les marchands s'ingéniaient à trouver des enseignes propres à piquer l'attention et l'on en faisait volontiers des rébus. Dans mon enfance il y avait dans le quartier des Carmes un serrurier qui avait pour enseigne *Au double silence*, le texte formant couronne à deux rangées de six fers de lance, placées l'une au-dessus de l'autre. Au temps où les nouvelles mesures étaient encore peu usitées, un coffretier du quai Saint-Antoine avait pris pour enseigne *Au système des six malles.* Tout le monde connaît la célèbre enseigne de la Guillotière, *A la*

____

(1) La droguerie a gardé cette spécialité : *A la Licorne, Au Serpent, A l'Ours,* etc. — P.

Bonne femme ; je le crois bien, elle n'a pas de tête ! (1)

Où était l'enseigne de la *Mort qui file ?* Quand j'étais petit gone, mon père m'en a souvent parlé sans que je me rappelle qu'il m'ait dit où elle était. Pour me montrer comme faisait la Mort, il tortuait la bouche de façon horrifique, en faisant semblant de mouiller son doigt, et de tordre le fil d'une cologne qu'il aurait eue sous le bras. C'était positivement pour terrifier ! Cela s'appelait la « grimace de la Mort qui file », et enseigne et grimace devaient être connues ailleurs, car il me souvient d'avoir rencontré une allusion à icelles dans je ne sais plus quel poème du moyen âge.

Quelquefois c'était le nom du marchand qui, par sa relation avec le commerce, attirait l'attention. J'ai connu un Jolibois, menuisier ; un Grésillon, marchand de charbons ; un Polaillon, marchand de volailles, et j'ai vu à Voiron l'enseigne de Doucet-Bon, confiseur. Le hasard s'en mêlait parfois. J'ai

(1) A propos des enseignes faisant calembour, comme les vers des pharmaciens, un de nos amis nous rappelle une enseigne qui, avant la démolition du Pont-de-Pierre, existait sur la maison bâtie sur le pont à l'angle du quai. Un singe y était figuré, qu'on avait enveloppé de batiste, justifiant l'inscription :

AU SAINT JEAN BAPTISTE

Enfin les chasseurs des Dombes se rappellent l'enseigne, au marais des Échets, du père Constantin, à qui Buffard a jadis consacré, dans la *Revue du Lyonnais*, un si charmant article. L'enseigne portait : *Au chasseur malheureux*, exprimé figurativement par divers chats plus ou moins sœurs, plus ou moins mâles, et plus ou moins heureux. Mais Castellane, trouvant la représentation immorale (il n'avait pas vu notre pornographie moderne) la fit effacer d'office par un de ses soldats, improvisé badigeonneur.

vu à Moulins deux enseignes contiguës, l'une d'une modiste, l'autre d'un menuisier. Leurs noms formaient un assemblage tellement folâtre que je n'aurais pu les prononcer à haute voix devant une jeune personne.

Nos vieilles enseignes ont presque toutes disparu dans la rénovation du vieux Lyon, œuvre principale du second empire. Lorsqu'en 1855, on construisit la rue Impériale, mon vieux camarade de Saint-Pierre, Léon Charvet, aujourd'hui inspecteur de l'enseignement du dessin, alors jeune architecte attaché à la construction du Palais du Commerce, sous la direction de Dardel, eut le courage, en dépit d'occupations multipliées, de dessiner ces enseignes du vieux Lyon, dont la plupart devaient disparaître. Grâce à lui, ces curieux monuments de l'histoire locale ont été sauvés de l'oubli, et nous sommes aux termes d'offrir la reproduction des plus intéressants d'entre eux.

*
* *

Parmi ceux-là il faut placer l'enseigne *Au Treize Cantons (sic)*, qui doit se trouver encore, si elle n'est tombée en ruine (1), dans la rue des Treize-

(1) On a eu l'excellente pensée de la restaurer. L'enseigne a dû être primitivement appendue à une potence, et par conséquent devait être peinte des deux côtés. Sur la façade de la maison, on lit : « Hôtel-Restaurant des Treize Cantons, loge à pied. » — M.

Cantons, une des rues les plus étroites et les plus coudues du vieux quartier Saint-Paul. Anciennement, dit Breghot du Lut, elle ne formait, avec les rues de l'Arbalète et de l'Angile, qu'une seule rue, dénommée rue de la Chèvrerie, à raison d'un marché aux chèvres qui s'y tenait. Il ajoute qu'elle prit son nom de l'enseigne d'un cabaret. De ceci, je doute fort et ne sais d'ailleurs comment Breghot aurait pu le connaître. Il semble difficile que cette enseigne savante et luxueuse, et qui a dû coûter gros, ait été exécutée aux dépens d'un humble cabaretier. J'incline plutôt à croire qu'elle dut être faite pour un propriétaire, qui aura voulu ainsi désigner sa maison, en un temps où la rue était habitée par des gens plus moyennés qu'aujourd'hui. Puis le cabaret aura tiré son nom de la maison.

Ce propriétaire pouvait être lui-même Suisse. Lyon était le siège d'une nombreuse colonie de Suisses et d'Allemands. On sait que de 1513 à 1798, la Suisse resta composée de treize cantons seulement. Les autres étaient considérés simplement comme alliés.

A en juger par les moulures, l'enseigne peut dater de la seconde moitié du xvii⁰ siècle. Elle est peinte en couleur et représente les armoiries de chacun des treize cantons, de façon à ne différer que de très peu des armes véritables. L'artiste (le peintre devait être un artiste, et de nos jours encore le père Marin Lavergne signait orgueilleu-

sement : « Peintre en armoiries »), l'artiste, dis-je,
qui aimait la symétrie, avait disposé les choses de
façon que les armoiries les plus rapprochées par
la couleur se fissent pendant. A gauche en haut,
le Cheval de Schaffhouse fait pendant au Taureau
d'Uri. Entre deux, l'argent et l'azur de Lucerne et

de Zurich. Au-dessous, Unterwald et Soleure;
au-dessous encore, Fribourg et Zug. A l'angle à
gauche, en bas, la Croix de Schwitz fait pendant
à l'Ours rampant de Berne. Entre deux, l'Ours
debout d'Appenzell et l'écusson de Bâle. Au plus
bas, dans l'axe, le Pèlerin de Glaris.

Mais le plus curieux, c'est, au centre du panneau, dominant par sa grandeur les treize cantons

qui lui font humblement cortège, l'aigle noir à
deux têtes, couronné de la couronne du Saint-
Empire, tenant dans la patte dextre le globe, et
dans la senestre l'épée haute.

Comme, depuis le traité de Bâle, signé en 1499
par Maximilien, qui venait d'être vaincu dans six
batailles, l'empire germanique avait renoncé à
toute suzeraineté sur la Suisse, la présence de cet
emblème ne peut s'expliquer que par quelque cir-
constance très particulière, que nous ignorons.
Peut-être l'énigme serait-elle éclaircie si l'on connaissait le nom et la qualité du propriétaire de la
maison, à l'époque où fut placée l'enseigne. Le
cas est pour tenter quelqu'un de nos archéologues lyonnais, si nombreux, et tous si laborieux
et si savants.

*
* *

Il paraît qu'au xve siècle, la rue Bât-d'Argent
s'appelait, parlant par respect, la rue du P.-Estroit.
Nos pères goûtaient ces plaisanteries grasses, qui
choquent notre délicatesse et où nous ne voyons
pas beaucoup d'esprit, si ce n'est sous la plume
de Rabelais. A Paris, c'était bien pire. Il y avait,
parlant par respect, la rue du P.., la rue du Petit-
P.. et la rue du Gros-P... Pouah ! Je passe les
noms obscènes. Je ne sache pas qu'il y en eût à
Lyon, mais si bien à Paris, et de roides.

Aujourd'hui, quelle demoiselle ne rougirait pas d'avouer qu'elle demeure en rue Bât-d'Argent, avant son changement de nom ? On a débaptisé mainte rue dont le nom chagrinait moins les convenances : la montée de Tire-Cul, la rue de l'Enfant-qui-Pisse, la rue Pisse-Truie. Voire qu'on a changé le nom de la rue de la Misère, pour autant que les habitants d'icelle n'entendaient point paraître si minables. De même pour la rue Vide-Gousset, qui sentait son agression nocturne. Pourtant on a gardé le nom de la rue Vide-Bourse, à Saint-Irénée. On la débaptisera bien quelque jour.

Autrefois les gens d'une même profession se réunissaient dans une même rue. Les bourreliers, dits alors bâtiers, ayant peuplé la rue du (voir plus haut), un d'iceux prit pour enseigne un bât en argent, qui, au temps de Breghot, se voyait encore au-dessus de la porte de la maison portant le numéro 17 (1). De cette enseigne la rue tira son nom. C'est vraisemblablement la même enseigne qu'a dessinée Charvet et qui, construite avec la maison, se détachait sur un cartel en saillie, au-dessus d'un arc largement mouluré et décoré de refends. Elle figurait, parlant par respect, un bât

---

(1) Cette maison, qui avait pris le numéro 11, a été démolie, il y a quelques années, pour bâtir, sur les plans de M. Pascalon, le bel hôtel destiné aux magasins Arlès-Dufour. Il est occupé aujourd'hui par les magasins de la Belle Jardinière. Le propriétaire, M. Gustave Cambefort, a eu l'heureuse idée de conserver la plaque en pierre portant l'inscription. — M.

de bourrique fort élégant, garni de glands, posé
sur un socle et cantonné de l'inscription comme
ceci :

AU   BAT

$(\overline{Bât})$

D'AR   GENT

L'argenture avait disparu quand M. Charvet a
dessiné l'enseigne.

*
* *

L'enseigne que voici, elle doit être encore en
place. C'est rue Mercière, 50, l'enseigne de la
maison où fut si longtemps la librairie Pélagaud (1). Qui n'a connu l'excellent père Pélagaud,
haut comme quatre écuelles, plein de courtoisie
et de bienveillance, fort instruit, et qui devait à
son éducation primitive du séminaire de solides
connaissances en théologie. Très gallican. Il est
mort très âgé, il y a peu d'années. Un de ses fils
est magistrat distingué; un autre, docteur ès
lettres, auteur d'une savante étude sur Celse et
d'un roman lyonnais intitulé *le Château de Mala-*

____

(1) Hélas non, l'enseigne a disparu avec la maison Pélagaud. Actuellement les magasins sont occupés par la Brasserie française. La maison
porte maintenant le n° 48. La façade, qui date du xvıı° siècle, est très
bien conservée, et le rez-de-chaussée, formé de trois arcatures en gros
banc de Saint-Cyr, a fort bon aspect. — M.

tray, s'est marié à l'Ile de la Réunion. Son beau-père, M. Milhet-Fontarabie, est mort récemment sénateur de la Réunion.

L'enseigne, en tôle, représente, sur un fond noir, un soleil d'or, composé d'un visage et de

rayons d'ostensoir, le tout entouré de rinceaux d'or, dont le style accuse nettement le temps de Louis XV.

*
* *

Si vous avez de bons yeux, — ce que vous souhaite, — vous pourrez lire dans le solide motif architectural de la porte d'allée, même maison :

AU MAILLET D'ARGENT

C'était l'enseigne de l'immeuble, comme le soleil était l'enseigne de la librairie. Vraisemblablement à celle fin que la première ne pût faire confusion avec la seconde, on avait mastiqué les lettres. Peut-être un maillet avait-il été représenté au centre du fronton coupé; mais cette partie était masquée par une enseigne moderne (1).

*
* *

La très jolie table en pierre, où étaient habilement figurées deux vipères, enlacées de manière à former un cercle dont issent symétriquement, en haut la partie antérieure du corps des vipères, et en bas leurs queues, existait en rue Raisin (aujourd'hui rue Jean-de-Tournes), au numéro 7 (2). Au dire d'aucuns, c'étaient les insignes du célèbre Jean deTournes, et, en effet, la maison pouvait se rapporter à l'époque où florissait ledit imprimeur. Mais la tradition est-elle fondée ? Je l'ignore. Mon Dieu, que c'est donc ennuyeux de ne pas être archéologue ! Si je l'étais, je vous aurais dit cela tout de suite, quitte à me tromper, le cas échéant. Quoi qu'il en soit, la marque de Jean de Tournes

(1) La frise sur laquelle est l'inscription a été peinte en vert bronze, noyant ainsi la gravure dans la couleur.

Le fronton est découvert; il n'y figure aucun maillet. — M.

(2) Cette enseigne, faite d'une plaque en pierre noire de Saint-Cyr, a été transportée au Palais Saint-Pierre (où elle est encore), lors du percement de la rue de l'Impératrice. — M.

n'était point, me dit le docte Charvet, deux vipères, mais un ange tenant un ruban sur lequel était inscrite cette devise, anagramme de son nom : *Son art en Dieu.*

*
* *

La maison contiguë à la précédente, et portant le numéro 9, avait au rez-de-chaussée une clef d'arc sur laquelle étaient aussi figurées deux vipères concentriques. C'est dans cette maison que, suivant la tradition, aurait habité le célèbre imprimeur. Il faudrait conclure, de la présence de ces emblèmes communs aux deux maisons, qu'il les occupait toutes deux (s. g. d. g). Cette clef d'arc méritait aussi d'être conservée (1).

Ne quittons pas la rue Raisin, sans mentionner, au numéro 18, une sculpture sur bois qui représentait un pampre fort cossu, un vrai pampre de la Terre promise, chargé de raisins. Le panneau était fixé dans l'imposte de la porte d'allée. De plus, au temps où fut fait le dessin, un raisin, en je ne sais quelle matière, était appendu au-dessus de la porte d'allée. Le tout n'était pas de date fort ancienne, comme qui dirait de la fin du xviii⁰ siècle ou du commencement de celui-ci. Si donc, ainsi

____

(1) Vœu accompli. Cette clef d'arc, en pierre de la Jardinière, a été aussi transportée au Palais Saint-Pierre. — M.

que le prétend Breghot, le nom de la rue vient d'un imprimeur (lequel?) qui avait pris un raisin pour emblème, les nôtres n'auraient été que des résurrections de l'état ancien (1).

⁎

De ce que nous sommes dans le quartier, disons que, rue Paradis, numéro 11, se voyait, mais cette fois sculpté en pierre, un beau croissant cornu, taillé en biseau, et tout à fait semblable à celui qui figure au turban d'Orosmane, dans la tragédie de *Zaïre*, par M. de Voltaire. Au-dessus, une couronne, mutilée vraisemblablement à l'époque de la Révolution, dont il ne restait plus que quelques vestiges. Et si n'en sais-je pas davantage (2).

⁎

L'enseigne sur métal

AU GRAND
17 PÉLICAN 77

rue Confort, n° 13, aurait pu faire pendant au *Soleil* du n° 50 de la rue Mercière. Sur fond noir,

(1) Je ne sais si les raisins ont été mangés, mais ils ont disparu avec la maison lorsqu'on a démoli tout le côté sud de la rue pour son élargissement. — M.

(2) Maison démolie par le percement de la rue de l'Impératrice. — M.

le pélican d'or, avec ses trois petits, les rinceaux d'or, tout est du même style que le *Soleil* et paraît sortir de la même main. On lit, à gauche de l'inscription qui est sur un cartouche séparé de la peinture, le chiffre 17, représentant les deux premiers caractères du millésime, le restant se voyait à droite, mais assez peu lisible. C'était probablement 77 (1).

Pourquoi la maison rue Confort n° 19, qui appartenait aux Hospices, portait-elle le nom bizarre de maison des *S* qui lui avait été donné d'après cette inscription au-dessus d'un arc du rez-de-chaussée :

MAISON DES S· S· S· S·

L'architecture paraissait contemporaine de Louis XVI (2).

Tout ce quartier, très marchand, ne pouvait que fourmiller d'enseignes. En rue de l'Hôpital,

(1) L'enseigne était appliquée contre une maison qui se trouvait sur le passage de la rue Impériale. — M.

(2) Maison démolie pour le percement de la rue Impériale. — M.

au n° 53, une enseigne en stuc faisait lire ces mots :

AU MERLE

sur un socle supporté par un cordon de la maison. Au-dessus, un merle qui a perdu la tête (cela n'arrive pas qu'aux merles) et qui foule aux pieds ce qui m'a paru des gerbes (s.g.d.g.). Peut-être je faux, et que ce sont des balais. Que ce soit ci ou ça, la maison a été démolie en janvier 1855.

*
* *

Non loin de là, rue du Palais-Grillet — jadis rue du Puitspelu, ou le Puitspelu tout court (1), — une oie en métal repoussé, posée sur un modeste enroulement en fer, pouvait servir d'enseigne à quelque marchand de plumes ou de duvet (2).

*
* *

SI DEUS PRO NOBIS QVIS CONTRA NOS

Telle est l'inscription empruntée à un psaume et gravée dans un socle reposant sur le cham-

(1) Nos bons canuts disaient communément le Cupelu. Quand on se mariait, on achetait volontiers son mobilier (sans armoire à glace) au Cupelu ; sinon en rue du Bœuf.

(2) L'oie s'est envolée, mais le support existe encore sur le cordon du deuxième étage. La maison, qui date de Louis XIII, est ornée de bossages dans les trumeaux. —M.

branle de la porte d'allée du numéro 10 de la
même rue et supportant un *oculus* garni de ferronneries. L'*oculus* est accoté de deux enfants sou-
tenant des rubans qui tombent d'une corbeille
placée sur l'*oculus*. Beau fragment d'une architecture grasse et souple, appartenant à la première moitié du xviie siècle (1).

*
* *

Si nous faisions un tour à la Guillotière ?

Ceci n'est point une enseigne, c'est une inscription commémorative, qni se lisait sur une vieille
maison à l'angle de la rue des Passants et de la
Grande Rue :

LE 16e JANVIER
1655 LE RHONE
EST VENU
IVSQUE ICY

Au-dessous une barre indique le niveau atteint
par l'eau. Et pour se faire mieux comprendre, on
avait écrit de nouveau sous la barre : *icy* (2).

----

(1) La maison existe toujours avec l'inscription très bien conservée.
Tout le luxe architectural a été réservé à la porte d'allée. Le restant de la
façade est très simple. — M.

(2) La maison existe encore, mais on ne voit plus l'inscription. Est-elle
cachée sous quelque devanture ? — M.

J'ai vu le temps où l'auberge à l'enseigne de

LA BONNE
FEMME

était en pleine campagne. On disait « le quartier
de la Femme sans tête ». Elle était renommée

pour ses excellentes soupes à l'oignon, sympathiques à l'estomac lorsque l'on s'est un peu fiolé.
Déjà en 1855, lorsque Charvet a fait son dessin,
l'auberge nageait en pleine cité. Ce n'en était pas

plus beau. Autant j'aime le vieux et paisible Gourguillon, le rustique Saint-Just, autant je ne me
sens pas né pour la neuve, populeuse, populaire
et bruyante Guillotière. Foin des foules !

L'enseigne est au numéro 34 de la rue Moncey.
La bonne femme est en fer repoussé et doré, et
ajustée dans un motif de ferronnerie de la grille
d'appui du balcon. Elle a une cologne sous le
bras. La main gauche tord un fil idéal, tandis que
la droite fait virer un fuseau, idéal aussi (1). Cela
paraît remonter à la fin du siècle dernier. On
retrouve constamment à Lyon et aux environs,
dans les maisons de cette époque, le motif courant
du balcon.

*
* *

AU FLACON D'ARGENT

était écrit sur un panneau de bois au numéro 32
de la Grande-Rue de la Guillotière, et désignait
une auberge. Un beau vase d'argent était peint
sur fond bleu. Les lettres avaient été dorées. Les
moulures pauvres du panneau me semblent indiquer une époque assez récente. Mais la peinture
doit être ancienne et l'auberge a dû abriter des

_____

(1) L'enseigne a été aussi peinte à fresque sur la muraille avec la même
inscription. L'architecte paraît avoir aimé les répétitions. Le restaurant
est fréquenté par beaucoup de compagnons charpentiers. — M.

voitures et des rouliers durant des siècles (1). La Grande-Rue de la Guillotière, par laquelle arrivaient tous les roulages du Dauphiné et de la Provence, devait naturellement être le quartier des auberges de ce genre.

*
**

C'est ainsi que sur une maison faisant l'angle de la rue des Trois-Rois et de la Grande-Rue de la Guillotière, on lit sur un assez beau cartouche en ciment :

ANCIEN HOSTEL DES TROIS ROIS
1190-1834

Puis en dessous, à droite et à gauche d'un monogramme formé d'un J, d'une M et d'un P entrelacés :

Restauré   *en 1835*

Il en faudrait conclure que le propriétaire, homme d'érudition, possède ou connaît des documents établissant que déjà l'auberge existait en 1190 (les documents de cette époque sont rares), et qu'en 1834 on y logeait encore. Pour une

(1) Plus d'enseigne. La maison est occupée par des entrepôts. C'est une maison à deux étages, sans aucun style. Le grand portail, les vastes hangars indiquent la destination primitive du bâtiment. — M.

auberge, ce serait une belle vie. Depuis 1190, la maison a dû être rebâtie plusieurs fois. Il est possible que la restauration du bâtiment en 1835 ait eu pour cause l'émeute d'avril 1834, cette partie de la Grande-Rue ayant beaucoup souffert de la canonnade. A une époque récente la façade a été entièrement refaite au ciment, et c'est alors qu'on a mis l'inscription actuelle.

Quoi qu'il en soit, c'est certainement l'auberge qui a donné son nom à la rue des Trois-Rois. Inutile de dire que ces trois rois sont les trois mages (1).

*
* *

Cette curieuse enseigne peinte, avec ses trois mulets alezan fortement chargés, son extrait de petit homme par derrière, est-elle encore Grande-Rue de la Guillotière, n° 50 (2) ? L'encadrement est certainement de ce siècle, à en juger par la maigreur des moulures. Destinée à indiquer aussi un « logis », elle me rappelle une bien curieuse enseigne d'auberge, peinte à fresque, qu'en ma jeunesse, revenant de Villefranche, j'ai vue tout en haut de la montée qui de l'autre côté de la mon-

(1) Je dois à M. Malaval la communication de l'inscription des Trois-Rois.

(2) L'enseigne n'existe plus depuis deux ans. Les remises ou entrepôts pour voitures indiquent encore la destination primitive. La façade a été mise à la moderne au moyen d'un placage en ciment. — M.

tagne, correspond à celle de Limonest. Elle datait
du xviii⁰ siècle, et l'on voyait arriver à l'auberge,
si la mémoire ne me faut (je suis excellent en
l'oubliance), une guimbarde, un carrosse et une
chaise à porteur. Peinte sur un solide mortier,
comme depuis longtemps n'en font plus nos
maçons, elle avait résisté aux « outrages du

temps », et elle ressuscitait, dans mon esprit de
jeune homme, une curieuse vision du temps
passé et de sa manière de voyager. Que tout cela
est loin !

Mais si nos trois mulets ont été restaurés ou
repeints, ou réencadrés, il est certain que leur
harnachement, le costume du petit homme guêtré,
tout indique ce temps si éloigné où l'état des
routes obligeait à voyager avec des mulets chargés

de préférence aux voitures. Ainsi, dans les montagnes du Gévaudan, ai-je vu arriver les mulets avec leur charge de vin du Vivarais très préféré à celui du Languedoc,

***

L'inscription

A LA VIERGE

au numéro 25 de la Grande-Rue de la Guillotière, est gravée sur l'arc d'une petite niche Louis XIII. Dans cette niche, une petite statue de la Vierge. La maison a une façade Louis XIII, de deux étages seulement. On voit que les meneaux des fenêtres ont été supprimés. Presque en face, à une dizaine de mètres environ, débouche la rue de la Vierge.

***

Même rue, un peu plus loin, au numéro 35, une plaque en pierre rouge dans un trumeau du premier étage, où sont écrits ces mots :

A LA GARDE
DE DIEU

Point de date (1).

______

(1) Je dois à M. Malaval la communication de ce qui concerne ces deux dernières inscriptions.

*
* *

J'allais oublier, au numéro 7, une petite enseigne
en tôle, lavée et.débuée par la pluie et les frimas
comme les pendus de Villon et comme eux bran-
lant à une potence. Aujourd'hui les règlements
de voirie interdisent ce genre d'enseignes, très
usitées dans nos villages. J'imagine que celle-ci
a été tolérée, et avec raison, parce que c'est un
souvenir historique. Elle est déchiquetée et trouée
en écumoire par les balles des troupes qui, en
avril 1834, enlevèrent la rue de la Guillotière,
barricadée par les insurgés. Cette enseigne était,
vers 1852, celle d'un traiteur nommé Andrillon,
non sans mérite, où, aux grands jours, nous allions
avec quelques camarades, aujourd'hui morts ou
vieillis, faire, pour deux francs, des festins que
n'eût pas désavoués Pantagruel. Qu'on était bien,
l'hiver, à cet aimable entresol ! L'eau m'en vient
encore à la bouche. Oh ! ces dîners dont les souvenirs m'apparaissent comme des fantômes chéris,
que je revois flottant vaguement dans les brumes
du passé ! (1).

*
* *

Si, revenant par le pont de la Guillotière, il y
a seulement cinquante ans, nous avions fait un

(1) L'enseigne a été religieusement conservée dans son état primitif. — M.

coude à droite, dans la rue du Bourgchanin, aujourd'hui rue de la Belle-Cordière, nous y aurions trouvé, en dépit de l'étroitesse de la rue et de son caractère un peu sordide, des foisons de vieilles enseignes. Il ne faut pas oublier qu'au temps jadis, quasi chaque maison avait son enseigne pour la distinguer des autres, et qu'au XVIIe siècle, la rue du Bourgchanin était au fond une rue bourgeoise. Il n'y a pas un grand nombre d'années que tout le côté orient de la rue a été démoli, et certes, il ne faut pas s'en plaindre, en dépit de grand nombre d'enseignes qui ont disparu. Le côté occident en renferme encore quelques-unes.

Au numéro 20 est ou était un motif d'architecture, composé de deux pilastres et d'un entablement appartenant à la construction de la maison. Dans l'entablement, formant ressaut prolongé sur le cordon, l'inscription suivante :

AV

CHEVAL

MARIN

L'architecture me paraît appartenir au temps de Louis XIII (1). L'espace réservé au bas-relief est important et fournissait place à un beau motif

(1) L'inscription a disparu, mais le joli motif de la porte d'allée subsiste toujours. Aux fenêtres, très étroites, on a enlevé les croisillons primitifs. — M.

de sculpture. D'infortune, celle-ci a été grossièrement ravalée de manière à atteindre partout le
fond. Pourquoi cette mutilation intentionnelle? Ce
cheval marin offrait-il quelque chose de blessant
pour la pudeur? En 1793, l'aurait-on pris pour
un emblème monarchique? Quand fut dessinée
l'enseigne, à la place de l'hippocampe, se voyait
un modeste cadre en bois, sur lequel on lisait :
Laurent, plieur au 3e, avec les deux peignes classiques, représentés en sautoir.

*
* *

Toujours même rue, au numéro 10, un bas-
relief, très soigné d'exécution représentant un
canon monstrueux, avec son lourd affût en style
du temps, et ses roues armées de renforts semblables à des bossages. Un tout petit artilleur
botté, à l'aide d'une longue mèche, met le feu au
canon. A côté, des fascines, des barils de poudre,
des écouvillons de toute nature, et, sous la gueule,
un agneau minuscule, censé dans le lointain. La
maison était dénommée le *Canon d'Or*. Le bas-
relief est daté de 1624 (1). C'est un bien curieux
spécimen de nos vieux engins militaires.

(1) Le bas-relief existait antérieurement et a été rapporté en recons-
truisant la maison, qui paraît dater de Louis XV. C'est une belle construction, quoique très simple. Le costume de l'artilleur est antérieur à 1624 et
paraît dater de Henri II. Peut-être, en 1624, avait-on reproduit déjà une
enseigne plus ancienne. — M.

Un de mes amis m'assure avoir lu quelque part que celui qui fit bâtir la maison en 1624 était bien réellement un artilleur enrichi qui avait voulu faire connaître à la postérité que son canon avait été pour lui un « canon d'or ». Du reste l'auteur ne citait aucun document. Faire fortune comme artil-

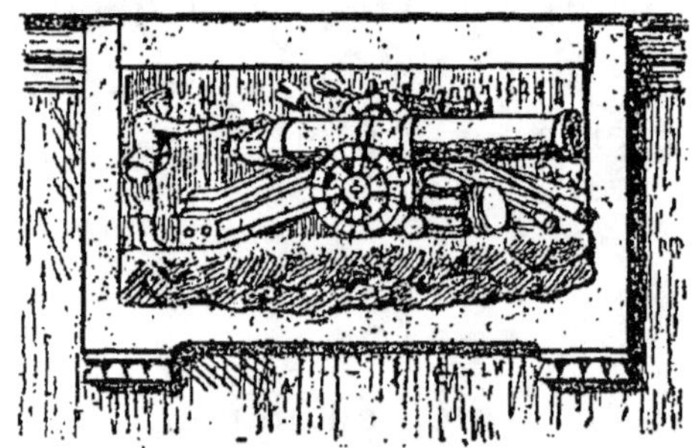

leur, cela dépasse de beaucoup les fastueuses économies du sous-lieutenant de la *Dame blanche*. *Credat Judæus Apella.*

*

* *

Encore même rue, au numéro 32, un panneau en marbre noir (style Louis XVI, ce me semble), sur lequel on lit ou lisait, en lettres gravées et dorées :

A LA PETITE
NOTRE DAME (1)

(1) L'enseigne existe toujours sous un balcon porté par deux belles consoles Louis XVI. La façade est de style très simple. — M.

16

Avant de parler du numéro 36 de la même rue, je suis obligé de donner un coup de pied jusqu'au numéro 13 de la rue Saint-Pierre-de-Vaise, près de l'église. Et d'abord, par préalable, une question de haute philosophie.

Je ne suis pas curieux, mais j'aïmerais bien à savoir, de gens congruents, pourquoi les cornes sont le symbole des maris?

Borel prétend que c'est pour ce que dans le ménage ce sont eux qui portent la cornette, tandis que les femmes portent la culotte. Mais si c'était exact, on dirait les *cornettiers* comme on a fait *culottière* de *culotte ;* ou bien les *cornettards*, comme on a fait *campagnard* de *campagne, vétillard* de *vétille*, et l'on représenterait les bons maris avec des cornettes de femme et non avec des cornes de cerf.

A quoi sert donc l'Académie des Inscriptions et Belles-Lettres, si c'est pour laisser sans les résoudre des questions de cette importance ! Et les congrès archéologiques, les sociétés savantes, pourquoi faire sont-ils? On pourrait au moins consulter les philologues, les mythologues et les fumistologues. Si MM. Max Muller, Kuhn, de Gubernatis ne voient pas dans l'ornement des maris une interprétation mythique des grands phénomènes cosmiques, je veux être pendu avec une corde de saucisses toutes cuites.

Suffit qu'il y a des gens sans préjugés. Tel le propriétaire qui fit bâtir la dite maison. Non seulement il ne redoutait point les cornes, mais il

montrait les siennes avec orgueil. Ici, « partout ce n'est que cornes. — Et cornes de licornes ». Voyez d'abord ces mascarons formant têtes de consoles ; voyez leurs cornes de bélier ; voyez les deux cornes de cerf liées en sautoir au sommet ; voyez les deux têtes de licornes, cn léger relief, accotant le millésime. Enfin lisez l'inscription qui gouaille le spectateur : *Sunt similia tuis.* Ainsi, quand nous étions petits gones, inscrivions-nous sur les murs cette sentence neuve et spirituelle : *Bran pour celui qui le lira* (1).

Charvet pense que le fond où figurent l'inscription et les têtes de licornes est moins ancien que l'entourage qui, en effet, a le caractère du commencement du xvii⁰ siècle et a été bâti avec la maison ou plus vraisemblablement rapporté en la bâtissant.

⁎⁎⁎

L'idée qui inspira cette enseigne fut trouvée si belle et si gracieuse qu'elle inspira des imitateurs, à moins qu'au contraire l'imitateur, ce ne fût l'homme de Vaise. Si donc nous revenons en rue Bourgchanin, nous trouverons ou plutôt nous ne trouverons plus, au numéro 36, sur une maison démolie en 1865, deux mascarons cornus semblables à ceux que l'on vient de voir. Ces mascarons formaient consoles au-dessus de la corniche couronnant la porte d'allée. Et dans la frise de cette corniche la même inscription : *Sunt similia tuis*. Au beau milieu, pour se conformer aux ordonnances relatives au numérotage des

---

(1) L'enseigne est encore intacte. Le motif qui l'entoure, ainsi que le fond, paraît être en marbre noir de Saint-Cyr. La maison n'a aucune moulure indiquant un style quelconque, et pourtant ce motif semblerait comporter une façade décorée. — M.

maisons, on avait apposé une ignoble plaque
ornée du chiffre 36. L'ensemble, d'un très bon
style, paraît appartenir à la première moitié du
xvii⁰ siècle. C'est certainement vers cette époque
que fut bâtie ou plutôt rebâtie la rue, car la voie
existait bien antérieurement et devait être très
passante, puisque c'était la seule pour parvenir au
pont de la Guillotière. La rue de la Barre actuelle
— qui portait alors le nom de rue du Bourgchanin (1) — était en effet fermée à l'occident par le
tènement de Bellecour. Mais sans doute que, jusqu'au xvii⁰ siècle, la nôtre n'était bordée que de
masures. Elle avait eu d'ailleurs assez mauvais
renom. En toute occurence, nulle maison de la
rue qu'ont vue nos contemporains n'était, bien
crois-je, antérieure au dit siècle.

Le percement du tènement de Bellecour dut
porter un coup mortel à la portion de la rue
entre l'Hôpital et la rue actuelle de la Barre, le
passage s'étant établi dans la direction de Bellecour.

Il suffit de prendre l'allée qui traverse pour
nous trouver en rue Belle-Cordière, aujourd'hui
la partie de la rue de la République entre la rue
Confort et Bellecour. Là, au numéro 11, lisait-on
sur une plaque rapportée :

---

(1) Les deux rues ne portaient vraisemblablement qu'un même
nom.

AU

GRAND

AMIRAL (1)

Quel souvenir cela pouvait-il bien rappeler ? Je ne vois guère qu'un amiral suisse qui pût loger par là.

Dans la même rue, au numéro 73 actuel, M. Malaval me signale :

A SAINT LOUIS

Le nom de rue Noire n'indique pas une voie de vingt-deux mètres de largeur. Jadis célèbre par sa *Crèche*. Considérablement élargie du côté du nord, c'est aujourd'hui la rue Stella. Autrefois, au n° 13, on lisait, rapporté en marbre noir sur la clef de l'arc du rez-de-chaussée :

A

L'ÉCU

DE

GENES

Indication d'un logis vraisemblablement hanté par les Italiens. Encore hier la rue Grôlée compre-

---

(1) L'enseigne n'existe plus ou elle a été cachée par quelque fermeture. — M.

nait-elle un grand nombre de logis populaires, vastes dortoirs où l'on couchait au prix de 25 centimes la nuit, le lit servant à deux personnes. Plusieurs de ces entreprises paraissaient très bien faire leurs affaires.

* * *

AUX. POINT
DU. JOURS *(sic)*

montre que, dans le temps, il n'y avait pas tant d'écoles qu'aujourd'hui pour y apprendre l'orthographe. Cela se trouve ou se trouvait en rue de Jussieu, au numéro 10 (1). Au-dessus, sculpté dans la pierre, un gros soleil bon enfant, sortant de derrière des rochers, au bord de la mer. Il est à demi voilé, comme il convient au soleil dans la rue de Jussieu. Cela paraissait remonter au commencement du XVIIIᵉ siècle.

* * *

De la rue de Jussieu prenons la rue Grôlée. A la rue Ferrandière nous tournerons à gauche, jusqu'à la hauteur de la rue Bonnevaux à notre droite, dont les deux côtés ont été mis à bas pour laisser

(1) Cette maison vient d'être démolie pour le percement de la rue Grôlée. — M.

passer sa majesté la rue Impériale. La rue Bonnevaux faisait suite à la rue des Générales. Les
deux réunies allaient de la rue Grenette à la rue
Ferrandière, contre laquelle la rue Bonnevaux
venait se casser le nez. La rue Bonnevaux tirait
son nom de l'abbaye de Bonnevaux près de Saint-
Jean-de-Bournay, dont les moines avaient acquis,
au xiv⁰ siècle, une maison dans cette rue. Les
forêts de Bonnevaux sont aujourd'hui les pro-
priétés de deux honorables médecins de notre
ville, M. le docteur Berne et M. le docteur
Gubian.

Dans la rue Bonnevaux, au n° 17, une enseigne
portait en lettres gravées sur une plaque de pierre
noire :

AUX TROIS
PÈLERINS
1738

La maison, comme toutes celles de la rue Bonnevaux, n'avait aucun caractère artistique.

Pourtant, même rue, au numéro 16, un très
joli cadre à crossettes, d'un goût très pur, avec
des ornements dans le style du temps, portait
l'inscription :

A. FOURVIÈRE
1720

*
* *

La rue de la Lune, c'était le tronçon de la rue Tupin actuelle, du Puitspelu à la rue Bonnevaux. « La rue de la Lune, disait Breghot dans le langage fleuri du temps, est sans doute ainsi nommée de quelque enseigne représentant l'astre nocturne. » Il avait donné dans le vrai de la chose. Au n° 38, sur la clef de l'arceau, on voyait en bas-relief l'interprétation d'une sphère qui avait dû être peinte en manière de lune ; et en vertu du principe *bis repetita plein cintre*, comme disent les architectes savants, on voyait au-dessus, peinte sur le mur et un peu de guingois, une seconde lune avec les linéaments grossiers d'une face féminine.

*
* *

L'enseigne :

AU

GRAND

CORNET

avait dû donner son nom à la rue du Cornet, petite rue étroite qui allait de la rue des Générales à la porte de Saint-Bonaventure et dont les deux côtés ont été démolis, à savoir le nord pour bâtir les magasins de la Ville de Lyon, et le sud pour élargir la rue, devenue partie de la rue Tupin actuelle.

*
* *

Puisque nous voilà à la place des Cordeliers, disons un mot de :

LA MULE
AU BUISSON

MAGASIN DE TAPISSERI
D'AUVERGNE ET D'ALLE
D'ALLEMAGNE

La Mule au Buisson, c'était l'enseigne de la maison, d'autant plus idoine, que là débouchait l'ancienne rue Buisson, rasée pour bâtir le marché des Cordeliers. Au-dessous de la plaque, on en avait rapporté une seconde, à savoir l'enseigne du marchand qui occupait le rez-de-chaussée. Le graveur n'avait pas le compas dans l'œil, de sorte qu'il n'est plus resté de place pour l'*e* final de *tapisserie*. Mais le plus beau, c'est que, davantage, il n'a pu faire entrer dans le second panneau que la moitié du mot *d'Allemagne*. Il en a pris son parti en brave, et a recommencé le mot à la troisième ligne. Heureux ces temps naïfs où l'on ne cherchait pas « les poux parmi la paille ».

*
* *

Tout près, en rue Stella (ce n'est pas celle d'aujourd'hui, mais l'ancienne qui allait du pont Charles X à la place des Cordeliers, le long du joli monument du Concert) était un écusson au-dessus d'une clef pendante. L'écusson était entouré d'une ceinture de lauriers et portait :

AU

PETIT

St JEAN

Architecture Louis XIV.

*
* *

La rue de la Gerbe, qui me fut si chère, débouchait sur la place des Cordeliers. J'ai parlé longuement de la rue dans les *Histoires de Puitspelu*, et de la salle de danse qu'y tenait l'excellent père Leroy. On m'a depuis lors appris que le brave

homme qui, lors de la démolition, transporta son
académie sur le quai Saint-Antoine, a un joli tom-
beau à Loyasse, où sont figurés les emblèmes de
son art, et que sa fille vit encore, honorablement
mariée dans les environs de Lyon.

De fortune, la précieuse enseigne qui figure ci-
contre et qui était placée en rue de la Gerbe, au

numéro 31, n'a pas péri. Elle était en bois et fut
recueillie par Poncet, lors de la démolition de la
maison pour le passage de la rue Impériale.
J'imagine qu'elle doit être restée dans la propriété
qu'il possédait à Jassans. Trois petits gones sans
chemise sont figurés emportant des gerbes. Vraisemblable que l'enseigne a donné le nom à la rue,

quoique, des fois, on dût faire aussi des enseignes
par concordance avec le nom de la rue. Elles
devaient dans ce cas n'être que la réédition
d'enseignes antérieures.

⁂

AU PETIT MERCIER

se lisait non guère loin de là, sur une large
frise au-dessus de l'imposte garnie de ferronneries
d'une maison sise rue Gentil, 27, dont l'allée traversait en rue Neuve, 28. Le morceau appartient
à la bonne architecture du commencement du
xviiie siècle, bien crois-je (1).

Cela ne nous détournera pas de pousser jusqu'à
l'ancien n° 7 de la même rue où sur une maison,
d'ailleurs sans apparence, on lisait :

A LA MAGDELAINE

La maison a été démolie dans le renouvellement
des voies publiques.

(1) La maison a été reconstruite. Mais rue Neuve, 17, il existe encore une
très jolie imposte du temps de Louis XV, avec une statue de saint Denis
en bois, que l'on a récemment blanchie, en laissant la ferronnerie noire.
La maison est de style Louis XIV. — M.

*
* *

Enfin, ce n'est pas trop tôt, en voici encore une en place. Place du Collège, 2 (aujourd'hui rue de la Bourse), vous pouvez voir encore gravé et sculpté en léger relief, au-dessus de la porte d'allée, sur une pierre noire de Saint-Cyr, un tambour, très long, sur le modèle de ceux qui servaient à battre la marche de Turenne, et qu'ont gardés nos tambourinaires de Provence. Les traits gravés sont relevés d'or. Pour que nul n'en ignore, on lit en lettres gravées et dorées :

AU GRAND TAMBOUR

La maison fut construite en 1670, lorsque l'on recula le côté occidental de la rue Henry, pour former, au-devant du collège de la Trinité, la place des Jésuites, que nous avons connue si longtemps sous le nom de place du Collège.

C'est dans cette maison que se trouvait le modeste café du pauvre Pierre Bianchi, chez qui si longtemps l'on déjeûna fort convenablement pour le modeste prix de vingt-cinq sols. Café très bon. On y rencontrait un petit cercle d'habitués, gens de bourse économes, journalistes du voisinage, commerçants, professeurs du Lycée, parmi lesquels s'en trouvait un qui est devenu un conseiller municipal important.

*
* *

La partie de la rue du Garet qui s'étend de la
rue de l'Arbre-Sec à la rue du Bât-d'Argent s'appelait, il n'y a guère de temps, rue Henri. Elle a
porté, durant un grand nombre d'années, le nom de
rue du Verd-Galand. C'est là que, au xviie-xviiie siècle,
à l'enseigne des *Trois Navettes*, florissait le cuisi-
nier Rongeon, qui avait à Lyon une réputation
européenne. Il excellait dans nos bons mets lyonnais de ménage : les fricassées de double, qu'on
appelle aujourd'hui double à la lyonnaise, les
buyandières (tranches de bouilli à la poêle), les
hachis aux marrons, et surtout les fritures.
Lorsque, les jours maigres, les dames des Terreaux voulaient régaler un étranger, elles envoyaient demander à Rongeon une carpe frite, dont
le prix commun était de trois sols, à moins qu'on
n'y fît ajouter la petite sauce avec l'échalotte et
le vinaigre, ce qui augmentait le prix de deux
liards.

Le nom de Verd-Galand lui venait probablement
d'une enseigne sculptée sur un cartouche à moulures contournées, où était figuré un bonhomme
en justaucorps tenant d'une main une énorme bouteille, de l'autre un verre à boire, avec l'inscription :

17 AV UER GALAN 52

Rien, dans la tête ni le costume, n'évoquait la représentation du roi vert galant qui a inspiré le sublime poème épique de M. de Voltaire. Verd Galand était une façon de calembour, comme les aimaient nos pères. Le buveur (qu'il faut supposer galant) avait un justaucorps peint en vert (1).

*
* *

Un petit crochet dans la rue du Bât-d'Argent, au n° 21, et nous verrons (2) dans une frise au-dessus du rez-de-chaussée :

A NOSTRE DAME DE LA GARDE

Est-ce le souvenir de quelque pieux Marseillais ?

Un peu plus loin, dans la même rue, au n° 18, on lisait :

A S . CLAUDE
1750

sur un panneau renfoncé dans la pierre de taille au-dessus de l'arc de l'allée (3).

---

(1) Cette enseigne n'a point disparu. Seule, l'inscription est cachée par la devanture. La figure a été badigeonnée à diverses reprises avec la maison qui fait maintenant partie de la rue de la Bourse, où elle porte le n° 13.— M.

(2) Nous ne le verrons plus, la maison a été démolie et reconstruite. — M.

(3) On ne voit plus cette inscription. La maison aura sans doute été démolie. Celle qui porte le n° 18 actuel est une belle maison, datant de Louis XV, et où habite M. Letord, notaire. — M.

*
* *

Et de ce que nous y sommes, allons jusque en rue de l'Arbre-Sec, au n° 15. Là, dans le fronton de la porte d'allée, un écusson, en forme de cuir contourné et qui paraît appartenir au commencement du xviiᵉ siècle, porte un arbre accompagné de deux étoiles en chef. Ce n'est point lui sans doute qui a donné son nom à la rue, car l'arbre est très feuillu (1).

LA MÈRE DES ORPHELINS

était gravé sur une plaque rapportée sous une niche, même rue, n° 30. Cette niche avait certainement contenu une statue de la Vierge, mais déjà celle-ci avait été enlevée lorsque Charvet a dessiné le motif; et la maison elle-même, construite dans la première moitié du xviiiᵉ siècle, a été démolie pour le percement de la rue Impériale. La maison qui porte aujourd'hui le n° 30 ne rappelle aucun pieux souvenir.

(1) « Ce nom qui date au moins du xivᵉ siècle, dit Breghot, vient d'un arbre desséché par le temps, qu'on voyait à l'une des extrémités de cette rue, ou d'une enseigne qui y fut plus tard placée et qui représentait ce même arbre. » Nous venons de voir que sur ce dernier point, au moins, Breghot est inexact.

*
* *

La maison du quai de Retz, n° 13, qui ne la connaît, avec son inscription :

AU LOUIS DOR *(sic)*

Sur le même quai, au n°4, une belle clef ouvrée, qui ressemble à la clef du Paradis, est sculptée en relief entre deux tables saillantes, sur une plaque de marbre retenue par quatre têtes de clous formant rondelles. Rondelles et clef sont dorées (1).

*
* *

Sur un arc à refends, d'un large style, dans un panneau d'une forme heureuse, au-dessus de la porte d'allée de la maison n° 7 de la rue Puits-Gaillot, figurait un cheval galopant avec cette inscription en belles lettres augustales :

AU CHEVAL D'ARGENT (2)

Le xviii° siècle aimait, non seulement les enseignes, mais les belles enseignes, bâties avec la

---

(1) La façade de cette maison a été revêtue, il y a un certain nombre d'années, d'une décoration architecturale, du style Louis XVI. La clef est toujours à la même place. — M.

(2) Le cheval galope toujours. Grande maison, belle façade style Louis XV, très simple, sans sculptures. — M.

maison, jouant un rôle dans la décoration de la porte d'allée. On voit par le *Cheval d'argent, le Bât d'argent, la Cloche d'argent, le Flacon d'argent,* qu'il aimait à caractériser les objets par ce métal, non moins vif que précieux. Nul doute que le cheval ne fût effectivement argenté.

Il est assez vraisemblable que, pour beaucoup de maisons dans ces conditions, l'enseigne nouvelle ne faisait que reproduire une enseigne antérieure qui existait dans la maison remplacée par la nouvelle.

*
* *

Avec la maison rue du Griffon n° 13, nous entrons dans les enseignes en pièces de ferronnerie. Le xviiie siècle excellait à plier le fer à tous les caprices de l'ornementation. La Révolution amena une telle décadence, que l'on tomba, en quelques années, de cet art admirable à la grossière industrie que représente la grille en fer, avec ses lances en fonte, de l'ancien hôtel du Nord, en rue Lafont.

Notre curieuse imposte en fer forgé porte au centre du motif un griffon en tôle repoussée en ronde-bosse, et au-dessous l'inscription, toujours en fer, et reproduisant la vieille bâtarde de ce temps-là (qui valait mieux que notre écriture anglaise) : *Au Griffon* (1).

Le goût des enseignes de maisons, ai-je dit, paraît avoir été particulièrement répandu au xviii° siècle. Je suppose qu'on voit encore en rue Terraille, au n° 4, sur une maison de ce temps, très simple, à fenêtres cintrées, un cartouche en pierre, à forme rocaille, où est représentée une figure de femme, tellement mutilée, qu'il est quasi impossible d'y rien discerner, sauf qu'elle est sur un bûcher enveloppée de flammes (à moins que ce ne soit sur des nuages). En haut, on croit lire une figure d'ange apportant une palme (à moins pourtant que la figure ne soit un oiseau). Sur le socle contourné on lit :

A S^{TE} AGATHE 1740 (2)

Pour ne pas quitter le quartier, regardons si, en rue Désirée, au n° 10, il y a toujours au-dessus de la porte d'allée d'une maison de peu d'apparence, un joli cartouche Louis XV, avec une croix au milieu, et au-dessous, une inscription intentionnellement mutilée à la broche comme la

(1) Le griffon existe toujours, mais il a perdu une aile à la bataille. La maison, fort simple, appartient par son style au premier tiers du xviii° siècle. La baie seule de l'allée est moulurée. — M.

(2) L'inscription et le bas-relief subsistent toujours au-dessus du cordon la maison. — M.

croix (sans doute à la Révolution), mais où l'on peut encore lire :

A LA CROIX D'OR (1)

* *

Si nous redescendons par la Glacière, pour enfiler la rue Sainte-Catherine, nous trouverons au n° 13 (2) dans la frise couronnant la porte d'allée à belles et fermes moulures, l'inscription suivante, gravée sur fond noir :

AU CŒUR VOLANT (3)

C'est en faisant des réparations à cette maison, que l'on déterra, le 28 mars 1787, l'inscription gravée par Philippianus en mémoire de la soumission de la ville de Lyon à l'empereur Septime-Sévère. La maison appartenait alors à Jacques Imbert-Colomès (plus tard député au Conseil des

(1) Oui, tout existe dans le même état. L'entourage est encore aujourd'hui très bien conservé. La maison, basse et sans apparence, paraît dater de Henri II. — M.

(2) Aujourd'hui n° 5. — M.

(3) Cette maison a été réparée, il y a déjà longtemps, par M. Bissuel oncle. Le rez de-chaussée a de hautes devantures qui montent jusque sous les fenêtres du premier étage, et cachent sans doute l'inscription. La maison doit dater du xvii° siècle. On voit aux fenêtres la trace d'anciens croisillons. Le portail, en arc surbaissé, est aussi enveloppé de bois. — M.

Cinq-Cents). En 1755, elle appartenait à la veuve Imbert (la mère d'Imbert-Colomès ?).

Cette propriété faisait partie d'un plus grand tènement, possédé en 1535 par Bonaventure Thomassin, sieur de Forest, et en 1630 par nobles Damien et Jean-Baptiste Espinassy. J'ai eu l'occasion de parler longuement du tènement de Forez, d'Espinassy, etc., dans mon humble livre : *Marie-Lucrèce et le grand couvent de la Monnoye.*

Après cela, je me demande si ces renseignements vous intéressent beaucoup; mais sachez que c'est précisément le plus beau de l'archéologie, de déterrer, à l'aide de travaux épouvantables, des documents qui n'intéressent personne.

Non loin du *Cœur volant*, la maison rue Sainte-Marie n° 4 avait pour vocable :

A LA

CROIX VERTE (1)

*
* *

Un des plus beaux travaux de ferronnerie qui existent à Lyon, c'est certainement l'imposte de

---

(1) Cette enseigne, gravée sur une plaque de marbre noir, existe encore, au-dessus d'une porte d'allée datant de Louis XV comme le reste de la maison. C'est là que, depuis au moins soixante ans, est le théâtre des marionnettes, dit Théâtre-Joli, encore souvent appelé par tradition *la Crèche.* — M.

la maison rue Saint-Marcel numéro 8 (1), et dont
la partie centrale représente le combat d'un lion
et d'un taureau. Le modèle sort évidemment de la
maison d'un habile artiste et a été fidèlement
reproduit par le repousseur. Les rinceaux à effets
modelés qui l'entourent sont de même travaillés
avec la plus rare habileté.

La maison montée des Carmélites, n° 49, porte,
inscrit dans la frise surmontant la baie de l'allée,
d'un beau caractère xviie siècle :

A LA GIROFLÉE

Cette enseigne a dû donner son nom à la rue
Giroflée, qui, avant la Révolution, occupait la par-

(1) Cela s'appelle aujourd'hui la rue du Sergent-Blandan. La maison, de
style Louis XIV, a une belle apparence. L'imposte est bien conservée. — M.

tie de la côte des Carmélites, aujourd'hui comprise entre la rue Bouteille et la rue Saint-Marcel.

Parlons un peu voire des anciens. C'est en rue Giroflée que demeurait notre excellent cousin Mathevon, l'inséparable de mon grand-père, Barthélemy Puitspelu, de son vivant receveur général du pont Morand, et qui avait connu Morand. Cela remonte au temps où saint Joseph était jeune homme.

Le cousin Mathevon avait en rue Giroflée un atelier de quatre métiers, et à côté, un magasin où il vendait l'étoffe qu'il fabriquait. Ce genre d'industrie est tout à fait caractéristique de l'ancienne fabrique. Aujourd'hui, si vous n'avez pas dans vos sabots du foin pour la valeur d'un million, il vous est défendu de vous mettre fabricant. N'empêche que l'atelier Mathevon devint plus tard l'importante maison Seux-Mathevon. Il y a des commencements à tout.

En ce temps-là on ne changeait pas d'appartement comme de chemise, et les générations se succédaient dans le même local. Les Mathevon demeurèrent là nonante ans, pas plus, de 1770 à 1860. Eh, eh, cela commence à faire une ouche ! Et les loyers n'étaient pas si chers qu'à présent. En 1770 les Mathevon payaient cent nonante livres par an ; en 1835 le loyer était monté à 450 francs et il ne changea pas jusqu'en 1850.

*
* *

ESPÉRANCE EN DIEV
EN TOY TE FIE

Cette inscription, très philosophique, sous laquelle sont gravées à droite et à gauche des initiales (à gauche un G avec un petit O dedans ; à droite un C et un A entrelacés), cette inscription, qui exprime à la fois la confiance en l'aide divine et l'encouragement à l'action, doit pouvoir se lire encore au n° 12 de la rue Saint-Marcel (1). Elle me rappelle un nommé Philibert, marinier, qui, en 1823, étant tombé d'un bateau de charbon de bois dans la Saône, criait de toutes ses forces : « Grand saint Nicolas, ayez pitié de moi ! » Un autre marinier lui cria du Pont-Volant : « Nage tojô, Philibart, t'y fiô pôs ! » Philibert fut sauvé, par saint Nicolas ou par ses brassées, je n'en sais rien ; du moins celles-ci l'y aidèrent.

*
* *

Voici l'une de nos plus curieuses enseignes. Elle a disparu lorsque l'on a bâti le massif des

(1) Elle existe toujours. Maison datant du xviie siècle. — M.

Terreaux avec son passage. C'est, sculptée dans la pierre, une tour de grand caractère, avec ses créneaux, ses machicoulis, une belle porte où l'on a figuré la place d'une énorme serrure : le tout porté sur un socle, avec l'inscription : *A la Cage, 1749.* La cage, c'est un symbole : c'est la cage pour ces jolis oiseaux qu'on dénomme des malfaiteurs, et

qui me semblent être traités de nos jours avec toute la sollicitude qu'on doit avoir pour les innocentes couvées. L'exécution de ce morceau était remarquable. Qu'est-il devenu ? Probable que l'on en a fait des moellons (1).

Certain que c'est l'enseigne qui a donné son nom à la rue de la Cage, antérieurement appelée

(1) Heureusement que non. Cette enseigne est au Palais Saint-Pierre, à l'entrée du vestibule de la salle des sculptures et des bustes. — M.

rue des Basses-Écloisons, sans doute à cause des écluses du canal qui, à cet endroit, réunissait le Rhône à la Saône. Le numérotage de la rue a subi des modifications, car, au temps de Breghot, la maison portait le n° 11, et quand Charvet l'a dessinée, elle avait pris le n° 19.

*
* *

Nous voici dans la rue de l'Enfant-qui-pisse. Tous les bons Lyonnais ont admiré les curieuses enseignes de nos vieux droguistes qui y ont élu domicile. Celles-là sont dans un genre absolument différent de tout ce que nous avons vu jusqu'ici. Ce sont de vrais morceaux de statuaire, en bronze, placés dans le porche qui sert d'entrée à chaque magasin. Tels sont *le Serpent, la Licorne, le Dragon, l'Ours*, occupé consciencieusement à piler dans son mortier (1). Ces animaux fantastiques, que l'on pouvait toucher comme s'ils eussent été de chair et d'os, me faisaient dans mon enfance une impression forte, mystérieuse, qui laissait loin derrière elle l'impression plus réaliste

(1) La plupart de ces enseignes existent encore. Telle la Licorne avec son marbre noir : *Maison Biétrix, fondée en 1620.* Une maison qui ne date pas d'hier. L'ours, par exemple, a cessé de piler ; le magasin n'est plus occupé par une droguerie. Mais une nouvelle droguerie : *A l'Éléphant,* existe un peu plus loin, où figurent deux éléphants. Signe des temps, les éléphants ne sont plus en bronze, mais en staff peint en gris. — M.

causée par la vue des animaux « pour de vrai » des ménageries (il n'y avait pas alors de jardins zoologiques).

Mais pourquoi les droguistes avaient-ils la spécialité des animaux extraordinaires ? C'est que la droguerie tient à la chimie, la chimie à l'alchimie et que les alchimistes sont toujours représentés avec des animaux extraordinaires.

La médecine emprunte aujourd'hui ses remèdes au règne minéral. On les empruntait jadis au règne végétal et au règne animal. Par exemple, on employait fréquemment le bouillon de vipère. De mon temps, on voyait chez Lardet des vipères dormir paresseusement sur du son, dans des bocaux au soleil. Un autre pharmacien avait eu la poétique idée d'exposer en beau devant une merveilleuse collection de ténias nageant dans l'alcool, avec l'indication de leurs pays de naissance :

« Ténia de Mlle X... âgée de... rue... n°... » etc.
Quand j'étais petit et que j'allais pour dîner, je
prenais l'autre cadette.

Mais il y avait aussi, en rue de l'Enfant-qui-
pisse, des enseignes de maisons. Celle que voici
au n° 24 de la rue Lanterne (on sait que c'est le
nom nouveau de la rue) est une admirable pièce
de ferronnerie, ornée de métal repoussé, qui date
du xviie siècle. Au milieu, un mouton suspendu
par le ventre, à l'aide d'une large ceinture, pour
ne pas le blesser. Mais il paraît, à en juger par
le nom de la maison, que ce mouton était em-
paillé, car cela s'appelait, m'a-t-on dit, *à la
Toison* (1).

*
* *

On doit voir encore rue Centrale, n° 49 (2), les
trois carreaux placés en losange dans un médaillon
Louis XIV. Se rappeler que cette portion de la rue
Centrale a été faite en élargissant l'étroite rue
Trois-Carreaux.

Si je dois les connaître, ces trois carreaux !
C'est tout en face que se trouvait une maison qui
me fut chère. C'était là qu'habitait M. François

---

(1) L'imposte est encore en place. La maison, de la fin du xviie siècle,
est en très bon état de conservation. Le rez-de-chaussée est formé de trois
arcatures avec clefs en pointes de diamant. — M.

(2) Aujourd'hui le n° 7. Très jolie maison à deux fenêtres ; façade très
bien décorée de frontons tour à tour triangulaires et cintrés, du temps
de Louis XIV. Au rez-de-chaussée un comptoir de marchand de vin a
reproduit sur sa vitrine l'enseigne *Aux Trois Carreaux*. — M.

Cogordan, le puîné d'Antoine Cogordan, mon oncle (il avait épousé Fanchette, la sœur bien-aimée de mon père). Je vais vous raconter tout cela comme on fait à la campagne. Antoine Cogordan était l'associé de son beau-père (qui cumulait la place de receveur général du Pont) dans un commerce de rouennerie qu'ils exercèrent ensemble, rue Basse-Grenette, n° 14, sous la raison de commerce Puitspelu et Cogordan, jusqu'au 1er juillet 1813, époque à laquelle ils se séparèrent. Mon grand-père et ses deux fils prirent la suite du commerce, et Antoine Cogordan, avec son frère François, en fondèrent un, rue Trois-Carreaux, dans la maison dont j'ai parlé. Or, cet Antoine Cogordan fut le propre grand-père de George Cogordan, qui est dans les ambassades, et a conclu le traité avec la Chine.

Je sais bien que tout cela ne vous intéresse pas, mais pardonnez-moi d'en parler, car je ne puis penser sans attendrissement à ces bons vieux parents qui nous ont donné le meilleur de nos âmes. Et dire que personne ne pensera à nous comme nous pensons à eux ! Mais un dieu a voulu que ces choses fussent telles, disait Pindare.

Or sus, au temps où « j'avais des culottes de fromage blanc », on me menait souventefois chez François Cogordan, qui dans le commerce, avait succédé à son frère Antoine, et habitait au deuxième étage un appartement dans cette maison.

de la rue Trois-Carreaux, dont il était propriétaire. Et ma marraine, Mme François, la meilleure femme qui fût sous la calotte du ciel, me bourrait de rôties de confitures, que je mangeais en contemplant curieusement de la fenêtre ces trois carreaux fatidiques peints en rouge, avec les rinceaux dorés (1). Et vous comprenez, n'est-ce pas, que ces carreaux soient restés en ma mémoire incrustés dans les rôties de confitures ?

En 1856, il y avait, place de la Platière, au n° 20, un beau motif d'arc surmonté d'un fronton coupé

pour laisser la place d'un cartouche à cuirs, renfermant un objet de forme assez singulière, qui me paraît une herse.

(1) Tout change. Aujourd'hui les carreaux sont devenus jaunes et l'entourage bronze vert. — M.

L'ensemble est de la saine architecture du
xviiᵉ siècle (1). Une ancienne plaque de numérotage figure dans la frise et porte le n° 12.

*
* *

L'humble maison qui, en rue Dubois, porte le
n° 12, nous vient de notre arrière-grand-père maternel, Sébastien Goujon, qui, vers 1750, était
cartier en rue de la Cage. Il l'acheta en 1768. Alors
on ne vivait pas dans le luxe d'aujourd'hui, car,
encore bien que ce Goujon fût propriétaire de plusieurs petites maisons en ville, il appert d'un inventaire dressé après sa mort que le fils de la
famille couchait sur « la suspente de l'atelier ».
Par un contraste qui est le propre de la petite
bourgeoisie du temps, ce Goujon n'en possédait
pas moins d'assez belle argenterie. Quant à ce
fils de la maison, lorsque vint la Révolution, il se
fit, à l'inverse de toute la famille, ardent révolutionnaire, et quoique n'étant plus jeune, il s'en-
gagea dans les armées de la République, d'où
il n'est jamais revenu. Nul n'a su où il a laissé
ses os.

La maison de la rue Dubois était dénommée

(1) La maison et le motif existent encore. La maison paraît dater de la
fin du règne de Louis XIII, mais elle a subi beaucoup de transformations,
et a été exhaussée de deux étages. — M.

maison de la Sirène, ainsi qu'en justifie l'inscription :

A LA SIRÈNE

qui se lit encore sur une plaque de marbre noir d'environ trois pieds de long au-dessous de la coudière de la fenêtre centrale du premier étage. Cette inscription fut longtemps cachée par une devanture. M. Malaval, en faisant refaire celle-ci, a eu l'excellente idée de la disposer de manière à laisser l'inscription apparente.

*
* *

Au numéro 30 de la même rue (maison démolie en 1869) on voyait au sommet de la porte d'allée un très bel écusson supporté par deux lions debout. Sur l'écusson se lisaient entrelacées avec beaucoup d'art les lettres M. N. S. Une corniche moulurée abritait le motif, supporté lui-même par un culot où se trouvait appliqué un petit cartouche à l'antique, portant gravées trois initiales, dont les deux premières, C et P, étaient seules apparentes. Le tout de bonne main, en style du xviie siècle. A quoi se rapportent ces initiales, je défie de l'ignorer plus que moi.

*
* *

La rue Chalamont était une rue extrêmement étroite qui comprenait le tronçon de la rue Dubois actuelle entre la rue Centrale et la rue Mercière. De la rue Mercière au quai, la voie, non moins étroite, changeait encore de nom et s'appelait la rue des Souffletiers. Le côté nord de la rue Chala-. mont a été démoli pour la mettre à l'alignement de la rue Dubois. C'est dire que l'inscription

AUX
TROIS
PIGEONS

qui se lisait sur une table de pierre aux formes un peu tombales, sur la façade de la maison n° 5, a cessé d'être.

*
* *

Allez chercher, rue Grenette, n° 20, une belle enseigne avec les fortes moulures à tarabiscot du temps, bien crois-je que vous perdrez votre temps (1). On y voyait peint un évêque fortement

---

(1) Cette enseigne a disparu, mais non par suite du percement de la rue de l'Impératrice, car elle avait été dessinée postérieurement à cette date. — M.

crossé et mitré, croix pastorale sur la poitrine, bénissant très bien. Au-dessous

A SAINT-CLAUDE
1743

Puis, encore au-dessous, un je ne sais quoi, me paraissant figurer un peigne primitif, tel que celui dont se servaient les dames de l'âge de pierre. Peigne et enseigne s'expliquent tout de go. La rue Grenette était la rue des tourneurs et fabricants d'objets en buis, et presque tous ces objets venaient de Saint-Claude ; d'où le nom pittoresque *d'argenterie de Saint-Claude*, que nous donnons aux couverts de buis.

Sans le zèle de Charvet, jusqu'au souvenir de l'intéressant morceau de sculpture que voici serait à jamais perdu. En démolissant la maison n° 39 de la rue Grenette, on le trouva derrière une devanture, et il fut enlevé le même jour. Ce petit gone peu vêtu est chargé d'un faix de bois refendu, comme l'indique l'inscription *à l'Éclape*. On sait que chez nous les *éclapes* sont des *éclats* de bois, et peut-être les deux mots ont-ils la même étymo-

logie. Comme l'enseigne avait été bâtie avec la
maison, on a quelque peine à croire que cela ne
servît qu'à désigner la boutique d'un marchand de
picarlats. Peut-être y avait-il là quelque allusion
au nom du propriétaire qui fit bâtir l'immeuble.
Quoi qu'il en soit, ce souvenir est précieux en ce

qu'il montre à quel point le langage populaire, ou
plus proprement le dialecte lyonnais avait alors
cours officiel.

Lequel d'entre nous ne s'est arrêté plus d'une
fois devant la plus curieuse enseigne de Lyon, la
sculpture en haut-relief de la maison du *Grand
Cheval Blanc*, rue Grenette, n° 10 ? La niche,
portée en encorbellement, devait, au témoignage

des moulures, dater de la fin du xvᵉ siècle ou des toutes premières années du xvıᵉ, et sans doute elle avait été replacée dans la façade, rebâtie en

1636. Qui n'a remarqué le harnachement à la vieille mode de ce solide cheval, vrai destrier de bataille ; sa selle aux deux cornes énormes, celle de derrière recourbée pour mieux retenir le cavalier, penché en avant, sous le choc de la lance ; le petit nain tenant le cheval par la bride (1) ? Cette enseigne parlante indiquait une auberge (la même que le *Grand Cheval Blanc* de la rue Tupin) (2), et le petit nain représentait tout bonnement un résumé de palefrenier conduisant à l'écurie le cheval de quelque noble seigneur.

Cette auberge avait, sur la rue Tupin, une entrée importante, ainsi que l'indiquait cette inscription, gravée en or sur marbre noir :

AU

GRAND

CHEVAL

BLANC

1635

Mais, disait naguère une enseigne de haute philosophie : « la concurrence est l'âme du commerce. » Cent vingt-neuf ans après, un autre logis, sous un nom presque identique, s'installait dans

(1) Cet admirable ouvrage a disparu en démolissant la maison, en 1888, ainsi que la célèbre grille ronde en saillie, où la tradition populaire voulait que l'on eût exposé les banqueroutiers. Le tout a été photographié avant la démolition, et le propriétaire, M. Neyret, a fait reconstituer, me dit-on, le cheval avec son entourage dans sa maison de campagne. — M.

(2) Qui date de 1635, comme la façade de la rue Grenette date de 1636. Les deux maisons communiquaient, ainsi que me le fait remarquer M. Malaval. Cette richesse de construction indique une auberge très prospère.

la rue Tupin, presque en face du précédent. Il portait, gravée sur une épaisse plaque de marbre noir :

AU PETIT

CHEVAL

BLANC

1764 (1)

Cette auberge était venue, ô vicissitude ! se loger dans un immeuble superbe, qui n'avait certes point été bâti pour cet usage. Il offrait un beau spécimen de l'architecture du XVIIᵉ siècle. C'est dans le motif de l'arc d'entrée, à la belle clef accotée de bossages, à la large frise, aux fortes consoles feuillues, qu'on avait, assez maladroitement, rapporté l'enseigne.

Au-dessus d'une riche clef de l'arc, au rez-de-chaussée du nº 2 dans la même rue, figurait (2) l'écusson des Norrat : d'azur au monde croisé d'or, cintré de gueules (c'est à Charvet que je dois cette description ; je m'y connais en blason comme une margot à étendre de la margarine sur du pain). Norrat fut échevin de 1593 à 1604 (c'est Charvet qui me l'a dit).

(1) Cette maison, qui portait le numéro 20, n'existe plus malheureusement. Elle a été démolie lors de l'ouverture de la rue de l'Impératrice. Il en reste cependant un fragment, c'est la tête du mur mitoyen, qui contient, à chaque étage, un pilastre couronné par la console de son entablement. Ce fragment fait bien connaître l'ordonnance de cette belle façade, reproduite dans l'ouvrage de Martin, qui, avec raison, n'avait pas tenu compte de l'inscription, rapportée après coup. — M.

(2) Maison démolie et reconstruite. — M.

Rue Mercière, n° 39, dans un encadrement placé au centre d'un motif architectural important et habilement arrangé, se lisait cette sentence profondément philosophique :

FABER · EST · QVISQVIS
FORTVNÆ · SVÆ

Au-dessous, occupant le milieu du cadre, un trou rond avec les traces de quatre clous qui retenaient un objet rapporté (des armoiries ou une figure de la Fortune ?). Enfin dans le bas :

·LEONARD · BESSET
1·6·1·0

Ce Léonard Besset était un sage qui avait devancé Voltaire : « Ceux qui se plaignent de la Fortune n'ont souvent à se plaindre que d'eux-mêmes. » (1)

La rue Petit-David n'ayant pas subi d'améliorations, l'arc d'un beau caractère dont la clef, déco-

----

(1) Cette maison a été démolie, et le morceau d'architecture, enlevé, a été reconstruit rue Moncey, n° 25. — M.

rée d'un mascaron avec feuillages, a longtemps
supporté le socle d'une statue du Petit David, par
Bidault (1660, me dit Charvet, qui en sait plus
long que moi), cet arc doit exister, avec l'inscription, au n° 2 ; le socle est formé par un ressaut
du cordon du rez-de-chaussée, et sur le larmier
est inscrit :

AU PETIT DAVID (1)

*
* *

Rue des Quatre-Chapeaux, n° 23, une belle
Cornemuse, bien gonflée, avec tous ses détails,
se voyait sculptée sur une plaque de marbre noir.
Au-dessous :

HOTEL
DE LA CORNEMUSE

Les lettres, la cornemuse et les quatre rosettes
formant la tête des clous étaient dorées. Belle
exécution. La cornemuse paraissait dater du
XVIIIe siècle.

(1) Le numéro 2 de la rue Petit-David fait l'angle de la rue et du quai
Saint-Antoine. C'est une maison moderne dont l'architecture rappelle
celle de M. Benoît père, et qui a pris sans doute la place de celle dont
parle Puitspelu. L'entrée de cette maison est sur le quai Saint-Antoine.
n° 32. En souvenir de la statue de Bidault, l'angle est décoré d'une grande
niche renfermant une statue moderne de David. — M.

On sait que la rue a été rebâtie tout entière.
Ce fin morceau de sculpture méritait d'être
conservé.

*
* *

De pieux Italiens, sans doute, avaient ménagé
au-dessus de la porte d'entrée d'une maison de la
place Grenouille (qui fait aujourd'hui partie de la
rue Quatre-Chapeaux) la place d'un grand bas-
relief, avec l'inscription suivante au-dessous .

FIQURA·DELLA·CASA·SANTA·DI LOREto

Le graveur n'était pas très ferré sur l'orto-
graphe italienne et avait écrit *fiqura* pour *figura*.
Quant au bas-relief qui représentait, comme
l'indique l'inscription, la célèbre maison de la
Vierge, à Lorette, il était détruit depuis longtemps
lorsque Charvet a dessiné l'inscription.

*
* *

Celle-ci :

A LA GRANDE MAISON

qui figurait sur la façade du n° 9 de la rue Ferrandière, évidemment n'avait point été conçue

avec le bâtiment. On ne lui avait point préparé de place, et elle avait été inscrite après coup, vaille que vaille, partie sur les écoinçons de l'arc, partie sur la clef à trois bossages qui le fermait (1).

***

Le souvenir de Guignol suffirait à illustrer entre toutes la rue Écorche-Bœuf (encore une que l'on a débaptisée parce que son nom ne sonnait pas assez la noblesse). Mais elle conserve un autre souvenir. Au n° 19, dans le tympan d'un arc en plein cintre, d'un bon style, on lit :

LHOSTEL
DE LA MONNOYE (2)

Au-dessous un millésime ou un mot intentionnellement mutilé.

On sait que l'hôtel de la Monnaie a disparu lors du percement de la rue de la Préfecture.

***

Qui ne connaît la grande maison du *Coq hardi*, au n° 9 de la rue Louis-le-Grand ? L'inscription

(1) La partie de la rue Ferrandière où se trouvait cette maison a été reconstruite. — M.

(2) L'inscription existe encore, mais recouverte par des affiches. Elles n'ont respecté qu'une seule lettre. — M.

est gravée, selon la tradition, en lettres d'or sur marbre noir, au-dessus de la porte cochère :

AU G^D COQ HARDI (1)

Passons « de l'autre côté de l'eau », et, tournant à gauche, prenons l'antique rue des Prêtres. Le propriétaire de la maison n° 30 l'avait dédiée :

A LA CROIX
DE MALTHE

Comme bien il convenait dans le voisinage d'une commanderie de cet ordre. Au-dessous de l'inscription était sculptée une croix de Malte, qui a été mutilée certainement à la Révolution (2).

*
* *

Si nous remontons par la rue Saint-Georges, nous trouverons, au n° 30, la maison de *la Corne de Cerf*. D'un trumeau entre deux fenêtres sort une très belle tête de cerf au naturel et garnie de

---

(1) Je n'ai pu retrouver cette inscription. Est-elle cachée sous quelque devanture ? — M.

(2) L'enseigne existe toujours, la maison, qui date du xviie siècle, a un rez-de-chaussée avec arcatures à bossages, d'un beau style. Elle a été restaurée il y a quelques années par l'architecte feu André Bernard. — M.

ramures en métal. Le cartouche qui l'entoure est de style Renaissance, tandis que les moulures des baies appartiennent au style ogival (1).

Le n° 3 de la même rue, c'est la maison du *Phénix*. Un vaste motif d'architecture classique, composé de deux pilastres cannelés, d'un entablement à triglyphes et d'un fronton, encadrait une sculpture où, avec de la bonne volonté, on pouvait encore discerner, tout mutilé, un phénix sur un bûcher. Mais il aurait grand besoin de renaître de ses flammes (2).

(1) Vainement cherché dans toute la rue la tête de cerf. Les numéros ont sans doute été changés, car la maison portant actuellement le n° 3o n'a pas de style. — M.

(2) Tout existe encore, mais le phénix est de plus en plus détérioré. Ce motif architectural, qui paraît remonter à Louis XIII, a été placé après coup dans la façade, qui appartient au xv° siècle. Le rez-de-chaussée, qui n'a point de style, a été refait en sous-œuvre pour y pratiquer des arcs de boutique. C'est probablement en faisant ce remaniement qu'on a rapporté le phénix. La même opération de sous-œuvre a été faite à beaucoup de façades ogivales de notre ville. — M.

*
* *

Place de la Trinité, jadis le treyve *(trivium)* du Gourguillon, maison *du Soleil*. Un soleil d'or sur la façade. C'est le symbole parlant de la famille du Soleil, pour qui fut bâtie cette superbe maison, à cour sur plan elliptique. Elle fut terminée en 1723.

*
* *

Un petit coup de jarret (nos canuts disent un petit coup de... oh ! Seigneur, qu'allais-je dire !) et nous trouverons, au n° 17 de la montée du Gourguillon, une niche sur plan circulaire, décorée d'une coquille et accotée de pilastres. Le tout, d'un faible dessin, date du xviii° siècle, avec l'inscription au-dessous :

A S^{te}

GENEVIÈVE

La niche est vide de sa statue (1).

*
* *

Qui n'a remarqué le joli motif, très étudié, paraissant dater du commencement du xvii° siècle,

(1) La niche renferme aujourd'hui une petite statue de la Vierge. Maison sans caractère architectural. — M.

et formant l'entrée d'une maison de la rue Tramassac, avec cette charmante inscription au-dessus du chambranle :

PAX HVIC DOMVI
ET OMNIBVS HABITANTIBVS IN EA

Je suis obligé de mettre *omnibus* en toutes lettres, mais, dans l'original, ce mot, à cause de l'exiguïté de l'espace, est exprimé par une abréviation très singulière et qui le rendrait même indéchiffrable, si l'on n'était aidé par l'O initial et l'S final (1).

C'était une jolie coutume que celle des devises décoratives pour les maisons, et encore plus pour les maisons des champs. Le xvie, le xviie et le xviiie siècles en avaient le goût, qui s'est perdu avec celui des lettres latines. On doit lire encore, bien effacée, cette jolie inscription gravée au-dessus du portail de l'humble maison que nous possédions au Petit-Sainte-Foy, et qui fut acquise en 1868 par Clément Livet, marchand de papiers peints, devenu célèbre par sa donation à l'Académie de Lyon :

FIDA INTVS
IVCVNDA FORIS

(1) Ce morceau a été démoli et reconstruit cours Gambetta, ainsi que toute la façade. — M.

Elle avait été composée au xviii° siècle, par un père jésuite, ami de Pierre-Aymé Durafor, de son vivant ferblantier, mort en 1784 et père de Clément Durafor, lui-même le grand-père maternel de celui qui écrit ces lignes.

*
* *

Le jolie enseigne ci-contre, qui n'a pas besoin d'explications, est placée rue de la Bombarde, 10.

La bombarde est richement ornée de canaux et de rinceaux. Exécution très serrée (1).

(1) La Bombarde envoie toujours son projectile, mais, hélas ! elle a été peinte à l'huile couleur de bronze ! Le bas-relief, posé sans goût, paraît avoir été rapporté dans une façade refaite, et d'ailleurs sans aucun style. La façade primitive du bâtiment était sans doute en harmonie avec la cour, qui est de style ogival ; et cette façade fut probablement démolie au xvi° siècle pour le passage du Chemin-Neuf, que fit ouvrir le baron des Adrets. — M.

Ce nom de rue de la Bombarde est d'ailleurs bien antérieur à notre bas-relief, car on trouve sur nos vieux plans la rue de la Bombarde dès avant l'existence du Chemin-Neuf ; mais, il est vrai, pas à sa place actuelle. L'ancienne rue de la Bombarde est aujourd'hui la rue Tramassac.

*
* *

C'est la rue du Bœuf actuelle qui, dans le temps, portait le nom de rue Tramassac. Il est assez vraisemblable que son nouveau nom lui vint

du superbe bœuf attribué, sur je ne sais quel fondement, à Jean de Bologne, et qui figure au coin de la rue et de l'ancienne montée de Tire (chut !).

*
* *

Dans la même rue, au n° 19, la maison de l'*Outarde d'or*. Curieux bas-relief entouré de moulures. On y voit un gros oiseau, censément l'outarde, au milieu ; puis deux arbres, avec deux oiseaux plus petits dans chacun d'eux. Contre un des troncs, un tout petit quadrupède, difficile à diagnostiquer, mais qui a un faux air de cabot ou de louveteau, paraît guetter sa proie (1).

Quand Charvet a dessiné l'enseigne, l'inscription était sans doute cachée, car il n'eût pas manqué de la reproduire. M. Malaval a bien voulu la relever pour ce travail. Sur une plaque en marbre de Saint-Cyr, rapportée au-dessus d'un panneau en forme de voussure développée, on lit :

A L'OUTARDE D'OR

Puis au-dessous, dans le renfoncement du panneau :

JE VAUX MIEUX

QUE TOUS LES

1708   GIBIERS

L'espace, qui n'a pas permis une disposition régulière de l'inscription, indique suffisamment

(1) Le bas-relief existe toujours. Le quadrupède a probablement l'intention d'être un renard. La maison, qui est très simple, paraît contemporaine de l'inscription. — M.

que le panneau n'avait pas été préparé pour l'inscription.

Le sculpteur avait-il vu des outardes ? Il est permis d'en douter. Il suffira de rappeler que l'outarde constitue la transition entre les gallinacés et les échassiers. Or, les nôtres ressemblent à des oiseaux quelconques. Pour le surplus l'inscription était moins menteuse que les épitaphes. L'outarde est, à ce qu'en disent les doctes, le meilleur gibier de France. Je n'en ai d'ailleurs jamais mangé et je crois « qu'en partie tous » les Lyonnais doivent être dans mon cas.

*
* *

La maison *du Paon*, numéro 18 (1), offre un spécimen peut-être unique en son genre dans notre

(1) La maison porte aujourd'hui le n° 12. La façade n'a aucune moulure qui permette de lui assigner une date un peu précise ; l'imposte a été peinte récemment en bronze vert. — M.

contrée. C'est une imposte en bois, travaillée à jour et qui porte le caractère de la Renaissance allemande de la fin du xvi° siècle, me dit Charvet. Un superbe motif d'ornementation, à rinceaux et à feuillages, sert d'entourage à un paon superbe faisant la roue.

*
* *

Dans la rue de l'Ours, quartier Saint-Paul, au n° 2, un ours, rongé par le temps et presque méconnaissable, est sculpté dans un panneau renfoncé dans la pierre (1).

*
* *

Quai Puits-du-Sel, n° 41, un beau motif architectural, accoté de consoles terminées en mascaron, saine architecture, pure et soignée d'exécution, qui me paraît dater du commencement du xvii° siècle. On lit dans un panneau ménagé dans la frise :

DOMVS OMNIS VIRTVTI⁵

Le graveur, là aussi, avait encore mal pris ses mesures, et n'a plus eu de place pour l'S finale,

(1) Existe encore, mais on ne voit plus la silhouette de l'animal. La maison, très grande, à deux montées d'escalier, est de style Louis XIII. Elle porte aujourd'hui le n° 10. — M.

qu'il a mise en indice. Puis, comme il a craint que
ce ne fût pas encore suffisant, il a, par suréroga-
tion, enlacé une S à l'I terminant la ligne (1).

* *

A· L'ENUIE
DU 1718 POT

était inscrit, quai Pierre-Scize n° 27, sur une
enseigne grossièrement sculptée, représentant
deux hommes se disputant un énorme pot, qui
est d'évidence un pot à fleurs. Cette signification
est accentuée par un objet voisin, qui a l'air d'un
énorme champignon ou d'un chou-fleur. Cette
enseigne devait être celle d'un potier (2).

Au n° 25 du même quai, un encadrement en
pierre faisant partie de la construction et destiné
à recevoir une enseigne qui a disparu. Dans la clef
de l'arc qui le supporte, un écusson renfermant
une armoirie de..., à la fasce de..., chargée de

____

(1) L'ancien quai Puits-du-Sel fait aujourd'hui partie du quai Pierre-Scize.
Cette fort jolie maison est reproduite dans l'ouvrage de Martin. Elle a été
démolie pour faire place aux constructions de la Compagnie des Immeubles
de Saint-Paul. — M.

(2) Et c'est encore celle d'un potier, Éterlin, fabricant de poteries au
Pont d'Alaï, qui a là un magasin. La maison est de la même époque que
l'enseigne. — M.

deux P, surmontée d'une croix alézée en chef, et d'un croissant en pointe (description de Charvet). Le tout me paraît appartenir au xvii° siècle (1).

*
* *

Quai Bourgneuf, 45 et 46, une maison, dont le rez-de-chaussée est en style ogival du xv° siècle, porte au sommet d'un arc un écu sur lequel est sculpté en relief un beau monogramme du Christ, accoté de deux enfants nus posés sur des cornes d'abondance et qui paraissent en train d'accrocher l'écu au moyen de rubans (2).

Même quai, n° 55, dans une maison de style ogival du xiv° siècle, un écusson avec un mouton dessus. Est-ce une enseigne, est-ce une armoirie (3) ?

Le nom de *Cheval blanc* est commun pour les auberges. On en trouve dans nombre de villes. Nous avons vu un *Grand* et un *Petit Cheval blanc* en rue Tupin ; voici un autre *Petit Cheval blanc* en Vaise, Grande-rue, n° 18. D'évidence encore enseigne d'un logis. Un bas-relief figure un cheval

---

(1) La maison existe encore en l'état, mais elle porte aujourd'hui le n° 26. — M.

(2) Existe encore. Les deux étages au-dessus du rez-de-chaussée ont été rebâtis sans aucun style. Remarquer qu'il n'y a plus de quai Bourgneuf. Le quai de Pierre-Scize commence maintenant au pont de Serin pour finir au pont Saint Vincent. — M.

(3) Existe encore, — M.

que tient par la bride un enfant nu. Derrière le cheval, un arbre façon Nuremberg.

Le cheval et l'enfant ont chacun perdu une jambe (1).

*
* *

Que si nous rentrons en ville par le Pont-de-Pierre, nous trouvons droit devant nous la rue des Bouquetiers, jadis de quelque trois aunes de large, et dont les deux côtés furent successivement démolis, à savoir le côté nord vers 1843, lorsqu'on édifia l'immense maison Blanchon, et le côté sud possible quinze années plus tard, lorsque fut élevée la belle maison bâtie par le père Benoît, et où furent longtemps les magasins Mouth. Là, au n° 4, était une enseigne en bois, représentant un phénix peint en or sur un fond brun avec l'inscription :

AU PHÉNIX
1758

Cette enseigne, avant d'être appliquée contre le mur, fut appendue à une potence, car elle était peinte sur les deux faces. Puis, lorsque les règlements de voirie sont venus interdire ce genre d'enseigne, qui avait le mérite de se lire des deux bouts de la rue, on s'est résigné à mettre l'enseigne

---

(1) Il ne reste plus rien de cette enseigne. — M.

à plat contre le mur. Cet intéressant morceau fut acquis par Charvet qui le porta à sa jolie maison-forte de Monbaly, dont il a écrit l'histoire. L'enseigne a été vendue avec le château.

* * *

On n'a pas parlé de l'enseigne si connue des *Trois Marie*, dans la rue de ce nom. C'est que la décoration de la niche est moderne. Il faut attendre deux ou trois cents ans pour y trouver de l'intérêt.

Quantité d'enseignes ont disparu antérieurement aux recherches de Charvet. Quand j'étais petit, mon père, me tenant par la main, me mena un jour aux Pierres-Plantées. En montant il me fit remarquer à gauche, dans une niche, une statue de saint Roch, avec l'inscription : *Non ultra pestis* (1). Cela voulait dire que la peste n'était pas montée plus haut. Possible y avait-il une date sous la niche, car il y a eu plusieurs fois la peste à Lyon. Vainement depuis lors ai-je cherché ce monument commémoratif, qui doit être caché par quelque devanture.

On n'a pas davantage parlé des enseignes-tableaux. Elles sont la propriété du marchand occupant la boutique, lequel parfois les enlève

(1) L'inscription complète aurait été, selon un ami : *Hujus præsidio — Non ultra pestis.*

chaque soir. Cependant jadis ces enseignes, souvent, étaient fixes. Voit-on encore, sur le cours Lafayette, à droite, contre une maison basse qui n'avait qu'un rez-de-chaussée, l'enseigne fanée d'un cabaret avec l'inscription : *Au Repos des Souffleurs ?* J'ai bien peur qu'enseigne et maison n'aient disparu. Comme la bande des Souffleurs ne se promène plus depuis 1848, le tableau était antérieur à cette date. On y voyait, pourtraité au vif, un morceau de la bande, à savoir : un souffleur à cheval, d'autres à pied, tous avec le costume : chemise brodée, pantalon blanc avec dentelles au bas, bonnet de coton, soufflet appendu en sautoir par un ruban rose. C'est assurément le seul monument figuré qui rappelle le souvenir de l'antique bande des Souffleurs, au temps où l'on savait rire gauloisement et honnêtement. Quel dommage qu'un peintre de l'époque, au lieu de nous représenter tantôt des Romains en costume de pompier qui va se coucher, tantôt des troubadours à crevés abricot, selon qu'il était classique ou romantique, n'ait pas eu l'idée de fixer ce curieux coin des usages du temps !

Toute mon enfance et bien après, j'ai vu, sur le quai Bon-Rencontre, un cabaret où certainement avaient bu jadis les quatre fils Aymon, car on les voyait, en costumes de *Romains*, avec d'immenses casques, buvant confraternellement autour d'une table. Cela me causait une vive impression, car j'avais souvent entendu parler des quatre fils Aymon et de leur cheval Bayard, et cela ne laisse pas d'émouvoir, de contempler des êtres aussi extraordinaires.

Aujourd'hui encore, on doit voir, peint sur le mur, au deuxième étage d'une maison place des Jacobins, un *Ours noir,* et sur un panneau de tôle arrondi, en rue Bourbon, une *Frileuse.* Il en est sans doute bien d'autres. On doit une mention particulière à un *Gnafron,* peint de bonne main, dans le passage de l'Argue, où il se trouve heureusement à l'abri des intempéries. Le tronflon crête de dinde, l'œil allumé, la bouche joviale, il brandit son tirepied en s'écriant : « Qu'ils y viennent, les concurrents ! »

Ceux qui ont le bonheur de se lantibardaner à Lyon, doivent, de fois à autre, faire quelques découvertes de ce genre.

Je suppose que l'*homme d'osier,* coiffé de son bugne, doit encore, appendu par le dos, regarder de son œil atone les passants de la rue Saint-Côme, autrefois si vivante, maintenant si délaissée. Quand j'étais petit, la vue de ce mannequin n'allait pas sans m'inspirer quelque frayeur.

*
* *

Et maintenant un adieu au souvenir du Lyon qui n'est plus.

L'ACADÉMIE DU GOURGUILLON

L'an de grâce mil huit cent septante-neuf et le vingt-quatrième de juin, jour de la Saint-Jean, à quatre heures de relevée, notre sieur Nizier du Puitspelu, bras-neufs de sa profession, se chauffant le ventre au soleil et parlant à sa propre personne, déclara fondée l'Académie du Gourguillon.

Il en fut aussitôt le président, le vice-président, le secrétaire, le trésorier, les membres et le public.

(A noter que toutes les discussions à l'Académie furent toujours de la plus extrême courtoisie.)

A partir de ce moment notre sieur Nizier du Puitspelu, pour tous ses travaux, ne manqua point de faire figurer, au-dessous de sa signature, la qualité de membre de l'Académie du Gourguillon.

Il ne tarda pas à s'apercevoir combien cette qualification mystérieuse ajoutait, aux yeux du public, d'autorité à ses travaux et de lustre à sa personne.

*
* *

Deux années s'écoulèrent ainsi, lorsque dans *le Courrier de Lyon* du 22 août 1881, notre sieur Gérôme Coquard inséra une brillante lettre adressée à notre sieur Nizier du Puitspelu. Cette lettre, peu après fut publiée en brochure sous le titre de : *Sur quelques mots lyonnais, lettre à 'M. Nizier du Puitspelu*,par *Gérôme Coquard (de Bourgneuf)*, Lyon, Storck, 1881.

Notre sieur Nizier du Puitspelu y répondit dans les numéros du *Courrier de Lyon* des 30 août, 3 et 6 septembre.

Au moment de clore sa réponse, une idée, comme une lumière éclatante, jaillit soudain dans son cerveau, et il ajouta à la fin de sa lettre :

« Et maintenant que j'en ai terminé, cher Mon-
« sieur Coquard, baillez-moi licence de vous
« annoncer que, sur le vu de votre docte missive,
« qui témoigne telle science du vieux langage
« lyonnais et telle amour de la ville natale, et
« sur la présentation idoine, faite réglément à

« l'Académie du Gourguillon par le sieur des
« Guénardes, président, et le sieur du Puitspelu,
« membre indigne : par la susdite Académie et
« à l'unanimité des voix, il a été octroyé à sieur
« Gérôme Coquard (de Bourgneuf), bourgeois de
« Lyon, le diplôme de membre de ladite Acadé-
« mie ; par quoi mon dit sieur Coquard sera à
« l'avenir qualifié pour adjoindre à ses nom et
« prénoms les qualités précitées. S'ensuivent les
« dates, approbations, signatures et autres menues
« béatilles de droit. »

*
* *

Pas n'est besoin de dire que, de son côté, notre
sieur des Guénardes n'avait été ni consulté ni
pressenti au sujet de sa double et simultanée
nomination de membre et de président de l'Académie. Il en eut connaissance par le *Courrier de
Lyon* et s'en montra plein de joie, encore qu'il eût
toujours refusé, au cours de sa carrière, tous les
honneurs qui lui avaient été proposés.

Notre sieur Coquard se montra non moins
glorieux du choix, d'ailleurs si mérité, de
l'Académie.

Continuant la gosse, Coquard et Puitspelu, d'un
commun accord, annoncèrent simultanément à
Joannès Mollasson, à Glaudius Canard, à Duroquet

Athanase, et à Mami Duplateau qu'ils étaient membres de l'Académie.

Puis personne ne s'occupa plus de rien jusqu'au jour où l'on s'entendit pour une honnête mangeaille à la lyonnaise, à seule fin de constater l'existence de l'Académie.

Ce jour mémorable serait resté à tout jamais inconnu si, par un bonheur insigne, notre excellent érudit lyonnais, M. de Terrebasse, n'avait retrouvé, dans les papiers de feu notre président, la lettre ci-incluse, lithographiée sur papier rose :

« *A Pétrus Violette, sieur des Guénardes.*

« CHER ET HONORÉ PRÉSIDENT,

« La présente est pour vous faire assavoir que
« l'Académie du Gourguillon tiendra ses assises
« pour la réfection de dessous le nez, le lundi
« 20 courant, au logis du sieur Morateur, séant
« rue Gentil, à onze heures du matin. L'Académie
« compte sur votre présence.

« R. S. V. P.

« Adieu command'

« *Le secrétaire :*

« Gérôme COQUARD.

« 7 avril 1885. »

Le président seul ne put assister à la fraternelle agape ; mais il écrivit à Coquard une noble, digne et longue lettre pour être lue à l'assemblée. Il faut espérer que cette pièce si intéressante se retrouvera quelque jour parmi les paperasses de Coquard (1).

Ce fut dans cette agape que l'on décida de représenter les arts à l'Académie. Le fils Ugin fut, dans ce dessein, choisi à l'unanimité.

(1) Voici la lettre à laquelle Puitspelu fait allusion :

18 apvril, An Dom. M. DCCCLXXXV.

Le président de l'Académie du Gourguillon, à ses très précieux, vénérés, estimés et affectionnés collègues de la dicte Académie,

Salut !

« Chers Collègues,

« J'ai d'abord à vous adresser de sincères remerciements pour la convocation au repas littéraire du 20 (*je ne dis pas du vin cher à Gnafron*). Ce sera charmant, piquant, intéressant à tous les points de vue de *l'estôme et de la comprenette...*

« Mais !... je ne puis m'y rendre qu'en imagination et ainsi on pourra m'y voir en rêvasserie comme une figure de lanterne magique.

. . . .

. . . .

« Et puis ! autre bâton en travers de mon violet, ce jour-là ou le suivant, *nescio*, deux de mes proches m'annoncent leur arrivée d'un long voyage pour se reposer à Lyon avant de retourner en leur logis qui est à cent lieues de Bellecour et des Charpennes. Il faut que je soie dans ma guérite pour les attendre et les initier aux mystères de la cité.

« En ce cas et après avoir pesé ces considérations, je ne puis faire autrement que rester président pour la frime, et en même temps prions de me représenter en paroles, en gestes et en actions soit le secrétaire Gérôme Coquard, soit l'érudit sieur du Puitspelu, soit l'émérite écrivain Canard, soit le successeur de Maupin, Mollasson, soit le Molière de la rue Écorche-Bœuf Du Roquet, auxquels je présente mes humbles révérences et excuses.

« Ainsi fait et signé à la minute les jour et heure que dessus.

« Pétrus Violette Sr des Guénardes. »

(Note de l'éditeur.)

L'Académie vécut ainsi sans autre règlement que celui qui était inscrit dans le cœur de ses membres, lorsque, en octobre 1886, nos sieurs Coquard et Puitspelu s'amusèrent à rédiger les statuts que l'on connaît.

Dans une mangeaille postérieure, on décida de s'adjoindre Marius Bardoire, et dans une autre, Joanny Bachut.

J'ignore à quelle date fut reçu Bardoire, c'est-à-dire qu'il assista à une lippée. Peut-être ses souvenirs l'aideront-ils. La réception de Bachut eut lieu le 5 juin 1891.

Le fils Ugin est mort en février 1888 ; Athanase Duroquet, le 5 novembre 1890 ; Pétrus Violette, le 22 février 1894 (1).

16 avril 1895.

------

(1) En 1894, l'Académie a élu Jean-Marie Mathevet, Pater Familiasse et Benoît Cachemaille, en sorte qu'elle compte aujourd'hui huit membres : Joanny Bachut, Marius Bardoire, Benoît Cachemaille, Glaudius Canard, Gérôme Coquard, Mami Duplateau, Pater Familiasse et Jean-Marie Mathevet.

Elle a perdu, outre ceux de ses membres que signale Puitspelu, Puitspelu lui-même, en 1895, et Joannès Mollasson, en 1896.

(Note de l'éditeur)

CRITIQUE

DE LA GLOIRE LITTÉRAIRE

A PROPOS D'UN OUVRAGE RÉCENT

La préoccupation de se survivre ici-bas par la gloire n'a jamais autant qu'aujourd'hui hanté les âmes. M. Paul Stapfer, dans un aimable livre (1), nous confesse ingénument que lui-même n'a point échappé à cette épidémie, et il a voulu examiner de près les conditions du succès d'un livre. Le sujet était pour tenter un observateur judicieux comme lui, et comme lui subtil.

Le nom de l'auteur représente toute une lignée intellectuelle. Son aïeul fut le célèbre ministre de la République helvétique auprès de la France. Son oncle fut ce noble Albert Stapfer dont on retrouve si souvent le nom dans les lettres d'Am-

____

(1) *Des Réputations littéraires*, un vol. in-12, Paris, Hachette, 1893.

père et de ses amis. Quant à Paul Stapfer, quel
charmant esprit que le sien, et si français! Peut-
être ne lui a-t-il manqué, pour passer au rang de
ceux que les journaux appellent les « maîtres »,
que la production hâtive, fiévreuse, dans le milieu
surchauffé de la « capitale », et surtout, il faut
bien trancher le mot, un peu de cabotinage. Le
cabotinage ajoute au talent ce je ne sais quoi
d'achevé dont parle Bossuet. Talent = talent,
mais talent + cabotinage, combien cela pèse davantage, surtout dans la balance des sociétés dé-
mocratiques! Souvent même arrive-t-il que le
cabotinage sans aucun talent donne une renommée à laquelle ne saurait jamais atteindre le
talent sans aucun cabotinage. Il ne faut ni s'en
indigner ni s'en étonner. Ce serait s'étonner ou
s'indigner que « la pierre tombe et que le feu
s'élève ».

*
* *

Ce n'est pas sans un peu de chagrin que l'on
s'aperçoit que le rare esprit dont nous parlons, fait
pour le suffrage des cultivés, et non pour le suffrage un peu grossier des foules, est travaillé par
l'amertume de n'avoir point la réputation « étendue » qu'ont pu conquérir des esprits assurément
inférieurs au sien, mais qui sont peut-être plus en
correspondance avec « l'état d'âme » démocratique.

Mais où M. Stapfer est souverainement injuste, c'est lorsqu'il écrit : « J'ai fait quelques ouvrages de critique assez bons, qui, sûrement, n'étaient pas de ceux qui donnent la gloire, mais qui sont loin d'avoir obtenu la *notoriété* que j'avais, comme tous ceux qui écrivent, espéré pour eux. » Qu'entend donc M. Stapfer par notoriété ? Est-ce la notoriété dans les petits journaux, dans les revues des « jeunes », dans les réunions d'étudiants, dans tout ce qui court les rues ? Ce n'est pas là proprement ce qu'on appelle la notoriété, mais la popularité. En littérature comme en politique, il en est qui sont affamés de popularité. Il en est même qui sont affamés de « crapularité ». Certaines conversions soudaines au socialisme, que nous avons vues ces derniers temps, n'ont pas d'autre explication. Mais ce qu'on nomme notoriété, c'est d'être connu, goûté, aimé dans le cercle des gens lettrés, moraux, familiers avec ce qui est bien et avec ce qui est bien fait ; le cercle des « honnêtes gens », comme on disait au xviie siècle. Or, cette notoriété, qui la possède plus que M. Stapfer ? Quel est l'homme de tant soit peu de lettres (ne pas confondre avec l'homme de lettres) qui ne soit au courant de ses études sur Racine et Victor Hugo, sur Rabelais, sur Gœthe, sur Shakespeare, etc. ? Qui n'a goûté ses œuvres et n'a sympathisé avec ses idées comme avec son caractère ? — Ce qu'il voudrait de plus ne vaudrait peut-être pas cela.

*
* *

« Le néant, dit M. Stapfer, est l'épouvantail de quiconque pense. Se distinguer de l'immense foule obscure des êtres périssables par quelque chose d'assez éclatant pour qu'il en reste après la mort au moins une lueur persistante, voilà l'ambition bien naturelle de tous ceux qui, ayant un peu réfléchi, ont pris conscience d'eux-mêmes comme individus, veulent exister et vivre, et ne se contentent pas, à la façon des bêtes, des plantes et des pierres, d'être les numéros anonymes d'une vague quantité collective. »

Ambition naturelle, sans doute ! mais tous les penchants naturels ne sont pas pour s'y abandonner à l'aveugle. Le désir d'une survie dans le monde actuel doit aller diminuant d'intensité, ce me semble, à mesure que l'esprit voit les choses d'un œil plus équanime, et les pèse à leur plus juste poids. Dans la dernière partie de sa vie, Racine devint insensible à cette ambition. Les choses transitoires avaient pour lui baissé de prix. Pascal, en écrivant ses *Pensées*, n'agissait pas dans le but de se survivre. Elles lui ont donné la survie, cependant. Peut-être est-ce précisément parce que ce n'est pas à cet effet qu'elles avaient été écrites.

Notre survie est assez indifférente à l'ordre des

choses. Paul Chenavard racontait que lorsque Berlioz, encore peu connu, voulut faire entendre je ne sais plus laquelle de ses œuvres, il alla trouver Cherubini, alors directeur du Conservatoire, pour lui demander la salle des Concerts. Cherubini, pour une raison dont le souvenir m'échappe, refusa. Et comme Berlioz se récriait, disant que, sans cette salle, il était impossible de faire jouer sa symphonie : « Mais, reprit tranquillement Cherubini, il n'est pas *nécessaire* que votre symphonie soit jouée. »

Il n'est de même pas nécessaire que la symphonie de notre survie soit jouée.

*
* *

Le plus sûr est de donner à l'avance notre démission de la gloire. De cette façon, nous ne redouterons pas de mécompte. — Ce ne sera pas donner notre démission du travail. Mais suivant une admirable parole, que je trouve dans une lettre de M. Renouvier, *il faut que le travail porte en soi sa récompense.* S'il amène la gloire, — ce qui est peu vraisemblable, et, je le reconnais, d'autant moins vraisemblable que nous nous occuperons moins d'y aider, — s'il amène la gloire, tant mieux ! S'il ne l'amène pas, tant pis ! Après tout, aux yeux de l'ordre universel, ce tant pis et ce tant mieux sont d'égale valeur. L'essentiel n'est

pas que l'on dise que notre œuvre est bonne, mais,
si possible, qu'elle soit bonne. L'essentiel n'est pas
le Paraître, mais l'Être.

*
* *

Il n'est pas nécessaire au mortel d'être grand,
Qu'il nous suffise, amis, d'être dans l'harmonie.

Or, ce qui est dans l'harmonie, ce n'est pas
nécessairement d'avoir écrit *Phèdre*, mais de
vivre comme l'auteur de *Phèdre* ; et comme lui
d'élever ses enfants (si les dieux vous en ont
donné) et d'en faire des hommes justes. Ceci est
conforme au but de la vie ; ceci est dans « l'ordre ».
Se prolonger en ses descendants, c'est la meilleure
forme de l'immortalité terrestre. Le désir de ce
genre de survie est le plus louable de tous.

Ce qui est encore dans l'harmonie, c'est de
tâcher d'appliquer nos facultés à l'ordre de choses auquel les dieux nous ont rendu le plus aptes
et d'en tirer tout le parti possible. Un cordonnier
qui fait un soulier avec le désir et le souci de
faire un soulier parfait est dans l'harmonie, au
même titre que le poète qui s'efforce de faire un
vers parfait. L'amour de la perfection ennoblit
tout.

*
* *

Il faut se désintéresser d'autant plus du désir de se survivre dans la mémoire des hommes que les jugements de ceux-ci sont sujets à révision, et que même le succès d'aujourd'hui n'assure pas le succès de demain. On serait souvent fort empêché de dire quel sera le sentiment de l'avenir sur des choses auxquelles le présent décerne des brevets d'immortalité. Dans un ouvrage acclamé, il faut faire la part de l'éternel, c'est-à-dire du génie propre, il faut faire la part du contingent, c'est-à-dire de la relation avec le milieu ambiant, ou plus simplement de l'à-propos : l'à-propos, qui est moins que le génie, mais dont la prise sur les âmes est autrement sûre. — Ce départ, qui le pourra faire ?

Il est difficile qu'aucun roman surpasse jamais la réputation de la *Nouvelle Héloïse*, la frénésie d'enthousiasme qu'il excita. On raconte qu'une duchesse, toute parée pour le bal, sa voiture en bas, étant en avance de quelques minutes, eut le malheur d'ouvrir ce livre. Elle voulut finir la lecture de la première lettre, puis de la deuxième et ainsi de suite. Finalement, elle renvoya sa voiture, et passa la nuit à dévorer le roman. Cette aventure nous paraît plus extraordinaire que tous les miracles ensemble. Si la *Nouvelle Héloïse*, inédite, paraissait demain chez Calmann-Lévy, il ne s'en vendrait pas dix exemplaires.

J'avais lu ce livre à vingt ans, bien préparé par ma nature au romanesque et aux hyperboles. Je n'allai pas plus loin que la moitié. Déjà l'heure était passée à l'horloge des siècles. J'ai tenté de le relire il y a peu d'années. Une emphase perpétuelle, des périodes déclamatoires, d'interminables développements, l'abus de la prosopopée, me rendirent cette lecture si odieuse que je m'arrêtai aux premières pages. Dieu ! que mon état d'âme était loin de celui de la duchesse !

Pourtant la *Nouvelle Héloïse* vit dans la mémoire des hommes par le souvenir du succès qu'elle eut et qu'elle n'aurait plus. Viendra-t-il un jour où les générations seront oublieuses d'elle commes elles le sont de l'*Astrée* et du *Grand Cyrus*, qui, dans leur temps, n'eurent pas moins de lecteurs ? Plus oubliés que *Cyrus* et l'*Astrée* sont les romans d'aventures qui, au moyen âge, grisèrent des générations tout entières. Leur nom n'est plus connu que d'une poignée de savants louables, qui s'efforcent, au prix de labeurs inouïs et de la perte de leurs cheveux, de reconstituer des textes qui n'intéressent qu'eux.

*
* *

Le difficile est donc de reconnaître de prime abord les chefs-d'œuvre, puisque aussi bien le succès contemporain n'en est pas toujours le signe. On peut estimer que la réciproque est vraie, et qu'il existe des chefs-d'œuvre qui n'ont eu aucun succès, mais ceux-ci sont encore plus difficiles à reconnaître, car d'abord il faudrait les connaître. Aussi, sans trop s'inquiéter d'une survivance dans les siècles à venir, la plupart des écrivains se contentent-ils de chercher le succès présent; ceci est le plus sûr: le reste viendra de soi, s'il peut.

Le grand art des écrivains de notre temps est donc de préparer le succès, et, le succès venu, de « soigner leur gloire ». Il y faut dépenser beaucoup de peine, aussi bien que pour gagner de l'argent dans un commerce, et quelquefois plus. *Pour réussir*, disait le père Dalgabio, le vieil architecte lyonnais, *il faut le savoir, le savoir-faire et le faire savoir.* Nos écrivains modernes, qui ont tous les talents, ont particulièrement celui du faire savoir.

De la signification de ce terme on exclut le cabotinage, si général aujourd'hui, cependant ; on ne veut parler que de l'emploi de moyens légitimes, corrects, encore que ces moyens ne soient pas à la portée de tous, ou que tous n'aient pas le goût de les employer. Mais, hors de ces moyens, point de salut (1).

---

(1) Il m'est arrivé quelquefois de demander à des éditeurs pourquoi tel livre, meilleur que tel autre et sur les mêmes matières, avait cependant moins réussi. Ils m'ont invariablement répondu : « Parce qu'il a été mal *lancé.* » Ainsi du *lancement* d'un livre par un éditeur dépend la gloire future d'un auteur.

Voilà par exemple un volume qu'on peut sans hésiter qualifier de chef-d'œuvre : *les Trophées*, de M. de Heredia. Cet ouvrage a eu un tel succès qu'il a porté d'emblée, et légitimement, son auteur à l'Académie. Mais, bien entendu, sans l'emploi d'aucune réclame grossière, le succès n'avait pas été sans être préparé, peut-être par la force des choses. Il y a près de trente années que M. de Heredia, répandu dans les salons parisiens, mêlé à la vie mondaine et à la vie littéraire, justement aimé de tous, disait avec grand talent ses sonnets dans des réunions. De temps en temps l'un d'eux prenait sa volée et s'abattait, fêté, dans quelque recueil à la mode. Bref, le public était comme un terrain bêché et fumé par avance. Un beau jour on sème le grain, et la moisson lève.

Au rebours, supposons *les Trophées* éclosant un beau jour à Carpentras (après tout, l'ouvrage n'eût pas été moins bon). Supposons l'auteur, pris du « délire de la gloire », envoyant son volume à tous les « critiques littéraires » de la capitale. Si quelques-uns, d'aventure, l'eussent ouvert de deux doigts, ayant soin de n'en pas couper les feuilles, la plupart pour éviter la peine du plioir, quelques-uns, dit-on, parce que le bouquiniste donne quelque chose de plus du volume qui n'a pas été coupé ; si quelques-uns l'eussent ouvert, ils lui auraient peut-être fait l'aumône de deux lignes banales, mettons que deux ou trois fussent allés jusqu'à douze lignes, mais, pour le faire court, qui oserait soutenir que M. de Heredia serait aujourd'hui ce qu'est M. de Heredia ?

*
* *

Ne soyons pas injuste. Un « critique littéraire » pourrait-il lire sérieusement les vingt ou trente volumes qui arrivent chaque jour sur sa table ? Il lit celui dont l'auteur a dîné avec lui la veille, ou bien celui de l'auteur qu'il voit chaque jour au cercle ou à la brasserie, ou ailleurs. C'est la camaraderie qui nous explique ces longs articles d'éloges, que nous rencontrons parfois, sur des livres qui n'ont pas le sens commun, mais si nous savions ce qu'ils représentent à l'occasion de truffes et de champagne, nous trouverions peut-être qu'ils ne sont l'expression que d'une juste reconnaissance. Le « critique » en est quitte pour dire que « l'on peut être d'un autre avis que l'auteur sur certaines manières de comprendre l'art », ou pour quelque autre réserve de ce genre, puis il passe à l'antienne. On ne parle ici, bien entendu, que de la critique « sérieuse ». On ne parle pas de la critique des « jeunes », emploi tenu par des éphèbes (cet âge est sans pitié) qui n'ont d'autre motif d'écrire que celui d'appeler « mufles » les écri-

vains qui ont quelque réputation et de casser
l'encensoir sur le nez de leurs camarades de
bras-serie (1).

*
* *

En retour il se peut qu'un seul article d'un écrivain en vue fasse le destin d'un livre. Lorsque
Mistral eut écrit *Mireille*, il eut l'heureuse idée
de le dédier à Lamartine et de lui en porter un
exemplaire à Paris. Le destin tient parfois à
minime chose. Peut-être, s'il se fût contenté d'en-
voyer le livre par la poste, les suites n'eussent pas
été les mêmes. Lamartine vit l'auteur, fut touché ;
il lut le livre, s'en éprit à bon droit, et lui consacra une livraison tout entière des *Entretiens littéraires*, où il présenta le poète comme l'Homère de
la Provence. Le lendemain, Mistral était célèbre.

Depuis vingt années, Soulary publiait en pla-
quettes de merveilleux sonnets. Son nom serait
encore ignoré, si Jules Janin, à moitié son compa-
triote, qu'il avait eu l'occasion de connaître, ne
lui eût adressé, dans le *Journal des Débats*, une
immense épître en vers, en réponse à l'envoi des
Sonnets humouristiques. Ce fut l'amorce de la
renommée.

(1) Je lisais récemment dans un recueil de jeunes cette phrase, du reste
d'un français douteux : « En maint passage, M. S... a subi l'influence de
M. de Heredia, *qu'il surpassait d'ailleurs.* » Ces sortes de choses s'écrivent
couramment.

On pouvait lire, il y avait bien des années déjà,
dans la *Revue germanique*, sous la signature Ackermann, des poésies empreintes du pessimisme le
plus pur. Encore bien que l'heure et le vent fussent au pessimisme, personne n'avait fait attention
ni aux poésies, ni à la signature. L'excellent Caro,
si sensible, dit-on, aux influences féminines, sut-il
que ce nom cachait celui d'une femme ? (à quoi
tient la gloire ? peut-être que, s'il eût vu Mme Ackermann en personne, son enthousiasme en eût
été légèrement refroidi) ? Toujours est-il que, l'imagination frappée de ces vers enfiévrés, quoique
assez dénués d'art, il donna dans la *Revue des
Deux Mondes* un grand article sur Mme Ackermann.
La cohue des écrivains pessimistes, qui n'avaient
jamais lu les vers en question, saisit la balle au
bond et jeta aux quatre vents le nom du poète ; à
telles enseignes que la bonne Mme Ackermann en
quitta sa Thébaïde niçoise et vint, dans un coin
de Paris, savourer un encens brûlé par un petit
cercle de fidèles, et qui lui faisait doucement
supporter les amertumes de la vie.

*
* *

Il y a les hasards de la fortune. Tel écrivain
jouit d'une renommée au-dessus de sa valeur
réelle. Tel autre vaut plus que sa renommée. Nul
plus que M. Jean Lahor ne réalise le type du

grand poète par l'âme, par l'absolue sincérité, par l'élévation morale, par l'unité de la conscience, et nul de notre temps n'a fait des vers plus divinement beaux et purs ; peut-être faut-il dire que nul n'a fait des vers aussi beaux. Sa métaphysique peut être discutée (quelle est la métaphysique dont on est sûr qu'elle est la vraie ?) ; sa poésie ne peut l'être. Eh bien, M. Jean Lahor n'est pas de l'Académie ! Que dis-je, il n'a pas même chez Lemerre les honneurs de l'édition à six francs, où trône Mme Ackermann avec un beau portrait à l'eau-forte ! Le pauvre M. Jean Lahor en est réduit à l'édition de trois francs cinquante, *in grege pecorum*. Son nom est moins connu que celui de tel « jeune », ramolli dans sa fleur, édité chez Vanier.

Que voulez-vous ? M. Jean Lahor n'est point un « gendelettres », un professionnel. C'est sa supériorité morale, mais c'est sa faiblesse à d'autres égards. Il ne s'occupe point de faire saliver dans ses trompettes les cent bouches de la déesse Fama. Il ne va pas présider des banquets d'adolescents mâtinés de mystique et d'anarchiste, qui saluent leur président du nom de « maître », tandis qu'il leur répond en leur disant qu'ils sont les génies de l'avenir. Il ne se fait point « interviewer » sans relâche par des pisteurs — la plume m'a fourché, je voulais dire par des « reporters » — infatigables. Il n'emplit point la chronique des jour-

naux de ses menus faits et gestes aussi bien que
de ses opinions sur les questions littéraires ou sociales. Il prend honnêtement et sérieusement la
vie. — C'est sa faute. S'il faisait comme les autres,
il serait un grand poète.

Mais imaginez pour M. Jean Lahor des conditions
plus défavorables encore. Supposez qu'il n'ait
point fait jadis partie du cénacle des Parnassiens ;
supposez-le n'ayant point l'occasion de passer
l'hiver à Paris, et d'y frayer et avec le monde et
avec les écrivains. Supposez-le modeste médecin
de campagne, non pas même à Aix-les-Bains, où
l'été il donne des consultations, mais dans quelque
village rustique, d'où il aurait publié chez Lemerre
les deux volumes de *l'Illusion*... Que serait-il ? —
Le dernier des inconnus.

*
** *

Mais son sort n'est-il pas plus enviable, dans
sa paix sereine, que celui des malheureux qui, à
l'exemple du galérien attaché à sa rame, s'épuisent,
dans les basses manœuvres du cabotinage, à conquérir une renommée qui vraisemblablement
mourra avant eux ? Il me semble que ce qu'il y a
de plus enviable ici-bas, c'est, après l'observance
de la justice, de faire de belles œuvres goûtées de
quelques délicats. « J'aimerais mieux, disait un
poète lyonnais qui fut un sage, avoir aux élections

dans ma commune quatre voix qui m'honorent que quatre mille voix d'inconnus et de sots. »

A ce compte, M. Paul Stapfer devrait être satisfait, car il a fort au delà de ces rares voix intelligentes et approbatives qui semblent suffire à l'ambition. Mais on n'est pas le maître de ses mouvements, et comme son livre est l'œuvre de la sincérité et de l'entière bonne foi, l'auteur y fait sa confession. Il cherche, lui aussi, à se survivre. Il voudrait pouvoir, comme le chrétien convaincu, chercher la survie dans une éternité de récompenses. Il avoue que la science en son âme a ébranlé la foi, tout en lui laissant un besoin de croyance en l'au-delà. On ne le priait peut-être point de cette confession toute personnelle, mais cet état d'âme inspire de la sympathie, non sans quelque tristesse. L'auteur se demande alors s'il ne faut pas chercher à se survivre par le livre. Et après avoir avoué (p. 101) son incapacité à s'oublier lui-même, il termine par cette touchante invocation :

« C'est mon *moi* que je veux sauver, ô Père de la personne humaine ! Mais enlève à mon égoisme toute bassesse, toute vulgarité, afin que je puisse, par un effort suprême, faire et laisser un livre où mon âme demeure et qui reste ma vivante image, fais que rien n'y palpite et n'y respire qui ne soit digne de la vie ! »

*
* *

Ces désirs, ces regrets, qui sont au fond de la plupart d'entre nous, quelquefois même au fond de ceux qui voudraient s'en défendre, viennent de ce que nous n'avons pas assez le sentiment de la néantise humaine. Malgré que nous en ayons, nous sommes disposés à nous croire le centre du monde; et comme les puces qui remerciaient Dieu d'avoir fait les hommes pour les nourrir, nos modernes, s'ils croyaient en Dieu, le remercieraient d'avoir fait le Cosmos tout entier pour chacun d'eux :

> Tel un coq vaniteux qui chante à l'aube, et croit
> Que le soleil exprès se lève pour l'entendre.

Le plus modeste d'entre nous à tout le moins croit tenir une place si grande que son départ de la vie doit avoir quelque conséquence et ne se peut effectuer « sans une solemne conjonction des astres ». Nous voulons nous survivre ici-bas, sans songer que cela n'intéresse personne...

Et ne cherchons pas, avec certains philosophes, à nous consoler de l'insuccès de nos efforts, en nous disant que nous sommes les membres d'un corps social où nul travail n'est perdu ; et que, si nous restons ignorés, nous n'en n'aurons pas moins contribué à ce qu'on appelle le « développe-

ment humain », l' « évolution », le « progrès », etc. (1).
L'idée moderne du progrès social, c'est-à-
dire d'un arrangement nécessaire des faits en vue
de la fin du bonheur des êtres, auquel nous con-
tribuons, volontairement ou non, est encore un en-
fantillage de la vanité humaine. La société sera
ce que la feront les hommes, et il se peut qu'ils en
fassent une très vilaine, où l'art et la littérature
n'auront rien à voir... Et d'ailleurs, dans l'ordre
universel des choses, l'humanité tout entière elle-
même n'est qu'un point imperceptible...

Et nous n'en poursuivons pas moins notre rêve
de survie terrestre !... Comme s'il n'était pas plus
simple de ne pas se donner tant de mal, et de contempler en paix la nuit remplie d'étoiles !

Il est vrai que M. Stapfer pourrait me répondre
avec son fin sourire à la Montaigne :

*Ces discours là sont infiniment vrays, à mon
advis, et raisonnables : mais nous sommes, ie ne
sçais comment, doubles en nous-mesmes, qui faict
que ce nous croyons, nous ne le croyons pas, et ne
nous pouvons desfaire de ce que nous condam-
nons.*

1894

---

(1) « Nous ne serons pas lus de l'avenir, nous le savons, nous nous en
réjouissons, et nous en félicitons l'avenir. Mais nous aurons travaillé à
avancer la manière d'envisager les choses, nous aurons conduit l'avenir à
n'avoir pas besoin de nous lire, nous aurons avancé le jour où *la connaissance égalera le monde, et où, le sujet et l'objet étant identifiés, le Dieu sera
complet.* » (Renan; *l'Avenir de la science,* page 225). — Et ce bon Renan
parle des « illusions théologiques ! »

LE CODE CIVIL DANS LE ROMAN

L'AFFAIRE CLÉMENCEAU

Une pièce jouée ces derniers temps, non sans succès, a ramené l'attention sur un roman qui fit beaucoup de bruit, il y a quelque vingt-cinq ans. De la pièce, nous n'en parlerons pas. Nous ne la connaissons point, et d'ailleurs, quel que soit son mérite comme œuvre dramatique, elle ne vaut que par la conception originale, seule intéressante pour nous. Quelle est cette conception? Est-elle juste? Quelle influence a-t-elle eue sur la génération présente? Ce sont là des points qui méritent l'examen.

*
* *

M. Alexandre Dumas fils n'est point de ceux dont on pourrait parler légèrement. Il n'est rien de moins que le créateur du théâtre contemporain.

C'est lui qui a introduit dans le théâtre ancien des éléments nouveaux, qui lui a donné une physionomie de réalité inconnue jusqu'ici, et par laquelle le théâtre moderne, destiné à devenir un jour démodé avec tout le reste, demeurera comme la représentation curieuse d'une société que, sans lui, la postérité connaîtrait beaucoup moins bien.

Ajoutez que, dans l'un comme dans l'autre de ces genres, théâtre et roman, principalement dans le premier, M. Dumas témoigne d'une habileté très extrordinaire, d'une connaissance des « moyens », — je n'ose pas dire des « ficelles », ce ne serait pas assez noble, — presque sans égale jusqu'ici. Il a, de plus, une qualité française entre toutes, l'esprit, d'autant plus précieuse qu'elle s'en va, car la génération succédant en littérature à M. Dumas n'a point d'esprit. On pourrait définir la jeune littérature : ce qu'il y a de plus désagréable au monde, « la sensualité triste ». *Post amorem animal triste* n'est pas vrai que des animaux... si toutefois ici, il ne s'agit pas quelquefois encore d'animaux.

** **

Où M. Dumas a donné la mesure de cet esprit, c'est dans sa réponse au discours de réception de

M. Leconte de Lisle. N'eût-il fait que ce discours charmant, n'eût-il fait que laisser pénétrer ce rayon de lumière sur l'idole Hugo, jusqu'à ce jour voilée dans sa pagode sous les flots de l'encens sacré, que M. Dumas mériterait la statue qu'on ne manquera pas de lui dresser après sa mort.

Ce discours sera peut-être moins populaire que la *Dame aux camélias*, mais il n'en restera pas moins la perle des œuvres de l'auteur. Et pour le goûter davantage, il suffira de relire à côté le discours de M. Leconte de Lisle, qui, pour l'originalité des idées et la légèreté de la forme, représente assez bien le discours d'un Madier de Montjau littéraire. A celui de M. Dumas, les lettrés ne reprocheront qu'une chose, un dédain de la langue poétique, assez excusable, après tout, chez ceux qui, n'ayant jamais fait de vers, les croient volontiers inutiles. En descendant un peu plus bas, on arriverait à ceux qui, n'ayant jamais bien écrit, croient volontiers inutile de bien écrire.

*
* *

Un autre mérite, à côté de celui de l'esprit, c'est que, encore bien que les ouvrages de M. Dumas ne soient pas toujours d'une moralité irréprochable, on ne peut cependant refuser à l'auteur un sens moral élevé (les deux choses ne sont pas inconciliables). Celui-là, au moins, fait une diffé-rence entre le bien et le mal. Il poursuit un idéal de justice. C'est là ce qui le fait trancher sur la jeune littérature. Celle-ci sépare absolument l'idée de l'art de l'idée morale, quand elle daigne même accorder à celle-ci l'existence. Or, malgré qu'on en ait, un art sans idée morale ne sera jamais qu'un art inférieur, et à un certain degré, il cesse simplement d'être de l'art.

Cette indifférence en matière de morale s'est étendue jusqu'à la critique, et par exemple, lors-qu'on a lu M. Lemaître, on n'est pas sûr qu'entre Jésus-Christ et Barrabas, le brillant écrivain fît d'autre différence « qu'au point de vue » de l'art. Or, c'est un reproche qu'on ne saurait adresser à M. Dumas. On pourrait même lui faire le reproche contraire, c'est que, dans son théâtre comme dans ses romans, il a ce caractère particulier, d'être à la fois un auteur qui raconte ou représente, et un avocat qui plaide. Je veux admettre qu'il plaide une cause noble et juste ou qu'il croit telle, mais on aura beau faire, une plaidoirie et un roman sont deux choses, et la seconde gâte quelquefois la première. Au lieu d'exposer naïvement les « cir-constances atténuantes », l'accusé Clémenceau se livre à tout instant à de longues dissertations, — je n'ose pas dire déclamations, — qui interrompent le récit et ressemblent un peu, toute proportion gardée, à ces thèses que les accusés socialistes ou anarchistes lisent devant la Cour d'assises en guise de plaidoyer, avec le talent en moins.

Je ne sais si je m'abuse, mais il me semble que l'art doit toujours être naïf, ou en avoir l'apparence. S'il ne faut pas que l'auteur soit impassible dans le fond, il faut qu'il laisse le lecteur tirer de lui-même et presque sans s'en douter la conclusion des faits. A quoi bon les commentaires ? Ils auront bien plus de force s'ils sortent tout armés du cerveau du lecteur. Le poignant des récits de Tolstoï tient à cette absence de tout commentaire superflu. Lorsque, dans *Histoire vraie,* l'innocent Aksénov est condamné à la Sibérie, l'auteur ne se livre pas à une dissertation sur l'injustice de la justice.

Or dans l'*Affaire Clémenceau,* dès le début on sent « la thèse ». On voit que, dès l'enfance de son héros, l'auteur a pris soin d'accumuler toutes les circonstances imaginables pour excuser, que dis-je, pour excuser, pour glorifier le crime de la fin ! Et s'il se contentait d'exposer les circonstances ! mais il les commente, il plaide, il fait plaider l'enfant, et dans quel langage !

J'en arrivais ainsi, *de déductions en déductions,* jusqu'aux suppositions les plus outrageantes pour celle dont j'étais né, et, tout épouvanté de ce que j'avais entrevu de possible, je n'avais que le temps d'appeler mon cœur au secours de ma raison et de me crier à moi-même : « Malheureux ! c'est ta mère, tu n'as pas besoin d'en savoir davantage. Que dirais-tu donc, si elle t'avait abandonné, elle aussi ? Ne le pouvait-elle pas ? Elle t'a élevé, et elle t'aime, et elle n'aime que toi, et elle travaille jour et nuit pour te faire vivre, et elle mourrait de ta mort ! Quelle femme est plus vaillante ? *Elle est belle ! elle pourrait aimer encore et être aimée, si elle voulait*, etc., etc.

Je m'arrête, car il y en a long comme cela, mais que pensez-vous de cet enfant de dix ans, de ce morveux qui dit de sa mère : « elle est belle, elle pourrait aimer encore, etc... » C'est bien le cas de s'écrier :

Le faux peut quelquefois n'être pas vraisemblable.

On conçoit facilement qu'un enfant qui raisonne de la sorte ait pu arriver aux choses les plus extra-ordinaires, même à tuer sa femme.

⁎
⁎ ⁎

Mais en exposant, dans la première partie de son ouvrage, toutes les infortunes qui peuvent accabler le bâtard, l'auteur n'a eu en vue que de nous préparer à une thèse de droit, car il se pique d'être jurisconsulte non moins qu'écrivain, et peut-être davantage. L'idée de réformer la loi, et même plusieurs lois, est le fond et le but de son œuvre. Il y apporte la même passion que les réformateurs du XVIII° siècle, et comme eux il est mû par des sentiments de pitié et de justice. . . . .

plus ou moins judicieusement appliqués. Mais il a
sur eux cet avantage d'avoir étudié son code par
le menu, et il n'est point fâché de le laisser voir,
ambition qui n'a d'ailleurs rien que de légitime. Il
y a longtemps que l'on a remarqué la place énorme
que tient le légiste, le plus souvent sous les
espèces du notaire, dans le théâtre de M. Dumas,
et l'on a pu dire, sans trop de fantaisie, qu'il
s'exhalait de ses pièces comme une vague odeur
de papier timbré.

La première thèse de droit (car il y en a plusieurs) de l'*Affaire Clémenceau*, le but vers lequel
convergent toutes les circonstances de l'enfance
du « héros », c'est l'introduction dans le code civil
français de « la recherche de la paternité ». Je ne
suis point assez légiste pour tenter de résoudre ici
cette question délicate, et je suis même volontiers
tenté de croire qu'il y a quelque chose à faire à
cet égard dans l'intérêt des bonnes mœurs; mais
je n'oserais trancher la chose avec la même assurance que l'auteur, et je ne suis pas certain que
le remède proposé n'entraînât de graves abus,
ou même diminuât le nombre des naissances
illégitimes.

Naturellement l'auteur a soin de présenter la
question de droit dans « l'espèce », comme on dit
au Palais, la plus favorable à sa cause. Pierre Clémenceau est un bâtard, le bâtard d'une mère
incomparable, le bâtard d'une sainte. Cela peut

arriver, mais cela arrive rarement, et on ne saurait faire faire les lois uniquement en vue des bâtards des saintes.

*
* *

La thèse de l'auteur suppose que, dans toute naissance illégitime, il y a toujours une fille pure et un homme impur. C'est, avec plus de goût et de style, la thèse du spirituel Vallès : « l'affreux bourgeois » qui joint au crime de « s'engraisser de la sueur du peuple » celui de « faire de ses filles des prostituées ». Or l'expérience de la vie apprend qu'il n'en va point tout à fait ainsi. Je m'adresse à ceux qui ont cette expérience : Avez-vous rencontré beaucoup de « bourgeois » qui aient séduit « une fille du peuple » ? — Il va de soi qu'au dire des séduites, elles ont toutes été « vendues par leurs mères à des millionnaires ». C'est de règle ; et cela « prend » souvent aux yeux des jobards. Mais la vérité est que ces pauvres bourgeois (je ne les plains pas) ne font jamais qu'essuyer les plâtres des palefreniers et souvent de pires. J'accorde quelques exceptions ; il y en a partout. Mais, beaux papillons qui vous vantez d'avoir les premiers cueilli le pollen des roses, vous n'êtes que des « poseurs » ! Vos roses, avant vous, ont toujours recueilli de vulgaires bourdons. Et je crois de plus que, dans l'immense majorité des cas, la rose s'est inclinée au-devant du bourdon. Que voulez-vous ? cette gourgandine de Nature est tellement soucieuse de conserver l'espèce, elle prépare si bien les voies, que les trois quarts du temps cela se fait tout seul...

*
* *

Je sais que la recherche de la paternité est autorisée en Angleterre, en Amérique. J'ignore pourquoi Clémenceau, je veux dire M. Dumas, n'a pas invoqué ce précédent. Il doit y avoir à cet égard des statistiques qui auraient pu nous éclairer. On prétend qu'elle est une source d'abus. En tous cas il serait important de savoir d'abord si le nombre des naissances illégitimes est sensiblement moindre dans les pays où la recherche de la paternité est admise. Il faudrait aussi tenir compte de la différence des mœurs nationales. Pour un bâtard élevé comme Clémenceau, combien en est-il d'abandonnés par leurs mères ? Après tout, pour « dénoncer le père de l'enfant », encore faut-il le connaître. Combien de filles-mères pourraient répondre par le mot d'Augustine Brohan, qui, on se le rappelle, était d'une myopie excessive. Elle rencontre sur le boulevard un de ses amis qui s'aperçoit de la « situation ». — Eh quoi ! Augustine !... Et quel est l'heureux père ? — Hélas, je voudrais vous le dire, mais j'ai la vue si courte !

*
* *

Les personnes qui liront ces lignes ont déjà lu l'*Affaire Clémenceau*. Nous rappellerons donc seulement pour mémoire que Pierre Clémenceau, après avoir enduré dans un pensionnat tous les outrages que lui attire l'irrégularité de sa naissance, devient sculpteur et bientôt grand sculpteur ; puis qu'il s'éprend d'une enfant admirablement belle, aperçue dans un bal costumé ; qu'après les péripéties de rigueur, il l'épouse et se trouve avoir épousé la plus abominable drôlesse du monde. De même que l'auteur avait accumulé les noirs dans sa peinture de l'enfance de Clémenceau, de même il a accumulé noir sur noir dans la peinture d'Iza. Cela était nécessaire pour justifier à la fin le meurtre de la femme infidèle, autre « thèse », moins juridique peut-être, mais encore plus chère que les autres à M. Dumas.

Mais celle-ci n'est que la troisième. Nous avons, au préalable, le plaidoyer en faveur du divorce, car ce livre est une succession de plaidoyers :

Quand nous avons donné notre nom à une femme, si cette femme nous trompe, si elle se donne, si elle se vend sur la place publique, elle est toujours notre femme. Ni elle ni moi ne pouvons reprendre possession de nos droits et de notre honneur respectifs ; les enfants qu'elle fera avec un autre, si je ne peux pas mettre l'Océan entre nous deux, seront mes enfants ; les enfants que je ferai avec une autre ne seront pas mes enfants. Je suis condamné au désespoir, à la solitude, à la stérilité tant que vivra cette femme, à moins que je n'aie eu l'esprit de la prendre en flagrant délit et *de me faire bourreau*.

Tout n'est pas juridiquement exact dans le plaidoyer. M. Clémenceau avait lu un vieux code ; les enfants de la femme sous le régime de la séparation de corps ne sont pas les enfants du mari (1). Mais cela importe peu. Depuis que l'auteur a écrit sa tirade, il a obtenu gain de cause. Un prochain avenir nous fera connaître les résultats de la loi du divorce sous le rapport de la moralité publique.

*
* *

La dernière phrase de la citation dénote la pensée intime de M. Dumas. Cette disposition du Code français que, pour mon compte, je n'hésite pas à qualifier d'exécrable, et qui semble empruntée aux peuples de l'Orient, M. Dumas voudrait non la supprimer, mais l'étendre. Il lui semble tout naturel que l'homme tue la femme infidèle, et dans le flagrant délit et hors du flagrant délit. C'est ce qui ressort clairement et de l'*Affaire Clémenceau*

---

(1) Depuis l'amendement Valette, du 6 décembre 1850, il suffit pour cela d'une simple formalité qu'on appelle désaveu de paternité.

et du célèbre *Tue-la*, qui figure dans la préface d'une des pièces de M. Dumas.

On connaît, en effet, le dénouement du roman. On sait que Clémenceau, ayant acquis des preuves matérielles de l'infidélité de sa femme, part pour Rome et y passe six mois. Il apprend une nouvelle infidélité d'Iza, cette fois avec son ami Constantin, et revient, non pour surprendre sa femme en flagrant délit, mais pour aller chez elle solliciter la faveur d'une nuit, et la tuer froidement après, pendant son sommeil...Je ne sais comment ce dénouement a pu aussi facilement se faire accepter du public. Mais M. Dumas connaît mieux celui-ci que nous. Il sait que le public a des goûts du cirque.

Assurément, on n'eût pas excusé Clémenceau, mais comme on l'eût jugé moins coupable si, après avoir saisi la preuve, il se fût, dans un accès de fureur, presque sans savoir ce qu'il faisait, précipité sur la coupable et l'eût étranglée. Il est vrai que ce dénouement eût été du dernier banal, et que celui de M. Dumas est autrement raffiné, la nouvelle école dirait « savoureux ». N'empêche que ce Clémenceau, à l'exemple d'un vulgaire rôdeur de barrière, amant de sa femme et son meurtrier, est tout ce qu'on peut imaginer de plus vil. Sans doute, l'auteur a voulu montrer la puissance inéluctable de la passion conduisant à toutes les lâchetés. Soit, mais du même coup il a ravalé le

personnage qu'il ;s'était précisément donné pour
mission de disculper. On dira que. M. Dumas a
voulu venger la sainteté du mariage. Cela rappelle
ce qu'il écrit lui-même : « Nous avons coupé la
« tête au meilleur des rois, au plus vertueux des
« hommes, à sa femme et à sa sœur, parce que le
« progrès n'allait pas assez vite. C'est très beau,
« n'est-ce pas ? » Iza n'était pas la plus vertueuse
des femmes ; l'assassiner n'en est pas moins une
singulière manière de faire aller la moralité plus
vite.

*
* *

Au fond, toute l'excuse que présente M. Dumas,
c'est la jalousie. Je ne discute pas sa puissance,
mais il y a la jalousie digne et la jalousie avilissante;
puis l'empire de ce mobile mesure précisément
l'infériorité de celui qui le subit. Comment
M. Dumas, cet esprit si délié, n'a-t-il pas compris
que ce prétendu droit de mort qu'il attribue à
l'homme sur la femme infidèle est la négation de
tout principe de civilisation ? Il est à remarquer
que le degré de civilisation des peuples peut se
jauger à l'amoindrissement du droit de punir
accordé au mari. Le musulman coud sa femme
dans un sac, le héros de M. Dumas la poignarde
pendant son sommeil, le Français du Code civil
la tue en flagrant délit ; il faut arriver à l'homme

véritablement civilisé pour le trouver dans ces
vers :

> Le bruit est pour le fat, la plainte est pour le sot ;
> L'honnête homme trompé s'éloigne est ne dit mot.

*
* *

J'ose à peine exprimer la chose, mais il me
semble qu'il y a dans ce roman une curieuse absence de sens moral, car en voulant disculper son
héros, en voulant le rendre intéressant, l'auteur
semble avoir pris à tâche d'accumuler les circonstances aggravantes. Iza n'a pas respecté la sainteté
du mariage, mais son mari l'avait-il bien respec-
tée, lui, lorsqu'il n'a pas craint (à la demande de
sa femme, dit-il, ce qui est une médiocre excuse),
d'en faire un modèle non pas seulement pour lui,
mais pour le public ! de telle sorte qu'il pouvait
voir lui-même, à toutes les vitrines, le corps nu
de sa femme, moulé sur nature et reproduit d'après
le moulage ! Qui a de la sorte à demi prostitué sa
femme, s'est enlevé le droit d'être jaloux. Quelle
bizarre idée l'auteur a-t-il eue d'ajouter à l'histoire
ce détail auquel rien ne le forçait ? Et pouvait-il
ne pas voir que, tandis qu'il croyait donner par là
une preuve de plus de l'immoralité de la femme,
c'est l'immoralité du mari qu'il accusait ?

Le succès de ce roman et de certaines pièces de M. Dumas n'est pas sans avoir eu des conséquences fâcheuses sur l'esprit public, déjà trop porté à disculper le crime. On a élargi la pensée de l'auteur et aujourd'hui l'on est couramment arrivé à cette idée, que tout crime qui a la passion pour mobile est légitime. Les douze honorables imbéciles composant le jury acquittent régulièrement la fille perdue qui a jeté du vitriol au visage de son amant ou le gredin qui a assassiné sa maîtresse sous le prétexte de jalousie ; et le public choisi des cours d'assises ne manque pas de faire une ovation à la victime, non pas à celle qui a été assassinée, mais à l'infortuné tracassé quelques jours par une justice infâme. La Révolution, avec de si précieuses réformes, nous a légué quelques institutions marquées au coin de l'idiotisme, parmi lesquelles, au premier rang, le jury, au moins tel qu'on le compose. Les monstruosités du jury ne sont plus à compter(1);

(1) Un spirituel chroniqueur, M. Pierre Virès, écrivait dans *l'Express* de Lyon, à propos des choses dont il a été témoin : « Je me rappelle deux faits bien typiques. Un jour, une femme comparaissait, prévenue d'infanticide. Le crime était notoire, avéré, avoué même. Le jury entre dans la salle des délibérations et répond *oui* sur toutes les questions. Mais au moment du prononcé de l'arrêt, le président de la Cour remarque que le président du jury n'a pas mis la main sur son cœur et prononcé la formule : « En mon âme et conscience... » Vice de forme. Le jury rentre en délibération et cette fois il répond *non* à toutes les questions. Mystère.

« Autre fait : un employé du Palais de Justice venait rendre compte aux mais ce jury n'est lui-même qu'un extrait, un résumé du gros public, et ce public à son tour est formé ou déformé sous l'action de journaux immondes. Nous assistons à une effroyable perversion du sens moral. Il serait puéril d'en rendre responsable M. Dumas, mais il est de ceux qui ont contribué à faire accepter « l'innocence du crime ». Il est difficile de savoir où cela nous mènera. Probablement à quelques applications de la loi de Lynch, lorsque les gens, bien persuadés qu'ils ne sauraient trouver de protection dans la loi, chercheront cette protection auprès d'eux-mêmes. Ce sera le retour à l'état sauvage, vers lequel nous nous acheminons tout bellement.

*
* *

L'étude du caractère moral de l'ouvrage de M. Dumas nous a pris tant de place, qu'il n'en reste guère pour apprécier l'œuvre d'art, laquelle mérite pourtant d'être examinée de près.

Sans doute, en tant que roman, le livre est assez

---

assises de détournements importants. *Oui*, répond le jury. Mais, premier vice de forme et nouvelle délibération. — *Oui*, encore.— Mais encore un vice de forme. — Ah ! c'est ainsi, dit le jury, on se moque de nous ! — Et la troisième fois il répond *non*. — Quelle belle institution ! »

Les faits du genre de ceux signalés par M. Virès sont très fréquents. On a vu naguère, dans la même audience, un jury d'un département rappro_ ché acquitter un ignoble incendiaire qui avouait son crime, et condamner un malheureux contre lequel le ministère public avait abandonné l'accusation !

mal composé. Les hors-d'œuvre qui l'encombrent ne peuvent moins faire que de nuire au récit. Ce n'est point là une de ces œuvres « achevées », appelées à devenir classiques. C'est d'ailleurs le défaut inévitable de tout roman à « thèse », défaut encore plus sensible dans la première édition, où, si la mémoire ne me trompe, figurait un immense chapitre, consacré à l'exposition des théories artistiques de M. Dumas dans la bouche du père Ritz.

Il était facile d'y voir que l'auteur avait beaucoup fréquenté les ateliers. Autant qu'il m'en souvient, les doctrines semblaient généralement empruntées à l'évangile de M. Ingres, mais cependant il s'y rencontrait plus d'une hérésie et plus d'une glose obscure. Il y avait à prendre, mais aussi à laisser dans cette esthétique, qui n'avait que faire avec les escapades d'Iza et les rancœurs de Clémenceau. Elle a sagement disparu des éditions subséquentes. Il en est resté des bribes dans le discours du père Ritz, en face du modèle. Peut-être même en est-il resté trop. — Du reste, ce père Ritz, vrai personnage de comédie, est un sermonneur perpétuel et ennuyeux, et par atavisme sans doute, son fils ne fait non plus que sermonner.

Le roman, il est inutile de le dire après ce qu'on a lu, est peu sympathique ; or, c'est le caractère de toute œuvre véritablement belle d'exciter la sympathie. La sympathie est l'âme de l'art. Mais

il faut être juste, même envers les livres pour lesquels on n'a pas de sympathie, et il ne nous en
coûte nullement de reconnaître que les caractères
y sont tracés de main d'ouvrier. Cette odieuse Iza
est une conception extraordinaire et en même
temps pleine de réalité. Ce que j'appellerai la
partie plastique est admirable de relief. Évidemment, M. Dumas tient autant un ébauchoir qu'une
plume. La mère d'Iza est aussi une création,
moins nouvelle, mais singulièrement saisie. Pour
me servir d'une mauvaise expression à la mode,
mais dont je ne trouve pas d'équivalent sous ma
plume, tout dans ce roman est exprimé de façon
« intense ». Enfin, M. Dumas possède à un degré
supérieur l'art d'amener la situation, de la caractériser dans la mise en scène et le dialogue, d'éveiller à point l'intérêt. On sent que chez lui les qualités de l'auteur dramatique priment celles du
romancier.

*
* *

Il se dégage de toute l'œuvre une forte odeur
de sensualité. Cette odeur est encore plus
« intense » que tout le reste. Je crains que ce ne
soit beaucoup à cela que l'ouvrage ait dû son
succès. C'est une sensualité d'artiste, il est vrai, et
qui est sauvée dans une certaine mesure, parce
qu'elle n'est jamais distincte du sentiment du

beau. Vénus et Adonis nous paraîtront toujours moins répugnants que les accouplements des gueux de M. Richepin. La sensualité de M. Dumas n'est pas la sensualité grossière et plate (qu'on me pardonne cette alliance de mots : une sensualité plate) qui marque la nouvelle école. C'est ce qui en fait aussi l'attrait ; attrait dangereux, et de plus, elle ne laisse pas de blesser parfois. Sous des expressions habilement choisies, l'auteur arrive à des crudités d'images, dont il eût sagement fait de se dispenser et qui, sans rien ajouter à la force de la passion, ne servent guère qu'à abaisser un peu plus M. Clémenceau et son amour.

*
* *

Le style de M. Dumas est habituellement clair, énergique et plastique, mais le feu y a laissé plus d'une scorie. L'auteur est de ceux qui, par l'emploi peu justifié et parfois prétentieux du vocabulaire de la science et spécialement de la physiologie, ont aidé à la corruption de la langue. Cet amour de l'expression physiologique l'entraîne à des manques de goût : « Comment ! la société porte aux flancs *ce chancre phagédénique.....* » Estimons-nous heureux qu'il n'ait pas dit « à l'aine » ! — Entre deux termes il emploie le plus médical, c'est-à-dire le moins français : « La *dégénération* d'une race ; » lorsqu'il était si facile de mettre la *dégénérescence.* — Le père Ritz, dans son enthousiasme, dit à Clémenceau : « Bravo ! vous avez « ouvert les *naseaux* et vous avez respiré *l'odeur* « *de la vérité.* » Cette métaphore hardie, en présence du modèle vivant, est désagréable. — « La voix, c'est-à-dire l'expression la plus élevée et *la plus essentielle* de l'être pensant... » L'essentiel est essentiel et ne saurait l'être plus ou moins. — « Aimer un être dont on se rappelle les traits « d'enfant, dont on ignore les traits de femme ; « qu'on *se représente*, qu'on *se figure,* qu'on *s'ima* « *gine (ter repetita displacent)*, mais qu'on ne « saurait préciser ni *traduire...* » Qu'est-ce que *traduire* un être ? — « La plus belle des divinités « de l'Olympe, *absolument nue et absolument* « *femme...* » J'aurais compris, sans l'aimer, *absolument déesse et absolument femme*, mais il m'est impossible de saisir le sens de l'antithèse ou du rapprochement fait par l'auteur. — « Si « les deux producteurs (l'homme et la femme) sont « sympathiques, *congénères, parallèles*, pour ainsi « dire, le *produit* a toutes les chances d'être *en* « *harmonie avec lui-même*, d'être *équilibré, adé* « *quat,* etc., etc. » — Partez de là, ajoutait un mauvais plaisant, après avoir cité cette belle phrase, vous qui vous mêlez de mariage ! et n'oubliez jamais de vous assurer d'abord que les deux futurs sont bien parallèles !

Ce serait une tâche ingrate que de suivre l'ouvrage dans tous les endroits où le pathétique finit ainsi par confiner au pathos. Et cela, lorsqu'à côté, dans le récit, le style court si vif, si net, si précis, si incisif !

*
* *

En somme, de la lecture de ce livre, il se dégage, en dépit du talent vigoureux qui y éclate, je ne sais quelle impression de sensiblerie, mal placée et cherchée. Ce n'est pas toujours écrit assez simplement, assez naïvement, et, tranchons le mot, assez correctement, même pour un académicien. En refermant le volume, on pense involontairement : Dire que si Mérimée eût écrit *l'Affaire Clémenceau* (le sujet était pour le tenter), il y eût à peine employé cinquante pages, mais...

1888.

LE ROMAN RÉALISTE

On voudrait rechercher ici ce qu'il est convenu d'appeler roman réaliste, étudier la conception de l'art que recouvre ce mot, dire si cette conception a été mise en œuvre par les modernes qui ont créé le barbarisme de *réaliste*, et s'appliquent, non sans orgueil, cette épithète.

⁂

Définir ce qu'est un roman de ce genre est assez malaisé. S'il est vrai que les exemples ont une vertu que ne possèdent pas les définitions, il sera vite fait de dire que le roman en question est celui de M. Zola, de MM. de Goncourt, de M. de Maupassant, voire de M. Huysmans. Mais c'est précisément le nœud, de savoir si ces romans justifient l'épithète de « réaliste », c'est-à-dire, autant que je puis comprendre, s'ils sont la représentation de la réalité, par opposition à la représentation de choses conventionnelles, qui aurait été, jusqu'aux temps nouveaux, la loi de la composition littéraire.

Pour s'épargner un travail d'analyse, toujours un peu compliqué, on aimerait une formule qui pût d'un mot résumer l'idéal, je demande pardon pour ce lapsus mal sonnant, je voulais dire, en beau langage scientifique, le « désideratum » de l'école réaliste.

Cette formule, où la mieux chercher que dans l'épigraphe même placée par un des maîtres nouveaux en tête de son principal roman? Le choix sera d'autant plus justifié qu'*Une Vie* est non seulement l'œuvre la plus forte de M. de Maupassant, mais aussi, je crois, la meilleure du groupe, sans vouloir dire par là qu'elle soit parfaite, ni peut-être même qu'elle mérite le nom de bonne.

Mais qui est bon, qui est excellent, c'est l'épigraphe. Je l'inscris ici en grosses lettres : L'HUMBLE VÉRITÉ. Si rendre exactement l'humble vérité, ou seulement tenter de la rendre, c'est être réaliste, on se déclarera ici réaliste jusque dans les moelles

*
* *

S'il est ainsi que le réalisme ait été inventé en vue de représenter l'humble vérité, l'œuvre la plus pressante ne sera-t-elle pas de rayer du tableau des réalistes le nom de M. Zola ? Loin de la reproduire, cette humble vérité, n'en est-il pas le pire ennemi ? Il surfait tout, il grossit tout, et dans des proportions énormes. Son style n'est pas moins aux antipodes de la simplicité, de la naïveté, je dirai de « l'humilité », nécessaire à la mise en œuvre de la conception réaliste. Au rebours, constamment gonflé de rhétorique, d'épithètes ambitieuses et forcenées. Il peut avoir des qualités fortes dans un détestable genre ; mais ce ne seront pas les qualités du réaliste. Écrire en employant des termes bas n'est pas la même chose qu'écrire simplement, et l'on peut mettre force rhétorique dans des termes bas. Et de fait, il est si peu le copiste modeste de la modeste réalité, que je ne sais plus lequel de ses admirateurs, n'est-ce pas M. Lemaître ? l'a nommé un poète épique. Qui l'eût cru, que le roman réaliste fût pour peindre les héros et les dieux ?

Donc apparaîtra-t-il d'abord que la moindre condition, pour écrire un roman véritablement réaliste, sera de n'avoir pas subi la contagion de cette maladie infectieuse, toute moderne, que l'on nomme la « maladie du *mot* » ; maladie qui congestionne le style, l'hypérémie (je puise dans le vocabulaire physiologique, cher aux écrivains à la mode), c'est-à-dire fait, pour chaque chose, substituer un terme trop gros (je ne dis pas trop haut), au terme *vrai*. On se dépense en efforts pour rechercher le mot curieux, bizarre, nouveau, « intense », sauf à finir souvent par employer le mot plat et impropre. Un roman réaliste, écrit

selon la juste formule de M. de Maupassant, ne
devrait contenir quasi que des substantifs et des
verbes. Au moins, faudrait-il le plus possible s'abs-
tenir d'épithètes, tandis que l'œuvre de M. Zola en
est sursaturée. C'est la gale du style, écrivait
Doudan, qui le rend rouge et enflé, et dont il a été
dit : *Projicit ampullas.*

Accorderons-nous davantage à MM. de Goncourt
la qualité de « peintres ordinaires de Sa Majesté
l'Humble Vérité » ? Le contraste est criant. Est-il
des auteurs moins humbles, qui aient choisi des
personnages et des sujets moins dans le courant
de la vie, qui se soient appliqués à exprimer des
sentiments plus bizarres, plus alambiqués, dans un
style plus pédant et plus amphigourique ? Peindre
les « nervosités », comme on dit aujourd'hui, les
nervosités mentales et morales, ce n'est pas peindre « l'humble vérité », c'est peindre l'exception,
comme la maladie est l'exception de la santé.

Si l'on écarte la tourbe des inférieurs, des imitateurs, qui ont encore outré les traits de leurs
modèles, devra-t-on accorder au moins à M. Guy
de Maupassant le mérite d'avoir rendu la vérité

avec exactitude et simplicité ? Assurément, on ne peut lui refuser celui d'y avoir tendu, ainsi qu'en témoigne la devise inscrite au frontispice, comme jadis les armes sur les écus des barons. A-t-il réussi ? C'est un autre point, et dont on désire réserver l'examen pour plus tard. Mais de tous les écrivains de la nouvelle école, c'est assurément le plus artiste, je crois pouvoir dire le seul artiste, et pour un peu j'ajouterais le seul qui sache écrire. Pardon de la crudité du mot, mais tous les autres ne sont que des phraseurs, et MM. de Goncourt plus que tous les autres. Il faut mettre à part Flaubert, qui mérite au moins l'honneur d'une étude séparée, et dont le talent, très fort, est loin cependant des qualités, classiques dans leur genre et achevées, de celui de M. de Maupassant.

*
* *

Les modernes se trompent du tout, lorsqu'ils croient avoir inventé le roman réaliste. Le roman réaliste a été inventé il y a cent quatorze ans, par un nommé Gœthe, qui publia, à cette époque, un certain ouvrage intitulé *Souffrances du jeune Werther*. Pour la première fois on vit un auteur s'appliquer à la peinture la plus simple des choses les plus simples, abdiquer le ton « convenu » de la littérature, l'expression « noble », pour dire les choses telles qu'elles sont ; on le vit dépouiller son style de la prosopopée chère aux disciples de Rousseau, et sa phrase d'ornements inutiles. Il fut le premier à représenter son héros ramassant des pois dans le jardin d'une cabaretière, les écossant, allant dans la cuisine chercher un pot pour les mettre à cuire, y versant de l'eau, y jetant du sel et du beurre, et veillant à la bonne cuisson, tout en lisant Homère ; à représenter son héroïne en toilette de bal, entourée d'une troupe de marmots et leur coupant des tranches de pain pour leur goûter ; il fut le premier à faire parler à ces personnages le propre langage de la vie réelle, tout en laissant, bien entendu, à son jeune enthousiaste l'exaltation d'idées qui est le trait principal de son caractère ; mais cette exaltation ne se traduit jamais par des paroles ampoulées, par des phrases de convention ; et au moment d'entreprendre le récit de sa rencontre avec Lotte et de peindre son enthousiasme, Werther commence très prosaïquement et très véridiquement : « Je vais t'écrire tout en mangeant ma beurrée. »

*
* *

Il y a toutefois une différence, — parmi bien d'autres, — entre le roman de Gœthe et le roman moderne, c'est que Gœthe, le premier, a senti la poésie des choses simples, tandis que les modernes ne veulent voir, — et cela par parti-pris,—

que la platitude des choses simples. Lotte coupant
du pain, Werther écossant des pois nous émeu-
vent, grâce à ce que ces actions vulgaires émanent
de gens qui ne le sont point. Les actions ne sont
rien ; ce sont les cœurs qui sont tout. « L'humble
vérité » peut être touchante ; elle peut ne l'être
pas. Dans le premier cas, si l'auteur la reproduit,
il a fait œuvre d'art. Dans le second, cela n'en vaut
pas la peine ; ce n'est plus de l'art. Nous savons
assez et trop ce que c'est que la réalité vulgaire,
et après l'avoir subie, nous n'avons pas besoin de
la recommencer en lettres moulées.

*
* *

On va voir que nous allons bien plus loin que les
réalistes dans la recherche de l'humble vérité, et
que bien plus qu'eux nous faisons petite la part
de l'imagination. Nous tenons qu'on ne peut bien
peindre sans la nature sous les yeux. Et d'abord
il est un sentiment que possède au plus haut degré
le vulgaire et qui, comme tous les lieux communs,
est d'une profonde vérité (on ne fait pas assez de
cas des lieux communs) : le gros public, quand il
voit une pièce de théâtre, quand il lit un roman,
n'est pleinement satisfait que lorsqu'il a l'illusion
de la réalité, lorsqu'il peut croire, comme il le dit,
que « c'est arrivé ». Rien de plus légitime que cette

exigence. Les chimères peuvent exciter la sympathie, mais c'est à condition que l'on oublie qu'elles
sont chimères. Or est-il que moins un public est
cultivé, plus facilement il accepte l'invraisemblable
et le faux; et l'on voit de bonnes gens pleurer à
des drames qui nous font sourire.Plus, au rebours,
le spectateur ou le lecteur est cultivé, plus il
devient exigeant, mieux il démêle la part de pure
invention, et plus il en est choqué. Cette exigence
du public — et il faut l'ajouter, de l'auteur lui-
même, s'il est de valeur, — elle ne peut être satis-
faite que par l'étude patiente et approfondie, non
pas seulement des faits, mais des âmes. Si *Werther* nous saisit si profondément, c'est que nous y
sentons le cri des entrailles.Oui,Charlotte a existé,
et Werther, et Albert. Gœthe, il est vrai, ne s'est
pas tué (il faut s'en féliciter), mais il ne s'en fallut
de guère, il eut pour camarade, à Wetzlar, le jeune
Jérusalem, qui se suicida dans des conditions
pareilles à celles de Werther. Ému de cette mort,
Gœthe fondit l'histoire de Jérusalem et la sienne,
comme le peintre, pour composer un paysage
dans son atelier, y rassemble des études différen-
tes, mais toutes faites en face des champs. On
peut dire que, malgré la puissante imagination de
Gœthe, dans Werther la part d'invention est
nulle.

Je crois donc « humblement » que, s'il veut être
le serviteur de « l'humble vérité », le romancier
ne doit rien inventer. J'entends en ce qui concerne
les caractères et les sentiments. Le romancier,
sans doute, peut imaginer les faits qui servent de
cadre. Heureux qui possède une grande faculté
d'invention ! Mais encore faut-il n'en user qu'avec
la plus extrême discrétion, car il s'agit, sou-
venons-nous-en, de peindre « l'humble vérité »,
les choses ordinaires, et les choses ordinaires ne
sont généralement pas extraordinaires. D'ailleurs,
qu'importent les faits ? Ce sont les âmes qui intéressent. L'imbroglio, les obstacles accumulés, puis
renversés, les coups de théâtre, ne sont pas du
ressort des romans psychologiques. Les autres
peuvent avoir leur prix, mais ils sont d'un autre
ordre, et, avouons-le, d'un ordre inférieur. Il y a
bien peu de faits dans *Werther*, il n'y en a point
dans *Adolphe* ni dans *René*.

Et voyez combien sont réduites les possibilités
d'inventer ! Il n'est pas même loisible au romancier d'imaginer un paysage, sous peine de tomber
dans le vague et dans le banal. Il faut *voir* un
paysage en le décrivant, et pour le voir il faut *se
souvenir*. C'est le mérite de M. de Maupassant de
ne peindre jamais que des paysages *vus*. De même

il ne faut peindre que des sentiments *sentis*. S'il est impossible d'inventer des paysages, jugez ce que cela doit être pour inventer des cœurs !

*
* *

Il est vrai que, s'il est interdit d'inventer, il n'est pas interdit, on l'a dit plus haut, de *réunir* des souvenirs. « A l'exemple de l'artiste qui composa une Vénus en empruntant à une foule de belles femmes ce que chacune avait de plus beau, dit Gœthe, je m'étais permis de donner à ma Lotte les attraits et les qualités de toutes les jeunes filles qui m'avaient charmé, » et, ajoute-il, marquant la loi impérieuse de l'unité, « ce qui n'empêchait pas que *le fond du caractère et l'ensemble de l'extérieur ne reproduisissent celle que j'avais aimée le plus...* »

*
* *

Le lecteur trouvera qu'en réduisant singulièrement la part inventive du romancier, on réduit singulièrement le nombre des romans à faire. Il est vrai ; mais remarquez que, précisément, sur les milliers et milliers de romans qui paraissent ou ont paru, il n'en a surnagé qu'un bien petit nombre, ceux dans les conditions décrites Que sont les *Affinités électives* auprès de *Werther* ? De

Wilhelm Meister il n'a survécu qu'une partie, celle qui a été *sentie*, comme *Werther*. Il est resté *René*, parce que *René*, c'est Chateaubriand ; il est resté *Adolphe*, parce qu'*Adolphe*, c'est Benjamin Constant ; il est resté *la Princesse de Clèves*, parce que la *Princesse de Clèves*, c'est Mme de la Fayette. J'en laisse quelques-uns, mais les autres ? Des innombrables romans de George Sand il restera l'admirable partie descriptive, où les mêmes personnages se promènent dans des paysages toujours nouveaux.

La vérité est que l'on ne peut comprendre ces romanciers qui éprouvent le besoin d'écrire un roman tous les six mois. N'en faites qu'un, mais qu'il soit *Werther !* Un même auteur ne peut faire qu'un bon roman, ou du moins qu'un très petit nombre de bons romans, ceux qu'il a « vécus », comme on dit dans le jargon du jour (il y a le jargon du jour, comme dans les restaurants le plat du jour) ; ou, à un moindre degré, ceux auxquels il a été mêlé, dont il a vu et hanté de près les personnages. Ces romans seuls, quand il s'y joint les qualités de style sans lesquelles rien ne peut vivre, ceux-là seuls passent à la postérité. C'est la raison pourquoi dans *Werther* rien n'est suranné. Où lisais-je donc un jour, — n'est-ce pas dans M. Brunetière ? — qu'il faut mettre côte à côte parmi les choses surannées et *la Nouvelle Héloïse* et *René* et *Werther*. — Ce ne sont pas les termes, mais le sens.— Absolument vrai pour *la Nouvelle Héloïse,* ce n'est qu'à demi vrai pour *René ;* c'est absolument faux pour *Werther.* Dans celui-ci rien n'a vieilli, pas un mot, sauf peut-être la longue citation d'Ossian précédant l'admirable scène d'amour après laquelle Werther décide son suicide. Gœthe, comme plus d'un homme éminent de son temps, s'était laissé prendre à la supercherie de Mac-Pherson, dont les poèmes d'ailleurs ne manquent point d'une certaine poésie étrange. Sauf encore quelques abus des « larmes », dus à l'influence de Rousseau, rien ne *date.* Rien de la « sensibilité » préméditée et ridicule du xviii° siècle et de *la Nouvelle Héloïse* en particulier. Rien de la déclamation du temps, ni des « effets » de style ; rien des fausses décorations champêtres. Le sentiment de la nature y est profond, ardent, intime comme tout le reste. Les paysages sont des modèles de vérité et aussi de simplicité ; toujours à leur place et dans leur plan. Ce n'est pas, comme dans le roman moderne, du paysage pour du paysage, pour faire montre de virtuosité. Ils sont admirables de « sentiment », car, ne l'oublions point, un paysage, c'est un sentiment.

Je ne sais si, à l'origine, des traductions faites dans la forme conventionnelle de la langue française du premier quart du siècle ont pu influer sur le jugement si inexact de M. Brunetière. Celle de Pierre Leroux, qui date d'une quarantaine d'années, et la seule que je connaisse, est d'une exactitude remarquable. Toutefois le traducteur n'a pas complètement échappé aux influences du style « noble », et l'on y rencontre de loin en loin quelques formes qui amoindrissent l'énergie, surtout la simplicité, la familiarité de l'expression originale. C'est ainsi qu'il a remplacé l'aimable abréviation coutumière de « Lotte » par le nom de Charlotte, et que sacrifiant à la mode française, il appelle « rose » le nœud de ruban célèbre que Gœthe appelle « rouge pâle (*blassrothen*) ». On dira que ce sont minuties ; mais les artistes me comprendront. Pour l'artiste il n'y a pas de minutie.

*
* *

En choisissant *Une Vie* comme type du roman réaliste, on a tenu à faire la part belle à l'école de ce nom.

Eh bien, après la lecture de ce livre qui, dans la pensée de son auteur, est destiné à donner l'illusion de la réalité, la première impression est celle-ci : non, ces personnages n'ont pas existé ! et cela fait peser sur toute sa lecture un sentiment d'ennui. Malgré une étude minutieuse, patiente et habile, et encore bien qu'il les ait généralement tenus dans des demi-teintes pour ne pas paraître exagérer le modelé, l'écrivain n'a pas réussi à les faire vivre.

On sait le sujet d'*Une Vie*. C'est l'histoire d'une femme depuis sa sortie du couvent jusqu'à sa vieillesse, histoire à dessein triste, et où le banal se mêle au violent. Jeanne se marie et se marie mal. Son mari, fort grossier personnage, la trompe aussi bien avec les bonnes qu'avec les grandes dames. Finalement il est tué, dans des circonstances mélodramatiques, par un mari jaloux. Il laisse un fils qui fait le désespoir de sa mère, la ruine, épouse une maîtresse de bas étage, qui meurt, heureusement. Et il revient vivre auprès de sa vieille mère, sauvée physiquement et moralement par une paysanne, à la fois ancienne femme de chambre de Jeanne et ancienne maîtresse du mari, laquelle clôt le livre par ces paroles en manière de conclusion : « La vie, voyez-vous, ça n'est jamais si bon ni si mauvais qu'on croit. » En quoi elle me semble parler d'or, et oublier pour l'instant que l'auteur est pessimiste.

*
* *

Il a fallu à celui-ci une grande puissance de réalisation pour imaginer et peindre cette suite de scènes, mais il a tout noyé sous l'afflux des détails. On *voit* le château, l'allée d'arbres, le paysage, parce que tout cela, il l'a décrit d'après nature, mais on ne sent pas palpiter les personnages, parce qu'il les a pris dans son imagination. Le baron, la baronne sont composés de toutes pièces. M. de la Mare, le mari de Jeanne, reste une figure désagréable, mais obscure. On lui voit bien des vices, mais sans qu'on ait le sentiment de la « personnalité » de celui qui les possède. Jeanne même, malgré l'intérêt qu'elle devrait inspirer, est un personnage indécis et froid. La paysanne qui la sauve est, comme on dit vulgairement, en pain d'épice. Elle n'a rien d'humain. Ses contradictions ne s'expliquent pas ; or, le cœur humain est plein de contradictions c'est vrai, mais elles s'expliquent. Cette Rosalie est un comble d'invraisemblance. Plus invraisemblable encore cet odieux abbé Tolbiac, dont on peut dire carrément ou rondement, comme l'on voudra : « Ça, ce n'est jamais arrivé. » Le comte, le mari trompé et mécontent : type de gros mélodrame.

*
* *

Ce qui existe bien, en retour, ce sont les têtes de sphinx en cuivre doré ornant le secrétaire de « petite mère », et la ruche de bronze suspendue à quatre colonnes de marbre, qui sert de pendule, et les tapisseries de Flandre, et le lit avec quatre oiseaux de chêne, et les bassinoires, et les chaises, et les chaufferettes, et les tasses de Chine, et les lanternes et tous ces détails de bric-à-brac qui sont la peste des romans modernes. Quand voudra-t-on comprendre que l'abus des descriptions est la marque souveraine des littératures de décadence (1)? Elles seules s'attachent au menu des choses. De même pour les paysages. Très étudiés, ils sont interminables et l'auteur n'y fait grâce de rien. Dans *Werther*, ils sont plus beaux, plus « frais », mais surtout plus simples, et il n'y en a que juste ce qu'il faut pour servir de cadre au sentiment. Dans *Une Vie* ils dévorent tout. Voilà encore d'interminables épisodes : le père Lastique, le baptême du bateau, toutes choses très bien décrites, que l'auteur a certainement vues, mais qui ne font pas corps avec le volume et n'ajoutent rien à la valeur des personnages.

*
* *

Il y a dans M. de Maupassant ce qui n'est pas dans M. Zola, plus riche de sang et plus spontané, il y a un « système » évident, un « procédé » à froid, pardonnez-moi le mot, une « ficelle », que l'on touche du doigt. Or, l'art véritable n'a pas de procédé ou ne le montre pas. M. de Maupassant s'acharne — et ceci est encore bien plus accusé dans ses contes, où il est moins bon, mais plus lui que dans *Une Vie*, — s'acharne, dis-je, par sys-

---

(1) Le roi des conteurs, l'écrivain le plus parfait de ce temps, Mérimée, n'a de descriptions que rigoureusement nécessaires, et toujours très courtes.

tème, à la représentation de la platitude. Puis comme la platitude, il le sent bien, est trop peu pour intéresser, il place par-dessus, en façon de rehauts criards sur une peinture grise, des violences, ce que M. Lemaître appelle des « outrances ». Mais pour être violente, si on peut lui appliquer cet adjectif discordant, la platitude n'en est pas moins la platitude. M. de Maupassant est un pessimiste, naturellement (c'est le plat du jour dans les restaurants de la littérature); il s'applique à représenter une vie bête, mais variée par des mélodrames. Le mélodrame du meurtre de Gilberte par le mari trompé et mécontent est ce qu'on appelle vulgairement un « truc », un truc énorme qui a dû coûter beaucoup à l'imagination de l'auteur, et se produit avec des circonstances tellement extraordinaires que « l'humble vérité » a dû beaucoup en souffrir. — Remarquez comme le suicide de Werther, au contraire, n'est pas moyen de mélodrame; comme tout, dans le livre, y converge, comme il ressort fatalement des caractères et des choses. Il émeut, mais ne surprend pas. Dans *Une Vie*, le meurtre arrive comme un changement à vue dans une féerie. Il y a là quelque chose de gauche, de brutal. M. de Maupassant se plaît à ces brutalités, et malgré une science indéniable et même consommée, il ne sait toucher à rien légèrement.

*
* *

Il est dans toute œuvre d'art véritable un point
essentiel dont 'l'école moderne tout entière, et
M. de Maupassant plus que les autres, ne paraît pas
soupçonner l'existence, c'est ce que l'on appelle
« la sympathie ». Si l'on ne « souffre pas avec »
les personnages, si l'on ne se réjouit pas avec
eux, l'œuvre est manquée. Dans *Werther*, la sympathie déborde. Impossible de ne pas souffrir avec
les héros. Ce n'est pas qu'ils soient parfaits, et ils
ne doivent pas l'être : ils ne seraient plus hommes.
Werther est fort désagréable à l'occasion, et on ne
le saurait guère désapprouver après tout d'avoir
délivré Lotte et Albert de sa persécution en se tirant
le coup de pistolet final (1). Mais il est si humain,
si vrai, si bon au fond ! Ses exagérations, ses in-
cartades, sa façon de se mêler de ce qui ne le
regarde pas, sont si bien les fautes de sa jeunesse
et du bouillonnement du sang ! On ne se peut

---

(1) J'espère que le lecteur voudra bien ne pas inférer de cette phrase que
j'approuve le suicide, même de Werther. Le poète lui a déjà répondu :

> Chaque jeune homme souhaite d'aimer de la sorte,
> Chaque jeune fille d'être aimée de même.
> Hélas, pourquoi du plus saint de nos penchants
> Découle-t-il ainsi la peine cruelle ?
> Tu pleures, tu l'aimes, chère âme ;
> De sa mémoire tu écartes l'opprobre !
> Vois, de la fosse son ombre te fait signe :
> *Sois un homme et ne m'imite pas !*

(Goethe Gedichte.)

garder de l'aimer, pas plus que Lotte elle-même ne put se garder de le faire un peu. Et Lotte, elle aussi, elle a ses faiblesses. N'est-elle même pas, hélas! en partie responsable de la mort de Werther? On peut difficilement croire qu'au début elle n'ait pas cédé à un sentiment de coquetterie en se laissant aimer de deux côtés à la fois. Mais elle n'en est que plus femme, et quelle femme adorable! Et je me sens aussi plein d'amitié et de chaude estime pour Albert, encore qu'il soit un époux un peu prosaïque. Il n'est pas jusqu'au vieux pasteur de la montagne, causant sous les grands noyers de la cour du presbytère, qui n'éveille la sympathie. Que dis-je, jusqu'aux noyers eux-mêmes on les chérit! et l'on s'indigne avec Werther lorsqu'ils sont abattus par la femme du nouveau pasteur. Ce sentiment de sympathie est le sceau de l'art; il se retrouve dans tous les romans de marque, dans *la Princesse de Clèves*, dans *Paul et Virginie*, dans *Manon Lescaut* et dans *la Nouvelle Héloïse*, si fausse par tant de côtés.

On est tenté de se demander comment un livre sans « sympathie », d'où s'exhale l'ennui au fond, — le désagréable ennui pessimiste, — a pu avoir tel succès. L'art remarquable du style, celui plus grand encore de la composition, de la « facture », ne sont pas des qualités auxquelles soit bien sensible le suffrage universel des lecteurs. Je crains fort que le succès ne soit dû surtout aux « sensualités », — je me sers d'un euphémisme, — coutumières à l'auteur.

Il y a, dans le récit du voyage que les jeunes époux font en Corse après leurs noces, des licences, — tranchons le mot, — des obscénités gratuites. Je dis gratuites parce que rien ne les appelle, ne les motive, parce qu'elles ne servent à rien expliquer. Elles n'ont d'autre résultat que de rabaisser, dans l'esprit du lecteur, Jeanne, le seul personnage un peu intéressant du livre. Et encore gratuites parce qu'elles ne sont pas même spirituelles, parce qu'elles n'ont pas même l'excuse de dérider, je suis fort tenté de franchir le pas : parce qu'elles sont bêtes. Le pire des défauts pour ces sortes d'affaires. On ne prétend pas ici que les « sensualités » soient jamais de mise, mais on tient que, du moins, deux choses seulement les peuvent sauver à l'occasion : la gaieté ou la beauté. Or, celles de M. de Maupassant ne sont ni belles ni gaies.

La peinture de la première nuit de noces est mieux justifiée, parce qu'elle est la première révélation de la nature grossière de Julien, dont ni les parents, assez niais, de Jeanne, ni Jeanne elle-même n'avaient su deviner le caractère. Mais M. de Maupassant a lui-même les brutalités de son héros. Il touche à tout lourdement ; il insiste, il froisse ; il frappe et refrappe sur le clou déjà enfoncé. Cela n'eût-il pas atteint le même but, fait comprendre aussi bien l'imprévu douloureux en face duquel se trouve la jeune fille, s'il n'eût été qu'indiqué, effleuré d'une main légère et prudente? Mais l'école moderne ignore l'art de laisser deviner ce qu'il ne faut pas dire. Nous n'avons plus d'esprit; nous ne savons plus réduire chaque chose à un juste tempérament; nous n'avons plus de goût, — car le goût n'est que l'esprit en tout, — et nous n'avons peut-être plus de morale, car, ainsi que l'a dit excellemment notre Ballanche, « les lois du goût et celles de la morale ne sont peut-être qu'un même objet ».

*
* *

Je n'ignore pas qu'il n'est pas séant aujourd'hui de prononcer le nom de morale à propos de critique littéraire comme de tout le reste. L'art, on nous le fait assez savoir, n'a rien de commun avec elle. J'ai lu les trois volumes de M. Lemaître sans en rencontrer un traître mot. Je lis en ce moment M. Faguet sans avoir jusqu'ici ouï parler d'elle davantage. M. Schérer s'en occupe, il est vrai, dans son dernier volume, mais c'est pour expliquer qu'elle pourrait bien ne pas exister (1). Aussi

____

(1) Il serait souverainement injuste de ne pas remarquer que si, dans cette préface, qu'on a apppelée ses *novissima verba*, M. Schérer a discuté l'origine et le fondement de la morale en elle-même, nul au contraire plus que lui, dans l'appréciation d'un ouvrage, ne se préoccupe de l'idée morale. Cela, joint aux idées philosophiques générales, lui marque une supériorité énorme sur ceux de ses confrères, même très distingués, dont les jugements ne dépassent pas le domaine du professeur de rhétorique.

faut-il être reconnaissant envers MM. Clarens et Fuster qui, l'un dans ses *Écrivains et Penseurs,* l'autre dans ses *Essais de Critique*, ont jugé que la critique, elle aussi, ne vit pas seulement de pain.

Voyons, il faut bien reconnaître au moins que les romans façonnent la civilisation un peu à leur image et que la morale est bien pour quelque chose dans la civilisation. Certainement les romans de Mlle de Scudéry et de Mme de la Fayette ont contribué à faire passer dans la société du XVIIe siècle le goût des mœurs polies et délicates. *La Nouvelle Héloïse*, si elle a dévoyé plus d'un esprit vers les idées romanesques, a donné un tour élevé aux sentiments. Les romans de Mmes de Staël, de Krudener, de Duras, ceux de Chateaubriand ont fait passer dans les âmes de leurs innombrables lecteurs des étincelles d'esprit poétique et suscité en eux les nobles mobiles. La sage société anglaise est en partie le fruit de ses romans purifiants.

Mais quelle sera sur la génération présente le résultat de l'influence des romans réalistes en général et d'*Une Vie* en particulier? L'abaissement de l'imagination, le ravalement des sentiments, le goût des choses vulgaires et basses ; c'est-à-dire que cette influence s'exerce dans un sens contraire à la civilisation. Morale à part, cela donne à réfléchir.

*
* *

Revenons aux considérations d'ordre purement littéraire.

Que M. de Maupassant soit un écrivain consommé, nul n'y saurait contredire. Il « fait » la phrase ; il la rythme en artiste. De lui, c'est l'artiste qui survivra. Mais il n'échappe pas à la « maladie du mot », à ces recherches d'expression qui, un jour, feront « dater » son œuvre, comme toutes celles de ce temps. C'est là ce qu'ignorait le bonhomme Gœthe, dont les paysages plus sommaires, moins précis, plus à la Corot, ont une autre âme ! M. de Maupassant se plaît à des rapprochements bizarres, mais dont la bizarrerie n'exclut pas la laideur. Il dira : « Le soleil, plus bas, semblait *saigner...* » ou bien : « Tandis que, *cambrant* sous le ciel *son ventre luisant et liquide, la mer, fiancée monstrueuse,* attendait l'amant de feu qui descendait vers elle, etc., etc. » Si c'est là du style, il vaut mieux n'en pas avoir.

Quand il voit « au milieu d'un ciel empourpré, un gros soleil rutilant et *bouffi comme une figure d'ivrogne* », c'est un rapprochement à sa place dans un passage comique, mais qui détonne étrangement dans un morceau destiné à exprimer une tristesse morne. Cette recherche du « mot » entraîne

32

l'écrivain à des préciosités. Dans l'un des plus beaux endroits, un paysage admirable de « rendu », et auquel l'auteur a su, mieux que ne l'aurait su personne, faire exprimer un sentiment humain, il voit un tilleul et un platane, « l'un vêtu de *velours* rouge, l'autre de *soie* orange ». Gœthe aurait dit simplement que l'un était rouge et l'autre orange. Ces curiosités de mots, contestables, ont le tort de solliciter l'œil mal à propos. Ce sont des fautes de goût, — toujours le goût ! — Et d'infortune, ces dissonances criardes vont se répétant en nombre d'endroits.

Et pourtant, il n'est pas d'auteur qui sache à l'occasion exprimer les choses avec plus de force et de vérité que le nôtre. Lorsque, après cette horrible nuit passée près du corps de sa mère, Jeanne voit se lever le jour, est-il possible de rencontrer des accents plus vrais, plus profonds que ceux-ci :

« Et voilà que le ciel devint rose, d'un rose joyeux, amoureux, charmant. Elle regardait, surprise maintenant comme devant un phénomène (1), cette radieuse éclosion du jour, se demandant s'il était possible que, sur cette terre où se levaient de pareilles aurores, il n'y eût ni joie ni bonheur. »

____

(1) Je ne trouve à reprendre que ce mot *phénomène*, qui paraît plat au prix du reste. Sans compter qu'il prête à l'amphibologie, tout lever de soleil étant dans un sens un phénomène.

En somme *Une Vie* est une œuvre forte en son genre, ennuyeuse, qu'on admire en certains endroits, et qu'on n'aime pas.

Mérite-t-elle la qualification de réaliste, au sens de la représentation de « l'humble vérité », pour revenir au blason de l'auteur ? — Oui et non. — Pour le côté matériel des choses, oui; pour le côté moral, rarement. Elle ne va même pas sans une part de rhétorique, c'est-dire de mots recherchés et pour l'effet; sans une part de « festons et d'astragales ».

Quels seront les résultats du mouvement littéraire auquel nous assistons ? Je lisais, il y a quelques jours, dans un feuilleton de M. Faguet, que les écrivains de notre temps étaient bien heureux. Il l'exprimait même avec une élégante simplicité : « On n'a pas tant de chance que ça », voulant dire par là, si j'ai bien compris, que la littérature moderne ne court pas fortune de se démoder, comme la littérature du premier empire ou celle de 1830. Quelle erreur ! Rien ne perdra plus promptement cours que notre littérature de compliqués, de recherchés et de détraqués; rien de plus vite inintelligible que notre vocabulaire, par chacun à son gré forgé, et où tous les mots prennent tous les sens. A nos petits-fils, la littérature d'aujourd'hui apparaîtra bien autrement surannée qu'à nous celle de Luce de Lancival ou de Félicien Mallefille.

Quant au roman réaliste, il y aurait de quoi surprendre s'il durait encore longtemps. On en a épuisé les ressources. Les écrivains inférieurs l'ont tellement ravalé que, je crois, ils le démoderont sous peu. Qui eût dit à Diderot qu'un jour prochain on écrirait *René*, l'eût bien étonné. On ne récrira pas *René*, mais on écrira autre chose, qui ne sera ni Flaubert, ni M. Zola, ni MM. de Goncourt, ni M. de Maupassant. Et tout en laissant à ceux-ci, à des degrés divers, une place légitime dans l'histoire de la littérature, on ne les refeuillettera plus qu'à titre de curiosité ; et l'on passera à quelque autre chose, d'un autre ordre, et qu'il fera meilleur à lire. — A moins qu'on ne fasse plus de romans du tout. — Serait-ce un grand mal ?

1888

GŒTHE ET L'ITALIE

Si l'on demande quel a été l'homme le plus heureux depuis qu'il existe des hommes, il faut répondre sans hésiter : Gœthe. — Veut-on voir exprimée, au plus haut degré qu'elle puisse atteindre, la jouissance de la vie, qu'on lise le *Voyage en Italie* et les *Élégies romaines*. Non certes que le mot de jouissance doive être entendu ici au sens vulgaire et bas, mais j'entends la jouissance de la vie dans ce qu'elle a de plus complet comme satisfaction intellectuelle, imaginative, esthétique et même sensuelle, à la vérité de cette sensualité supérieure où la beauté des formes relève l'animalité du désir ; enfin j'ajoute la jouissance de la vie par le travail, qui de toutes les jouissances est probablement la moins trompeuse.

En retour je ne dirai pas que Gœthe soit l'homme qui ait le plus goûté la vie par la sensibilité, mais c'est que la sensibilité excessive, bien loin d'être une jouissance, est une douleur. Elle a ses enivrements, que rien autre ne saurait donner, mais ils sont chèrement payés et, prise dans l'ensemble, la sensibilité sincère (il en est une factice) est une source de souffrances. Or, sauf peut-être dans sa première jeunesse, lorsqu'il se trouva sous le poids des circonstances qui lui firent écrire *Werther*, Gœthe n'a pas connu les souffrances de la sensibilité. Celles-ci même n'eussent pas été compatibles avec le développement supérieur du sens esthétique, qui en lui primait tout.

Gœthe est le plus vivant démenti à cette théorie paradoxale de certains savants (rien ne s'écarte parfois du sens commun comme les savants) que le génie est une névrose. Personne moins que Gœthe n'a été névrosé. Qui dit névrosé dit déséquilibré. Or, de tous les hommes des temps modernes, Gœthe est celui qui a réalisé le plus parfait équilibre de toutes les facultés. Inférieur à Hugo comme puissance de vision, comme richesse d'images, comme faculté mythologique de personnification; inférieur à Lamartine comme sentiment, comme coup d'aile, comme harmonie du verbe ; inférieur à Musset comme émotion et comme sensibilité; inférieur à Vigny comme austérité fière et stoïque, combien il est supérieur à tous par la réunion et par l'équilibre des facultés et par l'amplitude des connaissances! Il ignore et l'agité, et le monstrueux, et le charlatanisme conscient ou inconscient d'Hugo, et le larmoiement chétif de Musset, et l'égotisme renfrogné et un peu vaniteux de

Vigny; son esprit a autrement de solidité que celui
de Lamartine et il ordonne sa vie aussi bien que
celui-ci l'ordonne mal. Pour le faire court, inférieur
à tous dans le particulier, supérieur à tous dans
l'ensemble. A cet égard il est des modernes le plus
près des Grecs, encore qu'à tant d'autres égards il
le soit si peu; par exemple, encore qu'il ait eu
rarement le sens de la composition ordonnée, de
l'exacte proportion des parties dans le tout : encore
qu'il ait fait ainsi les choses les plus ennuyeuses à
côté des choses les plus merveilleusement belles,
les Années de voyage et *les Affinités électives* à côté
de *Faust* et de *Werther*. En son moi il y avait un
Allemand et un Grec qui se battaient, et parfois
l'Allemand était le plus fort.

Eh bien, dans toute cette vie si lumineuse de
Gœthe, dans cette vie qui ne connut jamais ni les
inquiétudes d'ordre matériel ni les angoisses de
l'esprit, les deux années où il a le plus vécu, où
il a le plus joui sont celles qu'il a passées en
Italie.

*
*

La vision de l'Italie l'avait toujours hanté. Dès
l'enfance elle s'était révélée et en entendant les
récits enthousiastes de son père et en contemplant
ces vues de Rome et de Venise, que celui-ci avait
rapportées, et qui coûtèrent aux enfants, à Wolf-

gang et à sa sœur Cornélie, tant de peines et d'ennuis lorsqu'il fallut les laver, les nettoyer, les faire sécher pour les faire ensuite encadrer et placer dans la maison nouvellement bâtie. Cette image de l'Italie était pour lui ce qu'était pour les Hébreux celle de la terre promise, et ce fut avec un tressaillement qu'il put inscrire comme épigraphe en tête du recueil de ses lettres : *Auch ich in Arcadien : Et in Arcadia ego.*

Le 28 août 1786, pour le trente-septième anniversaire de sa naissance, il réunit à Carlsbad, où il se trouvait, ses amis intimes (1), voulant ainsi donner une solennité particulière à ce voyage qui, pensait-il, devait exercer sur sa vie et sur son génie une influence décisive. Personne n'était prévenu (2). A trois heures du matin, il se jette tout seul dans une chaise de poste avec un porte-manteau et une valise : *Italiam! Italiam!* Il emporte tous ses manuscrits, car ce n'est pas un voyage de distraction qu'il entreprend, un repos qu'il veut se donner, pour ressaisir ensuite la chaîne avec plus de courage. Ce voyage, c'est la conclusion de « ses années d'apprentissage ». C'est une initiation qu'il va chercher.

S'il faut l'en croire, il y trouva plus encore qu'il

(1) Il y avait là Herder, le prince Charles-Auguste de Weimar et M⁰ᵉ de Stein.

(2) Il avait caché son départ même à l'amie intime, Mᵐᵉ de Stein! Seul, le prince, dont Gœthe était le ministre et dont le consentement était nécessaire, était dans le secret.

ne cherchait, il n'y trouva rien de moins « qu'une seconde naissance ». — « La seconde naissance qui me transforme du dedans au dehors continue son œuvre, écrira-t-il de Rome le 20 décembre 1786. Je suis comme un architecte qui avait voulu bâtir une tour et qui avait posé de mauvais fondements : il s'en aperçoit encore à temps, et il arrête avec empressement les travaux qu'il a déjà élevés hors de terre ; il cherche à étendre son plan, à le perfectionner, à s'assurer mieux de sa base, et il jouit par avance de la solidité plus certaine du futur édifice. Veuille le ciel qu'à mon retour on puisse également sentir chez moi les conséquences morales de cette vie passée dans un monde plus vaste. Oui, comme le sentiment artiste, le sentiment moral éprouve une grande rénovation. »

Gœthe fut-il aussi profondément renouvelé qu'il le croit ? Il n'est pas si facile que cela de se refaire. Dans ce qu'il éprouvait il y avait peut-être bien du subjectif, comme disent les Allemands, mais l'essentiel, c'est qu'il crut être transformé, car c'est là ce qui donnait à son esprit une « joie » et une activité nouvelles, c'est ce qui l'incitait à « vivre » et à produire. Je ne sais s'il importe beaucoup pour l'artiste que l'enthousiasme soit en tout et partout motivé ; l'essentiel, c'est que l'enthousiasme existe.

*
* *

Jamais d'ailleurs néophyte ne partit mieux préparé à admirer. Encore bien que ceci puisse paraître étrange d'après l'idée que l'on se fait communément de Gœthe, il avait alors et il a gardé très tard une grande naïveté. Cette qualité (car c'en est une) ne lui est pas particulière ; il la possède en commun avec la plupart des Allemands du sud, et l'honnête Souabe Schiller n'en est pas exempt. C'est surtout en lisant les *Mémoires* de Gœthe que l'on est frappé de ces enthousiasmes parfois un peu puérils, de ces plaisanteries qu'il rappelle complaisamment et qui sont de la dernière innocence ; des menus détails dont il assassine le lecteur ; des très petits moyens employés pour se faire valoir et dont la finesse crève les yeux. Il ne faut pas se plaindre de cette candeur, d'ailleurs compatible avec les plus hautes facultés. Les Allemands du nord, au contraire, ne sont rien moins que naïfs. Dureté, ruse, violence, sont leurs traits caractéristiques, et c'est avec raison que le grand Frédéric est leur héros.

Lorsqu'on lit le *Voyage en Italie*, cette ingénuité prend un charme particulier. On croit lire un voyage fait par un homme de génie, mais qui aurait dix-huit ans. Lorsque M. Taine visita le même pays en 1864, il était un peu plus jeune que

Gœthe en 1786. Or, des deux, c'est lui qui est l'homme mûr. Aussi la lecture de son voyage, au prix de celui de Gœthe, laisse-t-elle une impression pénible. Là, c'est un critique qui juge, un physiologiste qui dissèque; ici c'est une âme qui se forme.

Mais comme, à côté de son ingénuité, Gœthe avait des facultés puissantes et équilibrées, personne, aussi bien que lui, n'aurait pu tirer parti de ce voyage pour son profit intellectuel et moral. On voyage communément pour voir, pour s'amuser, et un peu pour juger; lui voyageait pour acquérir.

Une des choses qu'il se proposait, c'était d'augmenter sa puissance de vision et d'observation : « Je ne cherche maintenant que des impressions sensibles qu'aucun livre, aucun dessin ne procure. Il s'agit de reprendre intérêt au monde extérieur, d'essayer et d'éprouver mon esprit d'observation; de constater jusqu'où s'étendent mon savoir et mes connaissances, si mon œil est clairvoyant, pur et vif, le nombre d'objets que je puis saisir à la volée, et si les plis qui se sont formés dans mon esprit se peuvent encore effacer (8 septembre 1786). » Quel est le voyageur qui, partant pour l'Italie, s'est tenu ce langage, et à trente-sept ans, c'est-à-dire à l'âge où l'on se croit dans la plénitude de ses facultés !

*
* *

Ce qui frappe Gœthe tout d'abord, ce qui l'enivre, c'est une lumière, un soleil inconnus à ses yeux dans la froide Allemagne. Le sentiment de la lumière est celui qui agit le plus puissamment sur l'âme de l'artiste, et dans les adieux que le Grec mourant adresse à la vie, elle y tient toujours la première place. Gœthe trouve des accents admirables pour exprimer ce sentiment, admirables, dis-je, parce qu'ils sont naïfs :

Tout ce qui essaye de végéter sur les hautes montagnes a déjà ici plus de force et de vie. Le soleil est brûlant, *et l'on recommence à croire en Dieu.* Une pauvre femme m'a appelé pour me prier de prendre son enfant dans ma voiture, « parce que la chaleur du sol lui brûle les pieds ». *J'ai accompli cet acte d'humanité en l'honneur de la puissante lumière du ciel. (Ich übte diese Mildthätigkeit zu Ehren des gewaltigen Himmelslichtes).*

Les peintures de Gœthe (et il en a de délicieuses) sont toujours faites de simplicité. D'abord songez qu'il voyage pour lui-même, que ses notes n'étaient pas destinées à être imprimées, que ses lettres n'étaient que pour quelques amis. Il n'a donc pas l'âpre souci du littérateur. Ses descriptions, composées seulement de quelques coups de pinceau, ne sentent jamais la recherche. Lisez les laborieuses et admirables descriptions du *Voyage* de M. Taine, les descriptions de l'*Italia*, de Gautier, scintillantes, mais où il n'y a que des couleurs, sans idées ni sentiments par-dessous : en lisant les unes et les autres, vous éprouvez cette sensation d'être en présence de virtuoses qui exécutent des morceaux difficiles. Un auteur moderne décrit un paysage dans ses moindres détails; il n'épargne rien, ne fait grâce d'aucune minutie. Il épuise toute une palette : sachez que ceci est bleu, cela rouge, ceci vert, cela gris de perle, et ceci orangé. Il y a, dans cet afflux comme un matérialisme pesant. Pour que le lecteur reconstitue simultanément dans son cerveau tous ces détails, c'est un effort. Combien n'aime-t-on pas mieux sentir simplement avec l'auteur! Combien ne vaut-il pas mieux, pour celui-ci, faire passer dans l'âme du lecteur l'impression ressentie que détailler péniblement le tableau lui-même! Combien les simples paroles qui suivent n'en disent-elles pas davantage qu'une longue description.

Et quand vient le soir, que, par une douce brise, quelques nuages reposent sur les montagnes, s'arrêtent dans le ciel plutôt qu'ils ne passent, et qu'aussitôt après le coucher du soleil, le cri-cri des grillons commence à devenir bruyant, on se sent chez soi dans le monde et non pas un étranger, un exilé. Je me plais ici comme s'y j'y étais né, que j'y eusse été élevé, et que je revinsse de la pêche à la baleine ou d'une expédition au Groënland. Je salue jusqu'à la poussière natale, qui tourbillonne quelquefois autour de la voiture, et qui m'avait été si longtemps étrangère...

Si quelque personne habitant le Midi ou en revenant apprenait mon ravissement, elle me trouverait bien enfant. Ah ! ce que j'exprime ici, je l'ai connu longtemps, aussi longtemps que j'ai souffert sous un ciel inclément. Et maintenant j'aime à sentir, à l'état d'exception, *cette joie que l'on devrait goûter sans cesse comme une éternelle félicité de la nature !*

On saisit ici la pensée intime de Gœthe sur la vie, pensée qui, dans ses poésies surtout, reparaît en mille endroits. A l'inverse de nos modernes pessimistes, il croyait qu'à la question si la vie vaut la peine d'être vécue, on doit répondre : oui ! Il estimait que les jouissances intellectuelles et plastiques qu'elle lui procurait étaient de nature à lui faire oublier les amertumes inévitables qui l'accompagnent. Dans l'immense suite de pages qui composent son œuvre, il n'y a pas une seule plainte contre la loi, et Werther lui-même ne se croit victime que d'une méprise de la vie.

Aussi, bien loin de la maxime ascétique : *Memento mori*, Gœthe avait-il fait graver sur le cadran de sa montre, pour le lire à toute heure : *Memento vivere*. Au fond, la contradiction n'était qu'apparente, car ce que l'inscription lui rappelait, c'est qu'il faut songer sans cesse à accroître en soi la vie intellectuelle, morale et sensible, précisément parce que l'homme est condamné à ne passer sur la terre que peu de jours. « Le privilège d'un homme raisonnable, écrivait-il le 27 octobre 1787, consiste à savoir se conduire de telle sorte que sa vie, pour autant que la chose dépend de lui, comprenne la plus grande somme possible de moments sages et heureux. »

*
* *

Il est évident que, dans cette préoccupation unique, incessante de s'approprier la vie, il entre quelque égotisme. C'est une sorte d'épicuréisme supérieur. Au fond, du moins dans ses lettres, Gœthe rapporte tout à soi. Il a des élans affectifs pour ses amis, mais on ne voit pas qu'il s'inquiète énormément de ce qu'ils deviennent, et il croit leur apporter une plus grande satisfaction en se développant lui-même, en se rendant ainsi digne de leur amitié, qu'en songeant à leur développement à eux. Il s'étend jusqu'à la satiété sur ses travaux, sur la manière dont il les ordonne, sur le profit intellectuel qu'il en croit retirer, sur les moindres détails de ses occupations ; il ne parle jamais de ce que font ses amis, sauf dans quelques passages relatifs à Herder, dont le livre *les Idées*, paru pendant le séjour de Gœthe en Italie, l'avait beaucoup frappé. En somme il ne paraît pas avoir eu beaucoup mal à la tête des autres.

On lui a reproché cette tendance, et Amiel a été particulièrement dur envers lui :

Les *Épîtres* et les *Épigrammes* de Gœthe, que j'ai lues aujourd'hui, ne le font pas aimer. Pourquoi ? parce qu'il a peu d'âme. Sa manière d'entendre l'amour, la religion, le devoir, le patriotisme, a quelque chose de mesquin et de choquant. La générosité ardente fait défaut. Une secrète sécheresse, un égoïsme mal dissi-

mulé percent à travers ce talent si souple et si riche .. Il ne se
tourmente pour personne, ne se charge du fardeau d'aucun autre;
en un mot il supprime la charité, la grande vertu chrétienne. La
perfection pour Gœthe est dans la noblesse, non dans l'amour. Son
centre est l'esthétique, non la morale. Il ignore la sainteté et n'a
jamais voulu réfléchir sur le terrible problème du mal.

« Ce que vous exigez de moi, pourrait répondre
Gœthe, c'est l'amour. Or, pour employer votre
langage, l'amour est une « grâce ». Pas plus que
la foi, il ne dépend de la volonté. On n'est pas plus
libre d'aimer ou de croire que de ne pas croire ou
de n'aimer pas. L'amour, si beau qu'il soit, ne
saurait rentrer dans les prescriptions de l'impé-
ratif catégorique, qui ne peut parler qu'au nom de
la justice. Or, ai-je manqué à cette justice, ai-je
même manqué à la bienveillance envers les
hommes? Ma vie est là pour répondre. Il est vrai
que je n'ai pas ressenti pour les masses ces sentiments de sympathie vibrante, — parfois un peu
factices, — qn'on retrouve dans la plupart de vos
poètes français. Vous êtes surpris, en lisant ce
voyage de deux années, accompli pendant que la
France se débattait à l'aube de la plus grande crise
politique et sociale qui ait jamais agité un peuple,
vous êtes surpris de ne pas rencontrer un seul mot
qui la concerne. Ne savez-vous pas que c'est le
propre des hommes voués au culte de la beauté
plastique, de s'isoler dans leur adoration ? On
prétend que, tandis que retentissaient vos fusil-

lades de juin 1848, votre Dominique Ingres était absorbé dans la peinture de sa divine *Source*. Après tout, ce n'est pas un « devoir » que de se mêler à la politique, et plus d'un d'entre vous se fût trouvé bien d'avoir fait comme moi. Lorsque, en 1786, vous vous agitiez, les partisans de la future révolution aussi bien que ceux de l'ordre établi étaient sous l'influence des sentiments bien plus que sous celle des idées. Pour parler plus exactement, ils étaient poussés par les passions. Or, j'ai eu cette « grâce » d'être exempt de passions. La France, d'ailleurs, n'était pas mon pays. Vous devriez au contraire me rendre cette justice que j'ai été, avec Henri Heine, à peu près le seul Allemand qui n'ait pas connu les passions teutoniques, ou, pour parler plus crûment, qui n'ait pas mangé du Français. Au moins n'est-ce pas à vous de me le reprocher. »

* * *

C'est à juste droit que Gœthe tiendrait ce langage. Au fond il était bon, incapable de sentiments bas, de ces sentiments d'envie, de malveillance, qui semblent un des heureux privilèges de l'homme de lettres moderne. Nous ne l'entendons jamais se plaindre de l'injustice des hommes, leur reprocher de ne pas le juger à son exacte valeur. Sans doute lui-même ne pouvait ignorer ce qu'il valait, mais il a constamment devant les yeux, non les qualités qu'il peut posséder, mais celles qui lui peuvent manquer ; il ne cherche point à *paraître*, mais à *être*. Ce n'est que plus tard, lorsqu'on l'eut fait passer à l'état de dieu, que parfois il laisse percer quelque satisfaction de lui-même. Encore est-ce plutôt complaisance de vieillard pour les années de son enfance et de sa jeunesse. En somme, que l'on compare sa correspondance d'Italie aux correspondances de nos hommes de lettres dont on nous accable depuis quelques années, et l'on verra de quel côté est la supériorité morale !

Il faut signaler aussi l'absence complète de pédantisme. Rien n'est insupportable comme le pédantisme allemand, et nul Allemand n'y échappe. Gœthe et Henri Heine exceptés (mais celui-ci était un Français), pas un seul Allemand qui n'ait bourré ses ouvrages de citations pour montrer son savoir, qui n'ait fait son capital de relever les bévues de ses confrères. Enfin Gœthe n'est ni méchant ni querelleur. C'est encore une exception chez les Allemands, et cette fois je ne mettrai pas à part Henri Heine. Dans toute la correspondance d'Italie, je ne relève que quelques mots de mauvais goût (Gœthe n'était pas spirituel au sens français du mot) contre Lavater avec qui Gœthe s'était brouillé.

J'ajouterai qu'il est aussi le seul Allemand qui

ait eu ce don précieux, incomparable, de la
constante bonne. humeur. C'est pour cela qu'il
était si heureux. Je me trompe : c'est parce qu'il
était si heureux, qu'il avait tant de bonne humeur.

*
* *

Cette bonne humeur, son enthousiasme juvénile
eurent cet avantage de fermer ses yeux à plus
d'une laideur de l'Italie. Ce séjour de deux ans ne
fut qu'un long enivrement. Je crois volontiers
qu'en 1786 l'Italie était plus belle à voir qu'en
1864, mais il n'est pas à supposer que certaines
rues y fussent moins sordides, les ordures moins
nauséabondes, les guenilles moins pouilleuses, les
façades moins suintantes, et que les paysans
romains, devant qui M. Taine se bouchait le nez,
se lavassent beaucoup plus au temps de Gœthe.
Mais pour celui-ci tout disparaissait sous la
lumière et sous la beauté de la forme ; et la
jeunesse (je l'ai dit, il avait dix-huit ans au
calendrier de l'âme) faisait le reste.

Ce n'est pas à dire que le *Voyage en Italie*
soit proprement une œuvre d'art. Une correspondance, sans doute, n'est pas écrite dans ce but.
On a pourtant lieu de s'étonner que Gœthe, en se
décidant, bien des années plus tard, à publier ces
lettres, n'y ait pas fait quantité de suppressions,
si l'on ne savait combien peu les Allemands ont

le sentiment de la composition et de l'ordonnance. Les répétitions des mêmes idées sous toutes les formes y sont innombrables, les digressions sans prétexte. L'auteur insère des hors-d'œuvre, des mémoires sur divers sujets, même une biographie (celle de saint Philippe de Néri). Tous les traducteurs, jusqu'au courageux Porchat, ont supprimé quantité de passages. Je ne sais cependant si ces répétitions sont plus pénibles que le développement descriptif, l'abus d'images à la façon de coups de piston qui remplissent le voyage de M. Taine, œuvre pourtant d'un habile artiste littéraire.

****

Gœthe ne tarit pas sur l'effet moral de ce voyage, qu'il considère comme ayant eu pour résultat la complète rénovation de son esprit. « Il lui semble qu'il n'a jamais apprécié aussi justement les choses de ce monde... » Il est « devenu solide ». Il est « arrivé à la gravité sans sécheresse, au calme et à la joie (toujours la joie !) ». Il « s'applaudit des suites heureuses qui en résulteront pour toute sa vie, etc., etc., etc. »

Je ne sais si ces affirmations, répétées de la première à la dernière page, ont agi sur l'esprit des critiques, mais d'après Saint-René Taillandier, le voyage d'Italie rénova Gœthe : « à la fougue de ses premiers écrits succède un enthousiasme inattendu pour le calme et la majesté des formes. L'auteur passionné de *Werther*, le peintre impétueux de *Gœtz de Berlichingen* ne craint pas de paraître froid, pourvu qu'il réalise l'idéal de la beauté pure. Sa muse est l'harmonie. »

S'il en faut croire M. Diehoff (1), la transformation s'était opérée même dans sa personne :

A son retour, on le trouva changé. En effet il l'était en ce sens que la direction de l'esprit et du sentiment, encore peu clairement manifestée chez lui à son départ, était maintenant caractérisée. Il avait pris quelque chose de résolu et parfois même de rude. Dans ce pays charmeur où l'homme semble nager dans la plénitude de la satisfaction des sens, Gœthe s'était mêlé à un peuple qui s'abandonne, l'âme ouverte, à la jouissance du moment et en prend légèrement avec les mœurs et le décorum. Vivant en outre dans un cercle d'artistes aux habitudes libérales et joyeuses, la tendance, intime en lui, à une manière d'être (*Daseyn*) libre et conforme à la nature, s'était puissamment développée.

Pourtant à y regarder de près, on ne saisit pas les traces d'une transformation aussi complète. Avant d'aller en Italie, Gœthe avait donné *Werther*, *Gœtz*, *les Années d'apprentissage*, et arrêté le plan de *Faust*. En Italie il écrivit *Egmont*, qu'il eût pu aussi bien écrire partout ailleurs ; *Iphigénie en Tauride* déjà écrite en prose avant de l'être en vers et quelques livrets d'opéras-comiques. On n'aperçoit comme fruits tangibles

---

(1) *Gœthes Leben, Geistesentwickelung und Werke*, von Heinrich Diehoff, Stuttgart, 1887.

de son voyage que les *Élégies romaines*, qui sont admirables, mais n'embrassent qu'une faible partie de son œuvre poétique ; *Iphigénie à Delphes*, qui n'a ajouté que peu à la gloire du poète ; peut-être l'épisode d'Hélène dans le second *Faust*, épisode dont l'invention n'appartient d'ailleurs pas à Gœthe et enfin des fragments d'une tragédie inachevée de *Nausicaa*. Sans nier que le séjour de l'Italie ne lui ait été favorable, sans lui Gœthe eût toujours été Gœthe, c'est-à-dire un grand génie.

S'il faut un peu rabattre de l'expression de « seconde naissance », on doit reconnaître que, plus qu'aucun voyageur en Italie, Gœthe a subi l'influence de ce beau pays, muet pour Montaigne, et qui n'a fourni au président de Brosses que le thème d'agréables jeux d'esprit. Il ne suffit pas de voir, mais il faut savoir voir. Par son labeur fait de patience en même temps que d'amour, par le caractère encyclopédique de ses études, par l'ouverture de son esprit sur toutes choses, par son énergie et sa ténacité, par son besoin indomptable de voir juste en tout, de s'initier à toutes les beautés, par son absence de toute passion politique ou religieuse, Gœthe seul pouvait donner une telle image, en même temps que, sans même y songer, il retraçait l'histoire d'une âme. Et c'est pourquoi il n'a jamais rien été écrit de plus fidèle sur ce doux pays ni de plus charmant.

*
* *

En entreprenant le voyage d'Italie, Gœthe avait eu pour but principal l'initiation aux arts plastiques. Dès son enfance il s'était passionné pour le dessin en voyant travailler pour le comte de Thorane des peintres de Francfort aujourd'hui inconnus, tels que Hirt, Schutz, Trautmann, Nothnagel, Junker et Seekatz, de Darmstadt. Il s'était essayé avec persévérance à dessiner, et plus tard, à Leipzig, il avait fréquenté l'atelier du peintre et décorateur Œser, directeur de l'Académie de dessin, mais ses études ne paraissent pas avoir été très fructueuses, en dépit de la lecture assidue de la *Vie des peintres*, par Dargenville, qu'on venait de traduire en allemand.

Les deux années que Gœthe passa en Italie ne furent qu'une longue suite d'efforts pour s'assimiler le génie de la statuaire antique et celui des maîtres de la Renaissance. Il y met de l'acharnement. Il dessine constamment au crayon, à l'encre de Chine, prend des leçons de perspective, et modèle en terre. Il s'était installé dans l'atelier de Tischbein, alors absent, et il y passa l'été de 1787, presque exclusivement occupé de ses études d'art.

A ce moment, comme tout le monde, il était

sous l'empire des idées de Winckelmann et de Raphaël Mengs. En dépit de très grands mérites, Winckelmann avait une conception assez fausse de l'art, en ce sens qu'il faisait consister le beau dans l'idéalisation des formes, dans ce qu'il appelait leur *inappropriation*, c'est-à-dire dans une forme qui n'est ni propre à telle ou telle personne, ni l'expression d'un état de l'âme ou d'un sentiment passionné, ce qui mêlerait à la beauté des traits étrangers. C'était détruire toute personnalité plastique. On ne connaissait d'ailleurs alors rien de l'art grec de la grande époque, mais seulement les statues de la seconde époque, et le plus souvent leurs reproductions. Enfin la plupart de ces statues, mutilées, avaient été restaurées et complétées par des sculpteurs modernes.

Telles qu'étaient alors les richesses artistiques de Rome, il y avait pour admirer et apprendre. Gœthe tâche de se former à la suite de Winckelmann et à l'aide de sa lecture. Il s'efforce, en y apportant sa modestie accoutumée, de comprendre la beauté de chaque morceau : « Mon œil se forme, écrit-il à la fin de son séjour à Rome : avec le temps je pourrai devenir connaisseur ; *mit der Zeit koennte ich Kenner werden.* » Et ailleurs, à propos d'un torse d'Apollon ou de Bacchus : « Je n'ai pas l'œil assez exercé pour décider dans une matière aussi délicate, mais j'incline à considérer ce reste comme la plus belle chose que j'aie jamais vue. » Il contemple, dans le palais Giustiniani, une Minerve célèbre, mais il ne peut consulter Winckelmann, qui n'en parle pas à l'endroit cherché, et, privé de ce guide, Gœthe « ne se sent pas digne d'en parler ».

Philippe Hackert, le peintre du roi de Naples, l'assure que, s'il pouvait consacrer dix-huit mois à travailler assidûment sous sa direction, il parviendrait à faire des choses « qui lui donneraient de la satisfaction », et Gœthe éprouve du regret de ne pouvoir se soumettre à cette discipline. Il visite les musée, les églises accompagné de son ami Tischbein, le peintre qui a fait de Gœthe un portrait « poétique », comme on les aimait à cette époque, où il est représenté de grandeur naturelle, en voyageur, enveloppé d'un manteau blanc, assis sur un obélisque renversé, et contemplant les ruines de la campagne romaine qui s'enfonce dans le lointain (1). Gœthe écoute avec attention les jugements des artistes, les note. Il n'examine pas avec moins de soin les ruines antiques, lit et relit Palladio, qu'il admire; Vitruve, qu'il comprend difficilement, et les divers Allemands qui ont écrit sur les beaux-arts. Bref, il poursuit sans relâche son éducation artistique.

____

(1) Ce tableau, écrivait Schuchardt en 1838, est en la possession du baron Rothschild, à Francfort-sur-le-Mein.

*
* *

En dépit de l'énergie dépensée, Gœthe n'a jamais
complètement pénétré dans l'intimité des arts plastiques. Il a le désir de posséder plutôt qu'il ne
possède. Assurément il a compris l'antiquité romaine ; il a senti cette eurythmie qui est le trait
divin de l'art des anciens. Il est absolument sincère
dans son admiration, dans son émotion même, mais
je crois bien que ce qu'il a le plus goûté dans les
morceaux qu'on possédait alors, c'est encore l'*inappropriation* de la forme, vantée par Winckelmann.
Pour les maîtres de la Renaissance, il ne les a
saisis que par un côté, par le côté de la pensée,
peut-être aussi par le côté de la forme générale,
mais il n'a pas mis le doigt sur les qualités géniales
de chacun d'eux. Il a beau s'évertuer, on sent
qu'il n'est pas du métier. Sa critique est toujours
plus ou moins de la critique de philosophe, d'artiste
non. Nulle part on n'y rencontre un mot relatif aux
procédés d'exécution, ni à la personnalité même
du maître.

La coloration merveilleuse, la lumière chez les
Vénitiens, il ne s'en est pas même aperçu. Pas
une mention de la différence qui peut exister entre
Raphaël et le Titien, autrement que par la manière
de comprendre un sujet. La place à part que tient
le Corrège dans toute l'École italienne, par le clair-

obscur, le modelé souple et divin, la grâce incomparable, lui échappe complètement, aussi bien que la morbidesse si caractéristique d'André del Sarte et les caresses de son pinceau. Nulle part, non plus, un mot des admirables portraits de Raphaël, de leur exécution toute d'ampleur et de solidité, ni de la physionomie si profondément humaine, individuelle de chacun d'eux. C'est que, pour Gœthe, les portraits ne constituaient pas un sujet propre au développement d'une pensée.

Il ne distingue nullement les manières successives de Raphaël, ni comment le peintre des sveltesses du *Sposalizio*, à la composition symétrique, aux figures isolées les unes des autres, peintes un peu sèchement, en est venu aux violences de modelé, à la fougue de mouvement de la *Transfiguration*.

De même que Diderot jugeait un peintre à la mesure de « sensibilité » exprimée par son tableau, de même Gœthe le juge à la mesure de la pensée, à la manière plus ou moins philosophique dont il a compris le sujet. On peut s'en assurer par sa critique de la tapisserie d'après le carton de Raphaël représentant le *Châtiment d'Ananie* (1).

Dans ce morceau trop long et trop languissant pour être reproduit en entier, Gœthe décrit d'abord la scène, la manière dont elle est disposée ; puis

____

(1) Ce passage ne figure pas dans les traductions françaises.

« il veut montrer encore un puissant mérite de
cette composition » :

Deux personnages masculins, qui sont nécessairement des ser-
viteurs d'Ananias, arrivent en apportant des paquets de vêtements.
Mais comment reconnaître qu'une part de ces biens a été retenue
et soustraite à la propriété commune ? Ici nous devons porter
notre attention sur une belle jeune femme qui, le visage joyeux,
de sa main droite compte l'argent dans la gauche, et aussitôt
nous nous souvenons de la noble parole : « La main gauche doit
gnorer ce que la droite donne », et nous ne doutons plus que le
peintre n'ait eu ici en vue Saphira, qui compte l'argent à donner
aux apôtres afin d'en retenir une part ; ce qu'indique la satisfaction
de sa mine rusée. Si l'on s'y abandonne, cette pensée devient à
la fois étonnante et effrayante (2)....... Cette image, surtout, se
place devant nous comme une énigme éternelle, qui nous jette
de plus en plus dans l'admiration à mesure que son interprétation
devient possible et claire.

On voit que Gœthe n'a été impressionné que
par la manière d'exprimer la pensée, à laquelle,
d'ailleurs, il ajoute des subtilités germaniques. Le
précepte que la main gauche doit ignorer ce que
la droite donne, ne trouve pas son application
dans le cas de Saphira, et Raphaël sentait trop
naïvement pour penser à nous proposer « une
énigme éternelle ». Gœthe ne paraît pas avoir
songé qu'un autre peintre aurait pu exprimer toutes
les finesses qu'il découvre et cependant faire un
détestable ouvrage.

De l'effort si marqué dans cette composition

(2) Les commentateurs ne sont pas d'accord sur le mot. Le texte porte
furchtbar (effrayante); Schuchardt corrige en *fruchtbar* (féconde).

pour rivaliser avec Michel-Ange, pour donner à
l'œuvre le caractère du robuste, au point d'abandonner la suavité des formes propres au génie de
Raphaël, au point d'arriver même au lourd et au
trapu ; de tout ceci, qui est si frappant aux yeux
d'un peintre, Gœthe ne paraît pas même s'être
aperçu.

Au fond, c'était sous l'empire d'une illusion,
que, dans sa joie, il écrivait à ses amis le
11 août 1787:« Tout se déploie maintenant, et l'art
devient pour moi une seconde nature, qui s'élance
de la tête des grands hommes, comme Minerve de
la tête de Jupiter. Plus tard, je vous entretiendrai
de ces choses pendant des jours entiers, des années
entières. »

* *

. Assurément si l'on veut acquérir des connaissances en ce qui touche l'art en Italie, on aura
plutôt recours au *Voyage* de M. Taine qu'à l'*Italiæ-
nische Reise*. A l'époque où voyageait Gœthe,
d'ailleurs, on ne pouvait guère pousser la critique
plus loin que lui. Le temps le voulait ainsi, et il
ne dépend de personne de ne pas être de son
temps. Mais à cet égard même, son livre est pour
intéresser. M. Taine, en dépit de son savoir, n'est
pas sans raisonner souvent plus en littérateur
qu'en artiste, sans sacrifier au dieu mauvais de la

phrase et de la description. Il y a dans ses appréciations quelque chose de forcé, de tendu ; dans son style une allure haletante en coups de piston, qui font trouver reposante la naïve subjectivité de Gœthe, et passer sur ses subtilités ingénues et sur certaines phrases qu'un Allemand seul peut comprendre ou avoir l'air de comprendre. Veut-on un exemple de celles-ci ? C'est à propos de *la Transfiguration*, dont il ne parle que pour discuter le banal reproche d'être divisée en deux actions. Il cherche à l'en défendre.

Comment veut-on séparer la partie inférieure de la partie supérieure ? Les deux n'en font qu'une. En bas la souffrance, le besoin; en haut l'efficace, le secours ; chacun en rapport avec l'autre et agissant sur lui. Pour exprimer ma pensée d'une autre manière, une relation idéale avec le réel peut-elle se séparer de celui-ci ? (*Læst sich denn, um den Sinn auf eine andere Weise auszuprechen ein ideeller Bezug auf's Wirkliche von diesem lostrennen ?*)

Qu'est-ce qu'une relation idéale avec le réel, je laisse à de plus fins la tâche de l'expliquer. En tout cas, il me semble qu'un artiste aurait trouvé quelque autre chose à dire.

*
* *

On ne saurait croire combien, en dépit des plus grands efforts pour tout comprendre et tout savoir, le cercle dans lequel l'homme se meut est, à son insu, borné. A Rome, Gœthe rechercha la société des artistes, mais seulement des artistes allemands, et ne connut pas, en réalité, même la vie artistique contemporaine. C'était le moment de la plus haute réputation d'Angelica Kauffmann, devenue l'épouse du peintre vénitien Zucchi. Elle était très entourée et Gœthe fut son fervent admirateur. Comme la petite pléiade d'artistes allemands, héritiers de Raphaël Mengs, elle avait la prétention de remonter à la forme antique, sans abandonner cependant la tradition des maîtres italiens. Sa peinture, non sans grâce ni sans tendresse, mais doucereuse, affadie et pénétrée d'un maniérisme sentimental, n'était rien moins qu'antique et se rattacherait plutôt de loin aux traditions de l'Albane qu'à celles des maîtres du xvie siècle.

Mais à cette époque, Vien, en qualité de directeur de l'Académie de France à Rome, avait déjà imprimé à l'école française un mouvement de réaction contre le maniérisme (1). Peu d'années avant le voyage de Gœthe, David, déjà en grande réputation à Rome par *la Peste de saint Roch* qu'il y avait peinte, y était retourné pour exécuter le *Serment des Horaces*, et l'ouvrage avait excité à un tel point l'enthousiasme, que les poètes l'avaient chanté, et que la jeunesse romaine

---

(1) A propos de Vien, il y a de lui à notre cathédrale, sur la face occidentale du transept sud, une immense page représentant *la Descente du Saint-Esprit sur les Apôtres*. Mais, d'ailleurs fort mal éclairée, elle est encore dans sa première manière

jonchait de verdure les approches de la maison du peintre. Le vieux Pompée Battoni, président de l'Académie de Saint-Luc, embrassant l'artiste français, l'avait supplié de rester à Rome, ajoutant: « Vous serez mon successeur. » Peu après, il mourait en léguant à David sa palette et ses pinceaux, Déjà Drouais avait peint le célèbre *Marius à Minturnes*. Tout cela jetait bien dans l'ombre les pâles œuvres d'Angelica et de l'inconnu Tischbein. Pourtant Gœthe mentionne à peine l'école française. On dirait qu'il a passé sans la voir (1).

Un silence aussi peu explicable est celui que Gœthe garde sur le Poussin, nommé une seule fois, sans commentaires, à propos d'une visite à la galerie Colonna. Cependant, par la pensée philosophique, par l'intensité de l'expression, par la disposition du sujet, Poussin, qui à cet égard dépasse souvent Raphaël et se montre plus voisin de l'antique, était pour attirer Gœthe. Il n'est pas à croire que l'infériorité de l'exécution, aussi sommaire dans le Poussin qu'elle est forte dans Raphaël, ait été pour quelque chose dans l'oubli qu'il en a fait, puisque ce côté de l'art paraît avoir

---

(1) Il est cependant fait mention (28 août 1787) d'une visite à l'exposition des travaux de l'Académie de France, et il dit plus loin (*Souvenirs du mois d'août*) que *les Horaces* de David, ayant fait pencher la balance du côté des Français, Tischbein fut engagé par là (!) à entreprendre son *Hector appelant Pâris au combat en présence d'Hélène.* A la date du 22 février 1788, il annonce la mort de Drouais, et fait de son *Philoctète* cet éloge banal : « Le tableau est bien conçu, l'exécution digne d'éloges, mais il n'est pas achevé. »

été assez étranger à Gœthe. Peut-être simplement que ses amis, les artistes allemands, n'avaient pas attiré son attention sur le Poussin.

*
* *

Ce qui répand sur le *Voyage en Italie* un tel flot de joie, c'est encore moins l'enthousiasme pour les chefs-d'œuvre que « la puissante lumière ! »

> Oh ! combien dans Rome je me sens joyeux ! Je pense au temps où, dans le fond du Nord, un jour blafard m'accueillait ; où l'obscurité du ciel et sa pesanteur descendaient sur mon front ; où un monde sans forme et sans couleur entourait l'être fatigué. Retombant sur mon moi, plongé dans une silencieuse rêverie, j'observais les voies assombries de l'esprit inassouvi. (*Élég. VII.*)

Et c'est encore un autre soleil, celui qui réchauffe l'âme ! — Car à Rome Gœthe aima, et cet amour fut le plus doux et le plus joyeux. De cet amour rien ne paraît dans les lettres à ses amis. Il était discret par nature, puis ces lettres, comme jadis celles de Mme de Sévigné, étaient destinées à être lues par tout un cercle ; mais il a répandu son âme dans ses *Élégies romaines*. Ce qu'on n'ose pas dire on l'écrit ; ce qu'on n'ose pas écrire, on le chante, et le plus dissimulé se confesse volontiers la nuit, sous la lune silencieuse, dans le calme bosquet des Muses.

Dans le commencement de son séjour, il écrivait bien à son ancienne idole, Mme de Stein, que son image l'accompagnait partout ; mais pour se sentir si complètement heureux loin d'elle, pour ne songer à autre chose qu'à retarder l'heure du retour, il fallait que sa passion fût singulièrement raisonnable. Il avait même eu le courage d'écrire à Mme de Stein que « loin d'elle il l'aimait moins ». Son cœur et ses sens se trouvaient donc libres quand il rencontra l'héroïne des *Élégies romaines*.

Tant s'en faut qu'il s'agisse ici d'un amour romantique à la Werther, d'un amour à se dénouer d'un coup de pistolet par désespoir de ne pouvoir s'unir à l'objet désiré. Faustina, non plus, n'était point : « Une noble duchesse — Du noble faubourg Saint-Germain » de Rome. Elle était de condition médiocre, de tempérament faible contre l'amour, et Gœthe est même obligé de la rassurer sur la crainte qu'elle éprouvait de ne point s'être montrée suffisamment rebelle :

Ne te laisse pas, bien-aimée, envahir par le regret de t'être à moi livrée si vite. Crois-le, je n'ai pour toi aucune pensée outrageante, aucune pensée vile. Variés sont les traits de l'amour. Certains éraflent seulement, et du poison qui s'insinue le cœur est malade des années. Mais puissamment empennés, munis de dards fraîchement aiguisés sont les autres, qui pénètrent jusqu'aux moelles et, soudain, embrasent le sang. Dans les âges héroïques, lorsque les dieux et les déesses se prenaient d'amour, le désir suivait le regard ; et la jouissance, le désir. Crois-tu que la déesse de l'amour ait réfléchi longtemps lorsque, dans les bosquets de l'Ida, elle fut charmée par Anchise ? Et si la Lune eût tardé de baiser le beau Chasseur, la jalouse Aurore ne l'eût elle pas promptement éveillé ?...

Telle qu'elle fut, Gœthe l'aima beaucoup, et elle paraît l'avoir beaucoup aimé. Après tout, qu'importe qu'une femme ne soit pas tout ce qu'elle aurait pu être, si elle tient lieu de tout ce qu'elle n'est pas ?

> Amour est le grand point : qu'importe la maîtresse ?
> Qu'importe le flacon, pourvu qu'on ait l'ivresse !

Il ne faudrait pas croire cependant que ce fût ce qu'à Paris on nomme « une fille ». Il semble qu'elle était jeune veuve, avec un très jeune enfant, et qu'elle habitait avec une mère assez « indulgente » et un père plus sévère. « Car, vous « autres filles, raconte-t-elle, vous demeurez tou- « jours les trompées, » disait mon père, quoique ma « mère prît la chose plus légèrement. » (*Élégie VI.*) Mais un Mentor plus rigide était un oncle dont on se cachait avec les plus grandes précautions. Cela fournit à Gœthe l'occasion d'une petite pièce dont le sujet eût donné un thème ravissant à un poète de l'Anthologie :

— Pourquoi, bien-aimé, n'être pas venu à la vigne (1) aujour-d'hui ? Seule, comme je te l'avais promis, dans le haut je t'attendais. — O toi, la meilleure, déjà j'étais entré lorsque, par bonheur, j'aperçus, au milieu des treilles, l'oncle qui se trémoussait à s'en fatiguer. — Oh ! quelle méprise ! C'est un épouvantail qui t'a chassé ! De vieux haillons et de roseaux, mon oncle et moi, ensemble nous avions fabriqué ce fantôme. Avec zèle je l'avais aidé, à me

(1) On appelle vigne à Rome le petit jardin qu'on possède en dehors des murs pour aller s'y récréer, comme le Marseillais lui donne le nom de cabanon, et le Nîmois celui de mazet.

nuire empressée. Maintenant du vieillard le désir est accompli. Il a fait fuir l'oiseau fripon, aussi bien celui qui lui vole ses fruits que celui qui lui vole sa nièce.

*
* *

Cet amour, sans doute, comme dans une idylle antique, avait sa grande part dans les sens; mais comme dans une idylle antique aussi, il est relevé par le caractère esthétique. Faustina était belle, de cette beauté romaine où tout est noble, où les formes, simples et grandes, se rapprochent de celles de la statutaire antique, et où la coloration générale du corps, simple et noble aussi, a quelque chose de la fresque qui unifie et idéalise. Un intime lien existe entre la satisfaction donnée au sens de la vue et la plus haute délectation intellectuelle. C'est un sculpteur, Guillaume, de qui est cette phrase si profonde. C'est bien ce sentiment qu'éprouve Gœthe lorsqu'il s'écrie :

... Je vois les yeux célestes s'ouvrir de nouveau. — Oh ! non ! Demeurez fermés ! Laissez mon regard se reposer sur ces formes ! Demeurez fermés ! Vous me faites ivre et égaré. Vous m'arrachez trop tôt à la calme jouissance de la pure contemplation. — Ces formes, combien grandes ! combien nobles ces membres dans leurs contours ! Ariane dormait-elle aussi belle ? (*Élég. XIII.*)

*
* *

Les *Élégies romaines* ont donc de la sensualité, mais ce n'est pas celle de nos « naturalistes »

modernes. Dans tout ce qu'il écrit, Gœthe a le sentiment du respect. Il peint sa joie ; il ne s'appe-
santit pas sur les détails matériels.Nos naturalistes
ont toujours soin de nous initier à toutes les
approches du « moment psychologique ».Ils décri-
vent savamment le menu des choses. Gœthe aurait
eu horreur de ces procédés grossiers; de ces
manques de goût, car toute autre considération à
part, l'impudeur, comme l'impiété, est un manque
de goût. Il n'entre dans aucun détail équivoque.
— « Combien nous fûmes heureux un jour !... c'est
à vous, maintenant, ô mes vers, de l'apprendre au
monde ! » dit-il en épigraphe. Et là-dessus nous
rêvons plus que lorsque nous avons vu la manière
dont les héroïnes de M. Paul Bourget et de M. de
Maupassant se dépouillent de leurs vêtements.

*
* *

Mon beau secret maintenant m'est plus lourd à garder. Ah ! si
facilement des lèvres s'échappe la plénitude du cœur ! A aucune
amie je n'oserais le confier ; elle pourrait m'en gronder ; à aucun
ami : l'ami avec lui peut-être apporterait le danger. Pour dire
mes délices au bosquet ou au rocher sonore, je ne suis plus assez
jeune, pas assez solitaire. — A toi, hexamètre, à toi pentamètre,
que tout vous soit confié : et comment elle me réjouit le jour et
comment elle m'enchante la nuit ! comment elle, recherchée de
tant d'amants, elle sait échapper aux embûches audacieuses de
l'insolent, aussi bien qu'à celles dressées en secret par le perfide.
Avisée et charmante,à côté d'eux elle glisse et connaît les chemins
où le bien-aimé guette sa venue, et, ardent de désirs, la va recevoir. — Elle vient : retarde ton apparition, ô Lune, afin que le

voisin ne puisse l'apercevoir ! Murmurez dans le feuillage, souffles légers, afin que personne n'entende ses pas ! — Et vous, croissez et fleurissez, chansons aimées ! Bercez-vous dans l'haleine la plus délicate de l'air tiède et caressant; et, indiscrets comme ces roseaux, découvrez enfin aux Quirites le beau secret d'un couple heureux !

C'est par cet admirable passage, qu'on croirait lire dans un poète grec, que Gœthe termine la vingtième et dernière élégie.

* * *

Tout a une fin sous le soleil. Gœthe quitta Rome en avril 1788, et avec Rome ses belles amours. Faustine ne le suivit point. Il n'était point homme à embarrasser sa vie. Et d'ailleurs à quoi cela eût-il servi ? On a beau emmener l'amour, il s'en va tout de même. On peut supposer que Faustine est pour quelque chose dans le passage énigmatique suivant que Gœthe écrit mélancoliquement à la veille de son départ pour Rome :

Mon départ afflige au plus profond du cœur trois personnes. Elles ne retrouveront jamais ce qu'elles ont eu en moi; je les quitte avec douleur. C'est à Rome que, pour la première fois, je me suis trouvé moi-même, j'ai été d'accord avec moi-même, heureux et sage ; et c'est ainsi que m'ont connu et possédé, en différents sens, ces trois personnes.

Qu'est-ce à dire ? Gœthe aurait-il donc eu trois Faustine, de toutes trois tendrement aimé ? Ces trois personnes l'ont connu et possédé, en ont joui (*genossen*) *en différents sens* et à divers degrés. Sans doute, pour deux il ne s'agissait que de possession morale. Il avait failli se prendre d'une passion grave pour une belle Milanaise, amenée par Angelica dans une villégiature à Castel-Gandolfo. Il y échappa par un concours de circonstances trop longues à rappeler ici. Mais ils avaient mutuellement renoncé l'un à l'autre, et le récit de la dernière visite qu'il lui fit pour prendre congé ne montre rien qui pût justifier ce mot « d'affliction profonde ». Il n'en est pas de même assurément de la pauvre Faustine. Ce dut être un désespoir. Pour les autres personnes, il s'agit sans doute d'amitiés dévouées et intimes, et de rien de plus. Gœthe, dans toutes ces liaisons, fut « heureux et sage ». Il entend sans doute par là qu'il ne se laissa pas entraîner à contracter des liens de nature à entraver sa vie de grand homme. Il n'est point téméraire de penser que la charmante Angelica fut une de ces amitiés. Elle avait alors quarante-six ans.

Les *Élégies romaines* ne furent composées, paraît-il, que durant l'année qui suivit le départ de Rome, et sur terre de Thuringe (1). Et même, s'il en faut croire le savant M. Diehoff (2), « tandis que l'esprit de Gœthe s'arrêtait sur Rome et sur les choses belles et grandes dont il y avait joui, le

(1) Elles furent imprimées seulement en 1795.
(2) *Gœthe's Leben*, von Heinrich Diehoff, Stuttgart, 1887.

présent lui offrait aussi ses dons charmeurs, et la fantaisie ailée du poète a tissé et noué ce passé et ce présent dans une unité merveilleuse ». Ce n'est point nous qui nous permettrons de contredire le docte commentateur, encore bien que dans les *Élégies romaines* on ne rencontre pas un seul trait qui n'ait le caractère purement italien. Certes, on. défierait bien Faustine d'être Allemande ! (1) Mais peu importe, admettons l'opinion de M. Diehoff, il n'en reste pas moins que sans le séjour à Rome, ces admirables élégies n'eussent pu être écrites. Si le dieu des arts plastiques ne révéla à Gœthe que la moitié de ses secrets, celui de l'amour et de la beauté lui ouvrit tous ses trésors.

*
* *

C'était le beau temps pour visiter l'Italie que celui de Gœthe et du président de Brosses. C'est

(1) D'après des critiques, l'héroïne des *Élégies romaines* ne serait autre que l'assez vulgaire Christiane Vulpius, que Gœthe, peu après son retour d'Italie, rencontra dans une promenade dans le parc, où elle lui offrit une supplique pour son frère. Il habita bientôt avec elle, puis en fit sa femme. Que son souvenir se soit mêlé aux *Élégies*, Gœthe le donne à entendre. Il était d'ailleurs d'un bon mari de présenter Faustine comme une fiction sous laquelle se cachait Christiane; mais que Faustine n'ait pas existé, c'est ce qui est inadmissible. Il y a dans les *Élégies* une foule de traits absolument inexplicables s'ils n'étaient pris sur la réalité, et qui ne peuvent avoir aucune relation avec Christiane. Il est difficile de se figurer le poète transformant en Vénus romaine la Thuringienne, qui était petite, délicate de corps, avec des joues rondes, des lèvres gonflées, un petit nez, des yeux rieurs et des cheveux qu'en France nous appelons irrévérencieusement rouges. Un poète fait d'une maîtresse plus qu'elle n'est, mais non pas le contraire précisément de ce qu'elle est. D'ailleurs il existe trois pièces de Gœthe qui ont trait à Christiane. Ce sont les *Plaintes du matin*, la *Visite* et le *lied : Trouvée*. Elles sont dans une tonalité absolument différente des *Élégies* et, avouons le, infiniment moins belles.

alors que la vie y était douce et sereine. Alors on se trouvait en présence d'un peuple d'une physionomie unique. Ce peuple vif, bon, joyeux, toujours en fête, vêtu de costumes aux couleurs éclatantes, passant sa vie en plein air, insoucieux du lendemain, tout à la joie de vivre, ce peuple si en harmonie avec son soleil et dont Gœthe nous a laissé de délicieuses peintures, ce peuple n'est plus. Il a été remplacé par un peuple inquiet, tourmenté, plongé dans la politique, mécontent, et occupé non plus de faire sa vie heureuse, mais de se ruiner en armements et de jouer au besoin pour autrui le rôle de boute-feu. A l'heure où nous écrivons ces lignes, un vent de sagesse semble pourtant avoir soufflé sur l'Italie. Elle a donné congé au plus turbulent, au plus vaniteux, au plus agité, au plus provocateur des hommes d'État ou des agents d'un homme d'État. Puisse durer cette influence bienfaisante et puissions-nous retrouver l'Italie charmeuse que nous avons connue! Mais, hélas! on ne peut oublier qu'elle ne vit plus de sa vie propre. Il est pénible de se figurer le génie inspirateur de Michel-Ange et de Raphaël vêtu en caporal et montant la garde pour le compte d'un Tudesque. Puis, dans la transformation subie par l'Italie, bien des choses ont disparu qui ne sauraient revivre. Elle a perdu de sa physionomie non seulement matérielle, mais morale; de sa personnalité particulière. Rome

n'est plus qu'une ville cosmopolite, où la belle
Faustine, la petite-nièce des Quirites, la vivante
statue antique, ne serait plus qu'une fille comme
on en trouve partout, et que Gœthe ne prendrait
plus la peine d'aimer.

Février 1891.

AU HASARD DE LA PENSÉE

2ᵐᵉ SÉRIE

Je dois de la reconnaissance pour la manière dont les rares journaux et les quelques personnes auxquels j'ai envoyé *Au hasard de la pensée* ont accueilli l'ouvrage.

Il a soulevé moins de critiques que je ne m'y serais attendu, étant donné son caractère un peu trop sincère, d'aucuns diraient brutal. Pourtant je voudrais répondre à quelques observations, faites d'ailleurs sur un ton de sympathie dont j'ai été touché.

On m'a reproché d'avoir un peu malmené l'idée de « Progrès », c'est-à-dire la croyance au développement constant de l'humanité.

Je n'ai point attaqué l'idée d'un progrès qui peut se réaliser par l'observance des lois morales, par l'intelligence, par le travail ; mais ce que je trouve moquable, c'est l'idée d'un progrès nécessaire, fatal, qui s'accomplit par la force des choses, et où les hommes n'ont qu'une part absolument inconsciente. En d'autres termes, un progrès où la liberté humaine n'entre pour rien.

Ce que j'ai raillé, c'est cette proposition : *Le progrès sera ;* il sera en dépit de tout. Je réponds : *Le progrès sera ou ne sera pas : cela dépend des hommes.* Le progrès n'est pas une fatalité, mais une contingence. Du progrès constant de l'humanité, personne n'en sait rien.

*
** ***

On ajoute que je n'ai que des paroles de mépris pour la société moderne qui a réalisé tant de progrès ! — Il faut s'entendre. S'agit-il du progrès scientifique ? C'est incontestable. La raison d'ailleurs en est simple. Les découvertes scientifiques de chaque génération sont chose acquise pour la suivante, à laquelle elles servent de point de départ pour d'autres recherches. Les découvertes s'emmagasinent. A moins d'une société tellement troublée qu'aucune sécurité n'y existe plus, que l'homme ne songe plus à travailler, mais seulement à vivre, comme cela s'est vu pendant la Révolution, il ne peut y avoir d'arrêt. Le progrès scientifique doit toujours s'accroître, jusqu'au moment où la limite des connaissances humaines sera atteinte... car ces connaissances ont une limite, comme tout le reste.

S'agit-il du progrès en matière d'art ? Il serait

puéril d'affirmer ce progrès. Homère reste le plus grand des poètes. Il en est de même pour les arts plastiques. Nos yeux modernes, notre sens artistique moderne, au respect des yeux des Grecs et de leur sens plastique, peut se comparer aux yeux et au sens artistique du plus grossier des Auvergnats, au respect de ceux de nos plus délicats artistes. Il y a, au Parthénon, des finesses exigées par les yeux des Grecs et dont nous sommes incapables de nous apercevoir.

S'agit-il du progrès social ? Ici encore il faut s'entendre. Sans doute le bien-être a augmenté. C'est un réconfort assez vulgaire. Socrate était moins bien nourri, moins bien logé, moins bien vêtu que le dernier de nos grévistes. Cependant je préférerais être Socrate sans compter que, encore bien qu'il ignorât la joie des petits verres, il était plus heureux que le gréviste.

Veut-on parler de progrès dans la douceur des mœurs ? Après 93, après la guerre de 1870, après la Commune, nous n'avons pas le droit d'être bien fiers. Je ne vois qu'un endroit par où la douceur de nos mœurs se soit accusée. Il s'agit du traitement des criminels. Pour ceux-là seuls nous réservons toutes nos mansuétudes.

Je mets à l'actif du progrès l'abolition de l'esclavage. Il est vrai que c'est l'œuvre du christianisme, que les partisans du progrès voudraient détruire. J'ajoute la pratique de la charité et les institutions de charité, mais les partisans de la doctrine du progrès les considèrent comme des restes de barbarie chrétienne.

S'agit-il du progrès politique ? L'histoire montre au contraire qu'il y a constamment alternative de progression et de régression. On passe de la liberté à la licence, de la licence à l'anarchie, de l'anarchie au despotisme ; puis on recommence. Cela ressemble au progrès comme un écureuil dans sa cage.

S'agit-il du progrès de la moralité publique ? Je suppose qu'ici il n'y a qu'à se taire.

Mais ce mot vague de progrès satisfait la vanité humaine. Voilà ce qui explique pourquoi l'idée est si populaire.

*
* *

On m'a aussi reproché de ne pas faire assez état de la science, qui, pourtant, m'a-t-on justement fait observer, va jusqu'à donner rendez-vous aux comètes dans les champs de l'infini, et elles viennent au rendez-vous ! Certes, c'est pour donner une haute idée de l'esprit humain, et je m'agenouillerai toujours devant lui, mais à la condition qu'il ne veuille savoir que ce qu'il peut savoir.

Les savants ne peuvent qu'une chose : décrire les phénomènes et déterminer leur ordre de succession. Cette tâche est immense déjà. Au delà, tout leur échappe. Lorsqu'un savant veut me donner l'explication de ce qui est au delà des phénomènes, je ne puis m'empêcher de rire de cette prétention, qui est précisément tout ce qu'il y a de plus antiscientifique au monde. Pourtant la plupart d'entre eux ont cette vanité outrecuidante. C'est ainsi que M. Nordau, avec une assurance qui frise l'innocence, a écrit ceci : « Là Science ne peut parler d'un *inconnaissable quelconque*, car cela présupposerait qu'elle est en état de limiter exactement les bornes du connaissable, ce qu'elle ne peut... » Et il ajoute comme preuve : « L'hypothèse d'un inconnaissable implique en outre l'admission du fait qu'il y a quelque chose que nous ne pouvons connaître. » C'est plein de justesse ; l'inconnaissable implique l'inconnaissable. Le grand philosophe La Palisse n'eût pas mieux dit.

Voici un singulier phénomène : à l'heure présente vous ne trouverez pas dans les pays civilisés un seul philosophe matérialiste ; mais des savants, vous en trouverez des foisons. Ils seraient pourtant bien empêchés d'expliquer seulement ce que c'est que la matière. « Seuls des hommes incompétents, dit M. Fouillée, peuvent admettre le dogmatisme matérialiste, et croire que des atomes bruts, disposés d'une certaine manière, comme les diverses pièces d'un moulin, arriveront à penser. »

On a dit, dans un mot devenu célèbre, que « la

Science avait fait banqueroute ». C'est une grosse erreur. La science n'a jamais fait banqueroute, car elle n'a jamais promis d'expliquer l'inexplicable. Ce sont les savants, ou du moins une partie d'entre eux, qui nous ont promis de nous donner une nouvelle révélation, la révélation de la vérité. O vanité humaine ! Mais ils n'ont pas pu payer à l'échéance.

Pour protester contre la banqueroute des savants, on a organisé naguère un vaste banquet, offert à l'un des plus illustres d'entre eux. Un peu de cabotinage ne messied pas, même à la science. L'étrange, c'est qu'aucun de ceux qui y ont assisté ne se soit aperçu qu'il faisait œuvre, non de savant, mais de sectaire. On comptait là nombre de savants : M. Zola (!), M. Brisson (!!), M. Gustave-Marie-Louis-Adolphe Hubbard, du barreau de Pontoise (!!!). Tous ont été convaincus qu'ils venaient rendre hommage à la Science, et non satisfaire des passions de politiciens ou d'hommes de lettres.

O Science, que d'incongruités l'on commet en ton nom !

*
* *

Une des choses qu'on s'est le plus accordé à critiquer dans *Au Hasard de la pensée*, c'est, a-t-on dit, « un certain désintéressement d'autrui qui incline à l'indifférence ». Cette maxime a choqué :

« Il ne faut pas donner de conseils à ceux qui en
ont besoin ; il ne faut pas faire de reproches à ceux
qui en méritent, et par-dessus tout, ne jamais dé-
montrer à quelqu'un qu'il a tort. De tous ces gens
vous vous faites autant d'ennemis... et vous ne les
corrigez pas. » Et l'on ajoute : « Et qu'importe ? si
l'on a cru bien faire, si l'on a pensé être utile à son
semblable ! mieux vaut se tromper, être trompé,
que de boucler son cœur, s'enfermer dans le
mutisme de l'indifférence ! »

*
* *

Un autre critique, bien cordialement ami, me
reproche doucement « de paraître parfois un peu
trop dédaigneux de l'enseignement et du redresse-
ment d'autrui ». Et il cite cette phrase :

« Un commis voyageur m'assure que Louis XIII
était le père de Henri IV. En quoi cela me fait-il
tort ? Je le laisse dire. »

Puis il ajoute :

« Certes, cela ne vous fait pas tort, ô philosophe !
Mais cela lui en fait, à lui, et votre aristocra-
tique indifférence, en présence des bévues et
des erreurs humaines, s'appellerait aisément de
l'égoïsme. »

Je suis désolé de me défendre, car on est toujours un peu ridicule en se défendant; c'est pour cela qu'il vaut mieux attaquer. Mais enfin mes aimables critiques me permettront-ils de leur faire observer que la plupart du temps celui qui donne des conseils, celui qui fait des reproches, celui qui relève des bévues, est encore moins poussé par le désir de rendre service que par le sentiment intime qu'il a de sa supériorité sur celui qu'il reprend ? C'est là un sentiment peut-être naturel, mais qui touche singulièrement à l'égoïsme. Combien le silence n'est-il pas plus humble !

J'étais un jour dans l'atelier de Mlle Wagner, avec l'excellent Duclaux, le très habile peintre d'animaux. Mlle Wagner de lui demander un conseil pour un tableau qu'elle peignait. « Parlez franchement, ajouta-t-elle, les conseils font toujours plaisir. — Oui, Mademoiselle, répartit Duclaux avec son esprit accoutumé, à celui qui les donne ! »

Une autre fois, un peintre ami me convia à voir un portrait en pied qu'il venait de terminer, me priant de donner mon avis « en entière franchise et en ami ». Le tableau n'était point sans mérite,

mais la figure étant placée en rase campagne, il y
avait sur le premier plan un buisson de chêne, d'un
vert émeraude, qui, outre qu'il n'était pas en juste
rapport de ton avec le reste, avait le tort grave de
trop attirer l'œil au détriment du sujet principal.
Après mille éloges, qui dépassaient même l'exacte
vérité, j'exprimai bien timidement l'avis que le
ton de ce buisson pourrait être éteint. Mon ami
répartit vivement :

« Le buisson est du ton qu'il faut, et il restera
tel quel. »

*
* *

Peut-être bien que ce dont il faut le plus se
donner de garde, c'est de rectifier les bévues d'autrui, car outre que c'est faire acte de pédant, la
plus horrible des choses, c'est infliger une humi-
liation pénible, surtout si la chose s'est produite
en public. Tout ce que l'on peut faire honnêtement,
si l'on est en relations suffisamment intimes avec
l'auteur de la bévue, c'est de le prendre à part et
de le prévenir de son erreur. Et encore !...

Il y a un certain nombre d'années, un jeune
homme, d'ailleurs le plus aimable et le plus sympathique des hommes et non sans talent, fit, dans
une réunion à laquelle j'assistais, la lecture d'un
mémoire, qu'il terminait par ce vers :

La critique est aisée, mais l'art est difficile.

qu'il attribuait d'ailleurs par erreur à Boileau.

Personne, dans l'auditoire, ne s'aperçut de l'erreur, et comme il se composait de techniciens, il n'y a là rien d'extraordinaire. Je me gardai bien de faire le pédant et le discourtois en relevant la faute, mais, comme le mémoire devait être imprimé, je crus bonnement rendre service à l'auteur en le prenant par le bras à la sortie et en lui disant que le vers exact était :

La critique est aisée et l'art est difficile.

« Pas du tout, pas du tout, me dit-il, le vers serait faux ! il y aurait un hiatus ! »

Pour une fois que j'avais voulu rendre service, je n'avais pas réussi !

Je ne me souciais pas de faire le savantasse et me retirai avec ma courte honte.

Le mémoire a été imprimé avec le *mais*.

*
**

On voit qu'il y a toujours quelque horion à recevoir, lorsqu'on veut, comme don Quichotte, se faire redresseur de torts. J'ai bien assez de redresser les miens.

*
**

Une autre fois, dans un village, je visitais une galerie de tableaux dont le propriétaire était très fier. Nous étions quelques personnes, accompagnées par un jeune homme de la famille, qui mettait une rare obligeance à remplir son rôle de cicerone. Arrivé devant une peinture de l'école italienne, représentant une femme nue qui se poignarde : « Voilà Lucrèce Borgia, » dit le jeune homme.

Aurais-je dû le reprendre et l'humilier ? Je crois avoir agi plus modestement en me taisant. Il sera venu assez tôt quelque commis-voyageur savant, pour lui apprendre triomphalement que le tableau représentait la Lucrèce de Tarquin.

*
* *

Je livre *Au hasard de la pensée* à toutes les critiques, pourvu que l'on m'accorde trois choses : la première, que la morale de ce livre n'est pas tout à fait celle de tout le monde ; la deuxième, que le style n'est peut-être pas celui de tout le monde ; la troisième, qu'il respire une horreur de tout ce qui est bas et de tout ce qui est bête, que malheureusement ne partage pas tout le monde.

1895.

TABLE DES MATIÈRES

TABLE DES MATIÈRES

IMPRIMÉ

PAR

A. STORCK ET Cie

LYON